길 위에서 만난 북한 근현대사

길 위에서 만난 북한 근현대사

1910년, 영국 화가 에밀리 켐프

2010년, 세계적 역사학자 테사 모리스 스즈키

테사 모리스 스즈키 지음 | **서미석** 옮김

현실문화

차례

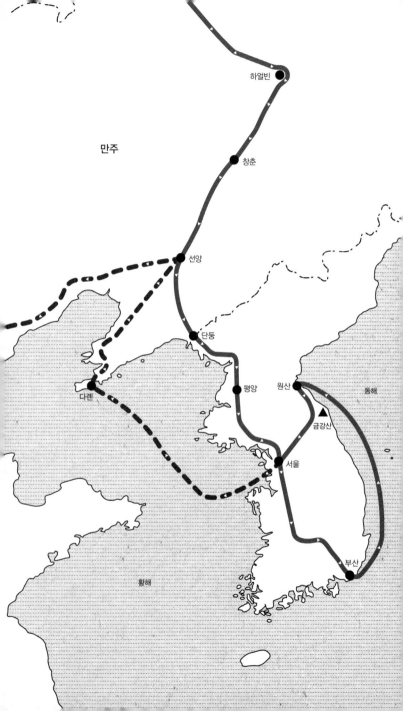

러시아

에밀리 켐프의 만주와 조선 여정 행로

켐프는 만주를 거쳐 신의주, 평양, 서울, 부산, 원산, 금강산으로
이어지는 여행을 한 뒤 다시 서울로 돌아와 배를 타고 다롄을
통해 투르키스탄으로 가는 또 다른 여정에 올랐다. 테사 모리스
스즈키는 켐프의 여행 가운데 금강산까지의 여행(실선으로 표
시된 부분)을 거의 그대로 따랐다. 평양에서 서울까지, 부산에서
원산까지 여행길은 휴전선으로 가로막혀 켐프의 여정을 그대로
따를 수 없었다.

한국어판 발간에 부쳐

대학을 갓 졸업하고 일본에서 영어를 가르치고 있던 1974년 한국을 처음 방문한 나는 서울에서 2주 동안 머무르며 인천 연안의 작은 섬을 비롯하여 여러 곳을 여행하고 다녔다. 특히 부산을 떠나오던 날이 생생히 기억나는데, 이유는 그날이 바로 박정희 전 대통령의 부인이자 박근혜 대통령의 어머니인 육영수 여사가 암살당한 날이기 때문이다.

당시 나는 한국어는 전혀 모르고 한국 역사에 대해서도 아주 단편적으로만 알고 있었지만 짧은 방문 동안 마주치게 된 한국 사회에 즉시 매료되었다. 1970년대 초 한국은 지금과는 판이하게 달랐다. 그때는 훨씬 더 가난하고 낙후된 사회였다. 그럼에도 내가 만났던 많은 사람들의 친절함과, 일상의 온갖 고단함에도 불구하고 민중 차원에 존재하던 힘과 활기가 무척이나 인상 깊게 다가왔다. 그 방문을 계기로 나는 한국에 깊은 관심을 갖기 시작했고 그 관심은 40년이 지나는 동안 점점 커졌다. 많은 세월이 흘렀고 아직도 충분하지는 않지만 나는 한국 역사와 사회에 대해 많은 것을 알게 되었고, 한반도를 갈라놓은 휴전선이 전체 동아시아 지역의 운명에 지대한 역할을 하고 있다고 점점 더 확신하게 되었다.

지난 150년 동안 동아시아의 세력균형은 한반도에서 일어난 사건에 따라 결정적으로 좌우되었다. 1894년에서 1895년까지의 청일전쟁과 1904년에서 1905년까지의 러일전쟁으로 19세기 말 이 지역에서의 힘의 중심은 중국에서 일본으로 옮겨갔다. 두 전쟁 모두 조선을 지배하려는 야욕에서 빚어졌다. 1945년 태평양전쟁에서 일본이 패배하고 난 뒤 이 지역의 세력균형이 다시 크게 요동쳤고, 한국에 영향력을 행사하려는 열강들의 경쟁이 심화되었다. 오늘날 이 지역의 세력 균형에 또 다른 중요한 변화가 일고 있다. 일본의 경제력이 지배하던 상황에서 중국 쪽으로 힘의 기울기가 바뀌는 중이다. 이러한 변화가 어떻게 전개될지는 한반도에, 무엇보다도 분단된 남북한 관계에 달려 있다. 냉전 시대의 마지막 유산인 한반도의 분단에 대한 해결책을 찾을 때 비로소 세계의 냉전도 진정한 의미에서 종식될 것이다.

19세기 말이나 태평양전쟁 직후의 상황과는 달리 남한은 이제 부유하고 역동적인 국가가 되었다. 경기 침체와 독재 정치로 곤경을 겪고는 있지만 북한 역시 자주의식이 강하며 대체로 국민의 교육 수준이 뛰어난 나라이다. 한반도는 이제 더 이상 열강들의 정치 노리개가 아니다. 반면 분단의 실상은 그 어느 때보다도 녹록지 않다. 동아시아 지역과 그 너머의 정치인들은 분단과 북한의 위기를 끝낼 수 있는 해법을 모색하기가 무척 어렵다는 이유로, 그 문제를 무시하거나 잊어버리거나 '뜨거운 감자'로 치부해버리고 싶은 유혹에 시달린다.

나는 처음에 이 책을 중국과 한국에 대해 알지 못하는 영어권 독자를 겨냥하여 쓰기 시작했다. 동북부 중국과 한반도를 여행하기를 원했던 것은 일정 부분 내 개인적 관심에서 비롯되기는 했지만, 동아시아권의 독자는 물론 그 밖의 독자들에게도 이 지역이 중요하다는 나의 인식을 전할 수 있기를 바라는 마음도 있었다. 내 목표는 동북부 중국과 한반도가 세계 근대사에서 요충지였다는 것을 강조하는 동시에 독자들에게 그 지역 사람들, 특히 세계 언론에 비인간적이고 도저히 이해할 수 없는 모습으로 그토록 자주 그려지는 북한 사람들의 평범한 삶을 소개하는 것이다.

에밀리 켐프의 만주와 조선 여행기는 몇 가지 이유에서

내 여행의 좋은 길잡이가 될 수 있었다. 그녀는 이 지역 근대사의 요충지인 하얼빈, 선양, 단둥, 평양, 서울, 부산을 방문했다. 또한 여러 면에서 10여 년이 넘도록 남북한 관계의 희망과 후퇴를 상징해온 금강산도 방문했다. 특히 흥미롭게도, 켐프는 한일병합 바로 직전에 조선을 여행하며 운명적인 역사적 전환기에 있던 조선에 대해 자신이 본 것을 그대로 기록으로 남겼다. 켐프는 조선에 대한 배경지식이 거의 없었기 때문에, 중국과 조선에 대한 켐프의 언급이 자주 시대에 뒤떨어지고 때로는 실수한 것처럼 보이기도 한다. 하지만 여행에 대한 대단한 열정, 여정 중에 만난 사람들에 대한 호의적인 견해, 동아시아 사회에서 여성의 역할에 대한 깊은 관심을 보여주었고, 나는 그런 면에서 켐프에게 이끌렸다. 켐프가 한 세기 전에 방문했던 장소들을 다시 찾아간 덕분에 나는 역사 전망에 대한 인식이 싹텄고 그러한 인식을 독자들에게 조금 더 정확히 전달할 수 있었다.

이 책은 원래 영어권 독자들을 위해 썼기 때문에 한국 독자들이 보기에는 틀림없이 너무 단순화하거나 불필요하게 설명한 부분이 있을 것이다. 그러나 그러한 언급과 인식들, 그리고 두 외부 관찰자 집단(20세기 초 에밀리 켐프 일행과 21세기 초 내 일행)이 때때로 실수한 것들이, 한국의 독자들에게 동아시아와 세계에서 자신의 나라가 처한 위치에 대해 다시 생각하는 새로운 시각을 줄 수 있기를 바란다.

내가 이 책의 영어판 탈고를 끝낸 이후로 한반도에서는 중대한 정치적 변화가 발생했다. 2011년 12월 북한의 지도자 김정일이 사망하고 그의 아들 김정은이 그 뒤를 계승했다. 북한 정권의 앞날과 북한의 변화에 대한 덧없는 희망에 대해 의견이 분분했다. 그러나 사실, 북한은 그 어느 때보다도 경제적·정치적 곤경에 단단히 갇혀 있다. 이웃 국가들과 화해하는 시능을 하지만 순간에 그칠 뿐이고, 얼마 지나지 않아 그 몸짓은 협박과 위협으로 바뀌기를 반복하고 있다. 상류층 사이에서, 특히 평양에서 소비주의가 확대되고 있다는 증거는 많지만 북한 주민 대다수의 삶이 개선되었다거나 정치·경제 개혁을 진지하게 추진하고 있다는 동향은 거의 보이지 않는다.

남한에서는 2013년 박근혜 정권이 출범한 뒤 대북 전략에 변화가 생겼지만 남북한 관계에는 아직 이렇다 할 뚜렷한 진전이 없다. 반면, 이 지역의 두 거대 세력 중국과 일본 사이의 긴장이 커져 대북 위기 해법을 위한 협력이 어느 때보다도 힘들어졌다.

이러한 정치적 긴장이 해소될 전망이 전혀 보이지 않는다. 내 생각에는 이 지역의 보통 사람들이 가능하다면 여행과 개별적 상호작용을 통해서, 그것이 안 된다면 책을 읽거나 상상력을 동원해서라도 분단의 경계를 뛰어넘을 방법을 모색하는 것이 중요하다. 나는 독자들이 이 책을 읽고 미약하나마 스스로 한반도를 종단하는 여정을 상상하기를 희망한다. 언젠가는 그 여정이 가능한 날이 올 것이다. 나 또한 불가피하게 멀리 돌아갈 수밖에 없었던 복잡한 우회 과정 없이, 중국과 한반도를 여행한 에밀리 켐프의 발자취를 죽기 전에 다시 한번 좇을 수 있는 날이 오리라는 희망의 끈을 놓지 않고 있다. 한편으로는, 이 여정이 가능할 수 있도록 도움을 주었던 중국과 남북한의 모든 사람들께 진심 어린 감사를 드린다.

2015년 1월
오스트레일리아, 캔버라에서
테사 모리스 스즈키

압록강 노동절의 풍경

외국인의 눈에 비친 개와의 산책

선미에 붉은 깃발을 용감하게 나부끼며, 우리가 탄 배는 중국 쪽 강변을 점차 벗어나 중국과 북한 사이에 경계를 이루는 넓고 흐릿한 압록강 물길로 접어들었다. 승객들은 배 난간 주위로 몰려들었고, 두 여행 동반자와 나도 그 틈에 끼어 북한 쪽의 희미한 윤곽을 뚫어져라 쳐다봤다. 하늘을 향해 치솟아 있는 험준한 산맥이 처음에는 청회색이었다가 배가 점점 가까이 다가갈수록 황갈색으로 바뀌었다. 나무라고는 하나 없는 횅한 민둥산의 황량한 산비탈에는 계단식 밭만 두드러질 뿐이었다.

"어, 저기 봐요. 군인이다!" 승객 가운데 한 사람이 외쳤다.

반대편 기슭에서 등 뒤로 총을 멘 채 자전거를 타고 길을 따라 덜거덕거리며 내려오고 있는 조그만 형상이 그제야 눈에 들어왔다. 강변이 가까워지자 차츰차츰 다른 사람들이 보이더니 그다음에는 집도 보이기 시작했다. 회반죽 도료를 칠한 작은 주택들이, 물가로 뻗어 내려가는 골짜기에 옹기종기 모여 있었다. 집은 하나같이 마치 어린아이의 그림에 나오는 오두막 같았다. 회색 기와지붕에 용마루를 흰색 페인트로 칠했고, 사각 창문을 달았고, 담으로 둘러쳐진 안마당으로 이르는 문이 있었다.

황소가 *끄*는 쟁기로 땅을 갈며 먼 들판을 가로질러 움직이는 마을 사람들의 모습이 마치 개미 같아 보였다. 한 여인과 어린 소녀가 조약돌이 깔린 물가에서 몸을 웅크리고 무엇인가를 줍고 있었다. 아마도 해조류나 조개 같은 것이리라. 그날은 노동절이었다. 중국의 새로운 세대인 자가용 소유자들이 강변을 따라 나들이를 가고 있었던 탓에 압록강 중국 쪽 강변도로는 차들로 꽉 막혀 있었다. 그러나 북한 쪽 마을에서는 자동차나, 아무런 축하의 낌새도 보이지 않았다.

우리가 가까이 다가가자 강가의 여인과 아이는 잠시 위를 쳐다보더니 곧바로 하던 일에 다시 몰두했다. 한 남자가 개를 데리고 강변의 오솔길을 따라 거닐고 있었는데, 우리가 빠르게 지나쳐 가자 개는 마치 우리 배와 경주라도 하려는 듯이 뛰어나갈 자세를 취했고 개 줄이 팽팽해졌다. 승객 중에는 개와 주인을 향해 쌍안경과 카메라를 들이대는 사람도 있었다. 개와 함께 산책하는 일상생활이 이국적인 광경으로 변질되어 외국 관광객의 구경거리가 되고 사진과 동영상으로 찍힌다면 그 기분이 어떨지 궁금해졌다.

이제 우리는 배 위로 가파르게 솟아 있는 맞은편 강변에 아주 가까이 다가갔다. 절벽 꼭대기에서 두 손을 머리 위로 올린 두 소년의 모습이 드러났다. 이 아이들은 손을 흔드는 것일까, 아니면 돌을 던지고 있는 것일까? 압록강의 수심이 깊은 곳은 공유수역이었기 때문에 우리 배는 선장이 마음 먹는 만큼 가까이 다가갈 수 있었다. 그러나 그 앞에 펼쳐진 땅은 지구상에서 가장 폐쇄된 나라, 냉전 시대 고립주의가 만들어낸 가장 기묘한 나라, 냉전의 마지막 결실인 조선민주주의인민공화국이었다. 자칫 배가 좌초라도 하는 날에는 끔찍한 일이 닥칠 것이다.

모든 일상생활을 외부 세계에 철저히 숨기고 오로지 이곳에서만 자전거를 타고 개와 산책을 하기 때문에, 이러한 평범한 광경조차도 보는 이들에게 쓸데없는 호기심을 불러일으킨다.

우리가 탄 배는 앞뒤로 흔들거리며 조류를 타고 점점 더 밀려나갔다. 북한 쪽 강변에 있는 거대한 녹슨 공장들이 눈

내일모레면 이 강의 북한 쪽 강변에 서게 되기를 바라고 있다.
그러나 시절이 어수선하다. 우리는 여전히 북한 비자를 받으려고
기다리는 중이다. 그들은 단둥 국경 경비대가 있는 이곳에서
비자를 받게 될 것이라고 약속했다.

Looking across
Yalu River from Dandong

단둥에서 바라본 압록강 (샌디 모리스)

에 들어왔다. 허물어져가는 건물들과 음산한 굴뚝 더미들이 폐허처럼 보였지만, 마치 땅속 깊은 곳에서 나오기라도 하듯이 실내 깊숙이 있는 배출구에서 여전히 연기가 나오고 있었다. 우리가 중국 측 강변을 향해 되돌아가자 공장의 위태로운 모습은 점차 멀어져갔고 벌거벗은 북한의 민둥산은 푸른 하늘의 안개 속으로 희미하게 사라졌다.

내일모레면 이 강의 북한 쪽 강변에 서게 되기를 바라고 있다. 그러나 시절이 어수선하다. 벼랑 끝 외교 전술이라는 위험한 전략을 펼치는 조선민주주의인민공화국은 방금 또 다른 장거리 미사일을 발사해 위기감을 더욱 고조시키고 있다. 최근 핵실험을 감행한 것이라든지 적국으로 분류된 국가들에 맞서 폭력을 행사하겠다고 위협하는 것은 북한의 비밀스러운 정권 내에 알력이 있다는 징후이다. 변화의 징조가 감지되고는 있지만 이러한 변화가 새로운 탄압의 물결일지 개혁의 가능성일지는 아무도 모른다.

그리고 우리는 여전히 북한 비자를 받으려고 기다리는 중이다.

그들은 단둥 국경 경비대가 있는 이곳에서 비자를 받게 될 것이라고 약속했다. "이 번호로 전화해서 '미스터 신'을 찾으세요." 호주에서 집을 떠나기 전에 이렇게 뜬구름 잡는 지시를 받았다. 전해 받은 번호로 여러 번 전화했지만 매번

통화연결음으로 들려오는 팝음악과 자동음성안내만 듣게 될 뿐이었다. 미스터 신은 자신의 핸드폰을 계속 꺼놓았다.

우리가 남긴 녹음 메시지에 응답이 오기를 기다리면서, 우리는 압록강 남쪽에 있는 산들이 저 멀리 다시 사라지는 것을 지켜보며 배 난간에 그렇게 서 있었다.

저 벌거벗은 민둥산 너머에는 한반도 넓은 북서 해안지대의 평야가 펼쳐져 있다. 그 평야 너머로는 평양이라는 초현실적인 도시가 자리 잡고 있다. 그리고 더 내려가 남동쪽 저 먼 곳에는, 북한과 남한을 가르고 있는 가시철망과 지뢰와 무장지대에 이르기 바로 전에, 금강산이 있다.

산

대승불교 화엄경에는 "바다 한가운데에 금강산이라 부르는 곳이 있었다. 옛날 옛적부터 모든 보살들은 그곳에 멈추어 살게 되었다. (…) 그들은 그곳에 머물며 경전을 설파했다"[1]라는 구절이 있다.

당唐의 역사서에는 우주에 여덟 개의 금강산이 있다고 쓰여 있다. "일곱 개는 멀리 바다 한가운데에 누워 있지만 하나가 한반도의 동해안 위로 모습을 드러냈다."[2]

그리고 고려 말 조선 초의 학자이자 문신이었던 권근은 금강산을 묘사한 어느 시[*]에서 다음과 같이 썼다.

하얗게 우뚝 선 천만 봉우리
바다 구름 걷히자 옥 연꽃 드러나네
늠실대는 신령스러운 빛 창해를 닮은 듯
굼틀대는 맑은 기운 조화를 모은 듯
우뚝한 산부리는 조도를 굽어보고
맑고 그윽한 골짜기엔 신선의 자취 감추었네
동쪽을 유람하다 곧 정상에 올라
우주를 굽어보며 가슴 한번 씻어 보자[3]

1973년의 북한 혁명 가극 〈금강산의 노래〉는 다음과 같이 선언한다.

온 세상에 이름 높은 우리의 금강산
통일된 삼천리에 더욱 빛나리.
남과 북이 얼싸안은 성군의 푸른 산
금강산은 오천만의 낙원으로 되리라.

[*]　원주용, 「금강산」, 『고려시대 한시읽기』, 2009.10.15, 이담북스.

오 우리 태양 김일성 원수님,

오천만은 만수무강 축원합니다.

수령님의 만수무강 축원합니다.[4]

새벽의 피격

2008년 여름, 남한의 중년 여성 박왕자는 북한 정부와 현대아산이 함께 운영하는 금강산 관광 프로젝트로 금강산 여행을 나섰다. 7월 11일 아직 어둠이 채 가시지도 않은 매우 이른 새벽, 박왕자는 호텔 방을 나와 서늘한 공기를 가르며 해변으로 걸어갔다. 동해 위로 떠올라 금강산 산봉우리에 햇살을 드리우는 일출을 보기 위해서였다. 해변은 평평했고, 밀물은 멀리 빠져 있었다. 박 씨는 반짝이는 어두운 해변을 가로질러 걸어갔다. 그렇게 하염없이 걷다가, 리조트를 에워싼 울타리를 지나, 바다로 고요히 흘러드는 작은 시냇물을 건너, 해안 뒤의 소나무 숲에 당도했다.

그런데 숲 그늘에서 갑자기 한 북한군 병사가 나타나 꼼짝 말라고 소리쳤다. 깜짝 놀라고 당황한 박 씨는 돌아서서 왔던 방향으로 도망쳤다. 병사는 바로 발포했고, 박 씨는 땅에 고꾸라졌다. 숲에 있던 다른 병사들이 천천히 조심스럽게 나타나 그녀에게 다가갔다. 한 병사가 숨이 붙어 있는지 알아보려고 비틀린 그녀의 몸을 군화로 밀어보았지만 아무런 움직임이 없었다. 박왕자는 이미 죽어 있었다.

박왕자 피격 사건은 1년 넘게 동북아시아를 조이며 급부상하던 위기의 첫 번째 징후였고, 이 위기의 중심에는 금강산이 있었다. 현대아산 금강산 관광 리조트는 지리하고도 험난하게 이어져온 남북관계에서 통일을 향한 노력 가운데 가장 두드러지는 상징이었다. 1998년 개관한 이래로, 남북한을 나누는 휴전선에서 북쪽으로 불과 15분 거리에 있는 리조트 덕분에 200만 명에 이르는 남한 사람들은 무서운 공산주의자 이웃의 내부를 처음으로 들여다볼 수 있게 되었다.[5]

리조트는 또한 한반도의 분단과 한국전쟁으로 헤어진 이산가족의 상봉 장소이기도 하다. 반세기가 넘도록 만나지 못한 채 완전히 다른 세계에서 살아온 부부, 형제자매, 부모 자식이 백발이 성성해져, 이 특별한 목적으로 지어진 건물에서, 금강산의 수려한 산등성이에 둘러싸여 어렵사리 재회한다. 속절없이 지나가는 몇 시간을 함께 보내고는 다시 헤어져 버스를 타고 반대 방향으로 향하며 구슬프게 생이별을 한다. 2000년에 이산가족 상봉이 시작되었을 때, 휴전선 반대편에 있는 직계가족을 만날 기회를 잡으려 가족 상봉을 신청한 사람은 12만 5000명이나 되었다. 10년이 흘렀지만 그동안 겨우 1만 6000명 남짓한 사람들이 소원을 이루었을 뿐, 4만 명 정도는 가족 상봉 순간만을 기다리다가 죽어갔다.[6]

박왕자 피격 이후에 리조트는 폐쇄되었고, 이산가족 상봉은 중단되었다. 괴상한 소문이 떠돌기 시작했다. 박왕자 피살은 예민한 병사가 어둠 속에서 우발적으로 발포한 비극적인 사고일 뿐이었을까? 아니면 양국의 긴장 완화를 두려워하는 세력에 의한, 좀 더 광범위한 음모의 일환이었을까? 어쩌면 북한의 종잡을 수 없는 지도자 김정일이 와병 중일 수도 있다. 어쩌면 그가 사망했는지도 모른다. 아마도 권력투쟁이 진행 중이며, 그 상황에서는 금강산 자락 소나무 숲에서 발사된 총탄은 단지 첫 번째 일격에 불과한 것일 수도 있다.

그 이후 몇 달이 흐르는 동안 남북한의 다른 합작 프로젝트들은 하나씩 중단되거나 축소되었다. 조선민주주의인민공화국은 장거리 미사일을 시험하더니 다음에는 핵무기 실험에 돌입했다. 중국, 러시아, 일본에 미국까지 참여시키며 일부 사람들에게 동북아 지역을 안정시킬 최선의 희망으로 여겨지던 북핵 6자 회담은 막다른 궁지에 봉착했다. 중국과 북한 사이 국경지대에 머무르던 한국계 미국인 신문기자 두 명이 체포된 것이다. 내가 압록강에 도착했을 무렵에는 상황이 매우 악화되어 심지어 전쟁설까지 나돌고 있었다.

뜻밖에도 정치적 갈등은 과거와 미래를 제대로 볼 수 없게 만든다. 북한을 볼 때 우리는 오로지 영원한 현재만을 보게 된다. 김일성은 1994년에 사망했지만 공식적으로는 영구히 영도자로 남아 북한을 영원히 통치하고 있다. 김일성의 아들이자 황갈색 나일론 운동복을 걸친 인상적인 모습으로 기억되는 인물인 김정일은 밝혀진 바와 같이 2008년에 죽은 것이 아니라 병마와 수술을 딛고 다음 해에 세계 무대에 수척해진 모습으로 다시 등장했다. 전 세계 대부분의 사람들에게 북한의 이미지는 탱크와 로켓을 배경으로 전열을 맞춰 거위걸음으로 한껏 손발을 휘두르며 황량한 평양 김일성광장을 가로지르는 병사들의 행진이 담긴, 끝없이 반복되는 듯한 짧은 순간의 영상으로 압축되어 있다.

금강산에 대한 나의 관심은 현재에서 시작되었다. 나는 지구상에서 가장 위험한 국경인 휴전선에 위치한 금강산이 정치적, 상징적 중요성을 띤 장소라는 것을 알고 있다. 한반도 '비무장지대'는 그 이름과는 모순되게 대규모로 무장된 너비 4킬로미터짜리 땅덩어리다. 지구 최후의 냉전 분단선인 이곳의 운명은 동북아시아 전체, 더 나아가 전 세계의 미래와 궤적을 함께할 것이다.

그러나 박왕자가 피살되기 몇 달 전에 나는 19세기 말과 20세기 초에 이 지역을 여행했던 서구 여행가들의 저술을 읽느라 바빴고, 그렇게 읽어나가면서, 마치 퇴적물이 쌓여 대륙을 만든 것처럼, 산맥의 바위 안에 봉인되어 있는 역사의 층층을 알게 되었다. 박왕자의 비극적인 금강산 여정은 성공과 비운을 거듭한 수천 번의 여정 가운데 가장 최근의 여정일 뿐이다. 승려, 은둔자, 시인, 화가, 전사, 관광객, 과학자, 혁명당원 들이 깎아지른 듯한 절벽과 드높이 치솟은 기암괴석에 이끌리듯 금강산 여정을 다녀왔다. 여행기를 읽어나가며 나는 천년의 역사를 어렴풋하게나마 이해하기 시작했다. 그러한 천년의 역사에서 보면 조선민주주의인민공화국(과 남한)도 언젠가는 지나간 한순간에 불과할 것이었다. 그리고 내 책장에 고이 꽂혀 있는 세 권짜리 소련 역사서가 생각났는데, 이 책에는 왠지 모르게 반항적인 비애감을 자아내는 "고대에서부터 17세기까지 소련사 중요 연감" 같은 내용이 실려 있다.

나의 여정을 개척해나가는 동안 지난 수많은 여정들의 자취를 더듬으며 시공간을 넘나들다 보면, 금강산으로 가는 여정은 새로운 시각에서 북한과 주변 지역을 바라보는 한 방법이 될 것이다. 이념 너머에는 조개를 줍거나 개와 산책하는 일과 같이 면면히 이어지는 사람들의 삶이 자리 잡고 있다. 정치적 현실 너머에는 수백 년에 걸친 과거와 현재가 자리 잡고 있다. 과거의 심연을 향해 눈을 뜸으로써 우리는 현재의 고통과 분단을 넘어 이 지역을 위한 미래가 어떤 모습일지 그 윤곽이나마 볼 수 있을지 모른다. 나는 금강산으로 가는 여정을, 역사를 순례하는 여정을 계획하기 시작했다.

나를 안내해주기 위해 기다리고 있는 이전 세대의 순례객들은 많았다. 예를 들면, 14세기 인도에서 광활한 중국 대륙을 건너 극동의 고려 해안가에 있는 금강산으로 걸어왔던 승려 디야나바드라의 길을 따를 수 있다. 18세기 조선의 위대한 화가 김홍도와 정선의 발걸음을 쫓아 한결 편한 여행길을 갈 수도 있다. 저명한 서구인들, 이를테면 1890년에 조선에 와서 금강산을 마주하는 순간 숨조차 쉴 수 없을 만큼 경외감에 사로잡혀 동아시아인들에 대한 시건방진 논평들이 쏙 들어간 커즌George Nathaniel Curzon 경(후에 인도 총독이 된다) 같은 이에게 안내를 받을 수도 있다. 또는 1930년대에 금강산의 절에 머무르려고 머리를 삭발하고 남

장을 한 미국 여성 헬렌 버웰 채핀의 길을 뒤따를 수도 있었다.[7]

독일의 베네딕토회 수사로 1925년 금강산을 찾은 박식한 노르베르트 베버[*]와 함께 여행할 수도 있다. 베버는 그 지역의 뛰어난 문화적 풍요로움에 대해 묘사하면서도 "뛰어난 문화적 정점에서 급격하게 쇠퇴한 점이나, 16세기 말 (1592년에서 1598년 사이) 두 차례에 걸친 일본의 끔찍한 공격이 가져온 가혹한 결과와 탐욕에 눈이 멀어 백성들을 착취한 관료들의 실정"에 대해서도 이야기했다. 그의 말로는 이 모든 것들이 "한때 그토록 유명했던 금강산 위로 두꺼운 안개 장막처럼 내려앉으면서 자국민의 시선에서뿐만 아니라 외부 세계의 시선에서도 점점 더 완전히 감춰지게 되었다"[8]고 한다. 나는 베버의 저작에서 정말로 많은 것들을 배웠다. 그 안개가 잠시 걷혔다가 한반도의 분단, 한국전쟁이라는 잔혹한 전쟁(가장 격렬했던 전투가 이 지역에서 일어나기도 했다), 심화하는 조선민주주의인민공화국의 고립으로 금강산에 다시 장막이 내려앉고 안개가 짙어지는 것을 지켜

---

[*]   노르베르트 베버(Norbert Weber, 1870~1956) 신부 : 독일 성베네딕토회 오틸리엔 연합회 총아빠스로서, 1908년 성베네딕토회의 조선 진출을 결정하고 독일 신부 두 명을 파견했다. 1911년에는 4개월간 조선을 방문한 후, 『고요한 아침의 나라에서』를 저술했다. 1925년 두 번째로 조선을 방문하여, 필름 약 1만 5000미터 분량에 이르는 방대한 영상 기록을 남겼다.

본 한국, 일본, 유럽, 미국의 다른 작가와 화가 들이 남긴 기록에서도 많은 것을 배웠다.

그러나 최종적으로 내가 선택한 안내인은 랭커셔 섬유 가문 출신의 억척스러운 영국인으로서 나보다 거의 100년 전에 금강산을 찾은 한 여인이었다. 화가이자 작가이고 박식한 여행가인 에밀리 조지아나 켐프Emily Georgiana Kemp는 동북아시아 지역이 자기 일생에서 가장 끔찍한 비극이 일어난 현장이자 진원지였다는 사실에도 불구하고 이 지역에 대한 열정적인 사랑을 평생 키워갔다.

켐프와 다른 서구의 방문객들이 여행한 '극동'은 제국들의 흥망에 의해 형성되고 재편된 공간이었다. 1903년 바이칼호를 가로지르는 여객선이 새롭게 운항하기 시작하면서, 인류 역사상 가장 위대한 육로인 대시베리아 횡단철도의 마지막 부분이 완성되었다. 유럽과 극동아시아를 연결하는 철도가 생긴 것이다. 그러나 철도 완공의 들뜬 축하 분위기는 러일전쟁이 발발하자 거의 가라앉고 말았는데, 이 전쟁은 1905년 러시아의 대패로 끝이 난다. 근대 유럽이 아시아 세력에 처음으로 군사적 패배를 당한 것이었다. 결국 대시베리아 횡단철도(당시에는 이렇게 불렸다)에서 발생하는 이익은 대체로 일본이 누리게 되었고, 일본은 러시아에 승리를 거둔 뒤로 시베리아 간선과 중국, 조선의 철도망을 연결한 철로까지 장악했다.

일본 제국 건설로 형성된 극동을 '신극동'이라고 불렀는데, 시베리아 횡단철도를 타고 신극동으로 들어간 초기 서구 여행가 가운데 켐프와 켐프의 여행 동반자 메리 맥두걸이 있었다. 켐프가 방문한 해인 1910년에 일본은 조선을 병합하고 만주를 넘어서 동중국의 다른 지역에까지 더욱 깊이 손을 뻗쳤다. 일본은 이 지역을 단순히 군사적으로 지배한 것이 아니라, 여행과 관광을 위한 장소로도 개발했다. 아마도 일본 정부는 관광을 이용한 선전 가능성을 세계에서 최초로 간파한 정부일 것이다.

내가 이 여정에 켐프를 안내인으로 고른 까닭은 그녀가 대체로 차분하면서 신중하고도 공감하는 시선으로 지나가는 풍경들을 바라보았을 뿐만 아니라, 역사상 특히 중요한 전환점이었던 시기의 만주와 조선을 보았기 때문이기도 하다. 그 당시는 중국 제국이 막 소멸하기 직전이었고, 일본이 가장 중요한 식민지를 얻음으로써 동아시아에서 지배권을 굳혀가는 순간이었다. 켐프는 여행기인 『만주, 조선, 러시아령 투르키스탄의 얼굴The Face of Manchuria, Korea and Russian Turkestan』 서문에서 중국 제국에 대해 다음과 같이 썼다.

(의화단의 난 이후에) 중국 정부로부터 얻어낼 수 있는 상업

적, 정치적 이익의 가능성을 두고 다투어왔던 유럽과 다른 열강들은 어느 정도까지는 물러났지만, 억지로 먹이에서 떼어낸 개들처럼 으르렁거리며 여전히 눈독을 들이고 있다. 그리고 러시아와 일본은 국경에 대한 지배력을 소리 소문 없이 강화해가고 있다. 만주와 조선이 이러한 국경이었고 새로운 개발을 기대할 수 있는 곳은 이쪽 지역이었다.[9]

켐프는 중국의 북동부 국경지대가 깊은 변화의 와중에 있으며 이러한 변화의 물결을 타고 강대국들이 세계를 뒤흔들 힘을 가지고 있다는 것을 간파했다. 일본이 이 지역에 진출하면서, 가뜩이나 복잡하게 얽혀 불안정한 정세에 새로운 요소가 추가되었기 때문이다. "일본의 만주 진출 마지막 단계는, 만주로 가는 확실한 수단이 될 한일병합일 것이다."[10] 이 말은 1910년 8월 26일, 조선이 일본의 식민지가 되기 겨우 4일 전에 쓰였다.

그 후로 100년이 흘러 켐프가 여행했던 지역은 다시 한번 중대한 변화를 겪고 있다. 중국의 부상으로 그 지역과 세계 강대국들의 확고하고 오랜 관계가 뒤집히고 있다. 세계가 경제 위기에 직면하자 모순되게도 자칭 최후의 거대 공산주의 세력인 중국이 세계 자본주의의 미래를 풀 열쇠를 쥐게 되었다. 20세기 전반부에 일본의 부상이 국제적으로 우려를 자아냈듯이, 21세기 초 중국의 단호한 태도는 지역의 이웃 국가들과 더 넓은 세계로부터 찬탄과 시기가 섞인 비슷한 감정을 불러일으키고 있다. 그러나 무엇보다도 변화의 중심에 있는 것은, 한일병합 후 1세기가 지난 지금, 세계의 마지막 냉전 국경선에 의해 분단 상황에 놓인 한반도의 운명이다. 지난 60여 년 동안 군사 분쟁이 지속되어온 한반도는 엄밀히 말하자면 여전히 전쟁 중이다.

박왕자를 죽인 총격 사건은 이 지역 전체에 지속적으로 영향을 미치는 반향을 불러일으켰다. 눈사태를 예고하는 눈더미의 점진적인 균열처럼, 여전히 꽁꽁 얼어붙은 한반도의 냉전 질서에 기묘한 균열이 시작되고 있다. 이러한 균열이 내포한 의미를 이해하기 위해서, 우리는 동북아시아의 과거라는 더 넓은 맥락에서 현대 정치를 이해하며, 현 상황과 한반도 자체를 넘어서서 바라볼 필요가 있다.

동북아시아의 접경지대에서 중국, 러시아, 일본, 한국은 끝없이 변화하는 양상을 보이며 뒤섞여 경쟁하고 있다. 이 지역의 나라들은 분단된 한반도의 마지막 운명이 결정되는 데 영향을 끼칠 것이며, 거꾸로 한반도에서 냉전이 뒤늦게 종말로 치달음에 따라 틀림없이 그들 사이에서도 상호작용이 일어날 것이다. 한때 '신극동'이라 부르던 지역으로 가는 켐프의 100년이나 된 옛 여정을 좇으며, 우리는 오늘날의 긴장과 분단을 만들어낸 깊은 원인을 보기 시작하고, 그래서 우리 앞에 펼쳐진 가능성을 상상하는 새로운 방식을 찾아낼 수 있을 것이다.

에밀리 켐프가 만주와 조선을 여행했을 때는 바깥 세계에서 잘 보이지 않게 그 산들을 가렸던 안개의 장막이 일시적으로 흩어지고 있었다. 동아시아에서 켐프보다 잘 알려진 여행가이자 유명한 여성 여행 작가인 이사벨라 버드*는 금강산을 찾아온 최초의 서구인 가운데 한 사람이었다. 그녀는 "호랑이가 출몰하는 숲", 근사한 사찰, 빨아들일 것 같은 협곡에 대한 묘사로 금강산의 명성을 영어권 세계에 퍼뜨리는 데 일조했다.[11] 1910년 무렵에는 세력을 넓혀가고 있던 일본의 제국주의가 산의 이미지를 새로운 형태로 다시 만들어내고 있었다. 산이 가지고 있는 자연의 경이로움, 건축 유산, 광물자원에 대한 과학적인 조사가 진행되었다.

---

* 이사벨라 버드(Isabella Lucy Bird, 1831~1904): 영국의 여행가, 작가, 지리학자. 스코틀랜드 에든버러의 명망 있는 성공회 성직자 집안에서 태어났다. 빅토리아 여왕 시대 영국 여성들의 우상적인 존재로, 세계 각지를 다니며 조사하고 연구했다. 1856년 미국 여행기를 출간한 이래 오스트레일리아, 하와이, 일본, 아시아 여러 나라를 여행하고 여행기를 출판했다. 1894년 조선에 처음 온 뒤 4년 동안 중국과 조선을 오가며 4차례에 걸쳐 조선 곳곳을 답사했다. 명성황후와 고종 황제를 알현했고, 제정 러시아의 조선인 이민자들도 만났으며 동학농민혁명과 청일전쟁을 겪기도 했다. 이러한 체험이 『한국과 그 이웃 나라들』에 담겨 있으며 이 책은 출간 당시 영국의 베스트셀러가 되었다.

이 모든 것들은 떠오르고 있는 일본 제국의 더 큰 영광을 위하여 개발될 것이었다.

일본의 손으로 재창조되고 있던 "신新조선", 즉 "노인의 옷을 벗어버리고 청춘의 옷을 입고 있는 오래된 나라"를 찾아오라고 모험심 많은 서구인들을 설득했다. 켐프와 그 뒤를 이어 계속 찾아온 서구 방문객들에게 일본 치하의 만주와 조선을 돌아보는 여정에서 확실한 압권은 바로 "시원하게 떨어지는 폭포, 맑은 호수, 수정 같은 시냇물"을 갖춘 금강산(일본에서는 '공고잔'으로 알려져 있다) 구경이었다. 그림 같은 산들과 고지대의 꽃들로 뒤덮인 골짜기, 자연의 기묘한 손길이 빚은 환상적인 봉우리로 알려진 금강산은 곧 "극동의 미래휴양지"로 선전될 것이었다.[12]

켐프와 맥두걸은 하얼빈시를 통해 시베리아에서 중국으로 들어갔고, 기차로 만주 벌판을 가로질러 남쪽으로 향했다. 단둥에서 압록강을 건너 중국에서 조선으로 들어갔고, 계속해서 평양, 서울, 한반도 남단의 부산항까지 갔다. 그러고는 현재의 북한에 속한 동해안의 원산항까지 배로 거슬러 올라갔다가, 말을 타고 해안을 따라 남쪽으로 내려오면서 금강산 여행을 시작했다. 지칠 줄 모르는 여행가들이었던 그들은 다시 만주와 시베리아를 경유하여 왔던 길로 되돌아간 후에 "러시아령 투르키스탄"(현재의 우즈베키스탄과 카자흐스탄)에서 모험으로 가득 찬 또 다른 여정을 시작했다. 그들의 여정에서 이 부분은 따르지 않을 작정이다. 나의 바람은 가능한 한 멀리, 켐프와 맥두걸이 "온갖 형상의 거대한 짐승" 같은 소름 끼치는 바위들로 가득한 "화강암으로 형성된 깎아지른 산들" 사이로 걸어 다닌 지점까지, 만주와 한반도를 주유했던 그들의 여정을 밝혀내는 것이다.[13]

그들이 이곳을 찾아온 후 한 세기가 지났고, 20세기 초의 이 여행가들은 상상조차 할 수 없을 정도로 교통은 혁명적으로 바뀌었다. 택시와 사륜구동 자동차들이 썰매와 짐말을 대체했다. 선양과 서울의 호텔은 인터넷으로 예약할 수 있다. 점보 비행기를 타면 몇 시간 만에 대륙을 주파한다. 그러나 정치가 상황을 훨씬 어렵게 만들기도 했다. 사실, 정치 때문에 여정이 불가능해지는 상황이 되풀이되고 있다. 켐프가 동북아시아 사이로 지났던 길이 지금은 한반도의 분단으로 생긴 넘을 수 없는 장벽으로 막혀 있다.

설령 미스터 신이 우리의 비자를 가지고 나타난다 하더라도 한반도를 종단하는 여정은 복잡하게 우회해 가는 수밖에 없을 것이다.

단둥의 호텔 방으로 돌아와, 옷가방 두 개에 들어 있던 물건들을 모두 꺼내어 하나씩 차례로 점검해나갔다. 종잡을 수 없는 미스터 신과 접촉해 강을 건널 수 있게 된다 하더라도, 우리가 가진 짐 가운데 쉽사리 북한 관료들의 의심을 살 만한 것이 있어서는 안 되었다.

얼마 전 남한에서 열린 컨퍼런스에 참석해서 받은 문서들(남한 물건은 북한에서 금지되어 있다), 감옥이나 당 수뇌부가 몰려 있는 건물들처럼 발설해서는 안 되는 장소들을 언급하고 있는 새로운 평양 가이드북, 1910년대 평양을 아시아에서 가장 큰 기독교 중심지로 묘사하고 있는 켐프가 쓴 너덜너덜해진 책『만주, 조선, 러시아령 투르키스탄의 얼굴』같은 작은 짐 꾸러미들은 중국 쪽에 남겨두기 위해 한쪽으로 빼놓았다.

남겨두고 가야 할 물건 더미 위에 마지막으로 시, 지도, 붓으로 그린 그림들의 복사본과 빛바랜 엽서들을 올려놓았다. 유학자들과, 일본에서 조선으로 이주해온 사람들과, 미국의 마르크스주의자들과, 다른 이들이 쓴 저작들로 가득한 서류철도 올려놓았다. 이 저작들은 꿈에서나 볼 법한 아름다운 풍광으로 내 모든 정신을 사로잡고, 꿈의 끝자락에서 훨씬 더 비현실적인 모습으로 나타나는 금강산의 경이로움과 위기에 대해 묘사하고 있다.

불교가 도래하기 전에 있었던 신앙에 따르면, 금강산은

하늘과 땅이 만나는 곳이었고, 너무 멀리 금강산 꼭대기까지 발을 잘못 들여놓은 사람들은 자유자재로 형상을 바꾸는 변덕스러운 정령들과 마주치는데, 그들은 이 인간 침입자들이 자신의 숨겨진 욕망에 직면하고 깊숙한 공포와 마주하게 만든다. 현실이라는 냉혹한 세계에서, 산에서 잠시 엿보았던 깨달음과 혁명적 유토피아에 대한 꿈들은, 금강산의 산봉우리들이 그 아래의 들쭉날쭉한 해안선에서 끝없이 피어오르는 운해 사이로 나타났다 사라졌다를 반복하는 것처럼 너무 자주 반짝 비추는 빛으로 밝혀졌다가 곧 사라지곤 했다.

금강산 서류철을 내려놓기 전에 옛것과 새것이 뒤섞인 지도 세 장을 꺼냈다. 거기에는 중국, 일본, 한국식 지명들이 다양하게 로마자로 새겨져 있다. 다시 한번 나는 켐프의 우회하는 여정을 뒤쫓아보려고 한다. 금강산에 이를 때까지 펼쳐진 길은 분명해 보인다. 그러나 그 뒤로는 길이 점점 희미해진다. 잘못 들어섰다가 되돌아 나오고, 알 수 없는 지명들이 뒤섞여 혼란스러워진다.

시인 권근이 살았던 당시처럼, 어쩌면 금강산은 여전히 하늘과 땅의 혼란스러운 상태를 알아볼 수 있는 곳인지도 모른다. 하지만 어쩌면 그 봉우리에는, 사람들이 올라오기를 기다리고 있는 장난꾸러기 정령들이 도사리고 있을지도 모른다.

문을 두드리는 소리가 나서 나가보니 여행 동반자인 엠마 캠벨이 귀에 대고 있는 휴대전화를 가리키며 나한테 조용히 속삭였다.

"미스터 신인 것 같아."

CHAPTER 1

여정을 시작하며

: 하얼빈과 후난을 향해

구름 위에서 내려다본다면

동북아시아가 발 아래 펼쳐져 있다고 상상해보라. 마치 구름 위 저 먼 곳에서, 비밀 임무를 띠고 고요히 지구 주위를 돌고 있는 인공위성에서 바라보기라도 하듯이 말이다. 서쪽으로는 광대한 황갈색 고비사막이 펼쳐져 있고, 남쪽으로는 말라비틀어져 바닥을 드러낸 드넓은 호수처럼 히말라야와 카라코람산맥 쪽으로 겹겹이 솟아오른 땅이 중앙아시아를 향해 뻗어 있다. 북쪽을 가로질러 광대하게 펼쳐진 갈색 대평원은 남쪽으로 내려갈수록 점차 희미해져 남중국의 진초록빛 비옥한 논으로 바뀐다. 북동쪽에 있는 만주 벌판 너머로는 한반도가 일본열도 최남단을 가리키고 있다.

하늘 높은 곳에서 바라보는 풍경에서는 오로지 하나의 국경선만이 뚜렷이 눈에 띄는데, 그 윤곽선은 오직 밤에만 보일 뿐이다. 그 국경선은 바로 북한과 남한 사이에 그어진 분단선이다. 자연의 빛이 땅에서 서서히 사라지고 나면 도시의 선명한 인공 불빛만 남게 된다. 불빛은 일본열도를 가로질러 중국의 동해안 아래로, 남한의 드넓은 공간 위로 빽빽하게 밀집되어 은하수라도 이루고 있는 것 같다. 그러나 불빛은 대체로 38선을 따라 굽이굽이 반도의 허리를 가로지르는 분명한 선, 한반도를 양분하는 휴전선에서 갑자기 멈춘다. 휴전선의 북쪽, 에너지난에 허덕이고 있는 북한 땅은 수도인 평양만 작은 별 하나처럼 보일 뿐, 나머지 지역은 짙푸른 암흑 웅덩이와도 같다.[14]

최근 보도에 의하면 북한의 1인당 소득은 남한의 20분의 1 수준에 불과하다고 한다. 이러한 부의 격차는 지구상에 서로 인접해 있는 두 나라 사이에서 찾아볼 수 있는 가장 현격한 차이다. 더구나 이 나라들은 두 나라가 아니라 분단된 하나의 나라이다.

100년 전에 만일 누군가가 이렇게 하늘에서 동북아의 풍경을 바라볼 수 있었더라면, 밤에 보는 광경은 완전히 달랐을 것이다. 아마 도쿄, 상하이, 홍콩을 드러내는 희미한 불빛 두세 개를 빼면 광대한 암흑밖에 없었을 것이다. 그러나 낮에 보는 풍광은 수백, 수천 년에 걸쳐 겨우 조금씩 변해왔을 뿐이다. 신록으로 우거졌던 산들은 숲이 사라져가면서 점차 황갈색으로 변했고, 바다로 흘러가는 강들의 흐름도 바뀌어갔다.

생각이 근대의 테두리를 벗어나지 못하는 우리는, 흔히 지역이라고 하면 민족국가의 집합체로 생각하게 된다. '중국' '일본' '북한' '남한'으로 이름 붙이고, 명확하게 경계가 나뉜, 대개는 적대적인 땅덩어리로 말이다. 그러나 역사 기록을 살펴보면 중심 세력인 중화, 즉 중심에서 꽃피운 문화인 중국 제국의 형세와 운명이 수시로 변하는 데 따라 뭉치고 흩어졌던 수많은 민족들이, 끊임없이 밀고 들어왔다가 밀려나기를 반복했다는 것을 알 수 있다. 중국 중심의 지식인의 관점에서 보면, 그네들이 인식할 수 있는 중국보다 더 작은 왕국들과 아직 국가를 형성하지 못한 민족들은 사전적 용어를 빌자면 모두 '오랑캐'의 범주로 묶을 수 있었다. 그 풍습이 익히 알려진 동쪽의 한韓민족처럼 조공을 바치는 사람들이 있었고, 그렇게 공물을 바치는 국가들 너머에는 직접 보지는 못했지만 소문으로만 들어 알고 있는 수많은 다른 오랑캐가 있었다. 서쪽으로는 백인들의 땅과 검은 신들의 땅이 있었다. 남쪽으로는 새의 부리를 가진 사람들이 있었고, 동쪽으로는 (일설에 의하면) 늘 호랑이 두 마리를 데리고 다니는 점잖은 선인이 산다는 동방예의지국이 있었다.[15]

중국 제국이 점차 약화되자 오랑캐들은 그 틈을 놓치지 않았다. 12세기에는 여진족이, 13세기에는 몽골족이, 17세기에는 만주족이 차례로 남하하여 중국의 심장부를 점령하였다. 몽골족은 서쪽뿐만 아니라 동남쪽으로도 밀고 내려와 고려를 점령하고 일본에도 함대를 보냈지만, 일본으로서는 다행스럽게도 신의 손길이 깃든 태풍(가미카제의 어원)에 가로막혀 되돌아올 수밖에 없었다. 16세기 말에는 급부상한 일본의 장군 도요토미 히데요시가 쇠약해가는 명나라를 노렸지만, 그의 군대는 조선에서 멈출 수밖에 없었고, 험준한 산맥을 넘지 못한 채 금강산 사찰의 무장 승려들을 비롯한 의병들에게 쫓겨 되돌아가야 했다.[16] 한반도는 19세기에도 그랬던 것처럼, 이미 그 이전에도 주변 열강들로부터 압력을 받는 가운데 독립을 지키느라 안간힘을 쓰는 약소국의 운명에 놓여 있었다.

중국 왕조와 주변국 왕조는 태동과 몰락이 동시에 일어나기도, 때로는 잇달아 일어나기도 하면서 그 흥망성쇠가 깊이 얽혀 있었다. 중국의 지배력이 밀고 들어왔듯이, 한반도는 그 자체가 분단국의 경계선 너머까지 영토를 확장하려는 경쟁국들의 변화무쌍한 각축장이었다. 그 기원과 범위가 여전히 신비에 싸인 채 논쟁이 분분한 고구려는 기원후 시대가 시작될 무렵 한반도의 절반인 북쪽 대부분과 현재의 중국 동북부까지 아우르는 지역을 지배했다. 기원후 3세기부터는 세 신흥 왕조인 한반도 남단의 가야, 남서쪽의 백제, 남동쪽의 신라가 부와 권력을 두고 점점 첨예하게 대립했다. 잇따른 정복을 통해 점차 한반도 거의 대부분을 통일해나간 신라가 결국에는 승자가 되었다. 중국 왕조의 변화는 신라의 몰락과 고려 왕조의 출현을 재촉했다. 바로 이 고려에서 '코리아'라는 이름이 유래했다. 그리고 1368년 중국에서 몽골 왕조가 몰락하자, 고려 왕조를 전복시킨 군사지도자 이성계는 자신이 직접 조선 왕조를 세웠다. 그 후로 줄곧 한반도를 통치한 조선 왕조는 20세기까지도 살아남았고, 에밀리 조지아나 켐프가 허물어진 궁전 사이를 배회하던 1910년 무렵에는 최후의 종말을 맞이하고 있었다.

이 풍경을 가로질러 무척이나 다양한 언어, 관습, 신앙, 역사가 한데 합쳐지며, 강처럼 점차 행로가 바뀌거나 때로는 완전히 말라버리기도 했던 가늘고 긴 여행로, 교역로, 순례길이 굽이굽이 이어졌다. 고대 중국 당나라의 수도 장안(시안)을 박트리아(오늘날의 아프가니스탄)사막 건너 남쪽의 히말라야산맥과 인도까지 연결하는 비단길들이 무수히 있다. 동쪽으로는 공물 사절단이 오가던 작은 샛길들이 만주 벌판을 가로질러 나 있고, 거기에서부터 남쪽으로는 한반도의 산등성이까지, 북쪽으로는 아무르강 강변을 따라 수많은 소수민족들이 있는 늪지대까지 뻗어갔다.

동북아시아의 평원, 강 유역, 논 지역의 농경민족은 (오늘날 대부분의 북한 사람들이 그러하듯이) 사는 동안 태어난 마을을 벗어날 기회가 거의 없었을 것이다. 그러나 공물 사절단, 교역로, 그리고 무엇보다도 불교 순례자들의 여행이라는 또 다른 지리가 자급자족하는 촌락 세계에 포개어졌다.

불교는 서기 1세기에 처음으로 중국에 전파되었는데, 이미 기존의 신화, 마술, 전통과 철저히 융화된 채로 도래했다. 실제로 새로운 사상은 갑작스럽게 도래하기보다는 여러 발원지에서 점진적으로 침투한다고 할 수 있는데, 남아시아뿐 아니라 중앙아시아 역시 100년이 넘는 세월 동안 점차 불교를 받아들이게 되었다. 새로운 사상이 자리를 잡게 되면서 중국의 순례자들은 깨달음을 얻기 위해 서쪽으로 향했고, 인도와 중앙아시아의 승려들은 법문과 성스러운 경전 사본을 갖고 동쪽으로 찾아갔다. 4세기 무렵에는 불교가 다양한 경로로 한반도의 북쪽 왕국들에 전파되었다. 그리고 한반도에서는 포교 승려들이 바다 건너 일본으로 불교를 전했고, 6세기쯤에는 불교가 신라 왕국에서 공인되었다.

이렇게 길을 나선 승려들의 포교 여행은 경이로웠다. 8세기 신라의 승려 혜초는 바다를 건너 인도로 갔다가 육로로 중앙아시아로 향했는데, 그 과정에서 토화라국, 바미안(오늘날의 아프가니스탄), "아랍의 땅", 비잔틴 제국 일부 지역에 대해서까지 서술한 기록을 남겼다.[17] 신라의 다른 승려들은 석가모니가 깨달음을 얻은 현장을 찾아 떠났고, 그들의 만유는 종교적 신비주의가 서정적으로 표현된 언어로 전해졌다. 그 가운데 한 구절을 살펴보면 다음과 같다. "그는 달의 움직임과 마찬가지로 밤이나 낮이나 여정이 이끄는 곳으로 간다네. 지금은 새들의 항로가 구름만큼 드높은 곳에 솟아 있는 바위를 넘어가네. 어느새 바람을 타고 구름에 실려 구만 리 뻗은 언 땅을 가로지르네."[18] 인도, 카슈미르, 중앙아시아의 소그디아나에서 온 승려들은 당나라의 수도 장안으로 길을 떠났고 그곳에서 포교 여행 중인 당나라 승려들과 한반도에서 온 순례승들을 만났다. 그리고 이 조우를 통해 순례승들은 불교의 신비한 지명을 들여와 자기 나라의 바다와 산에 성스러운 의미를 새로이 불어넣으며 친근한 인근 풍경에 불교적 색채를 가미했다. 그래서 한반도 동해안에 자리 잡은 기묘한 형상을 한 봉우리들은, 우주의 모든 보살들이 영원히 설법하고 있다는 화엄경의 금강산으로 여겨지기 시작했다. 8세기 당나라 승려 징관(그 자신이 중국의 성스러운 산을 지칠 줄 모르고 찾아 나선 순례자였다)은 금강산에 대해 이렇게 설명했다.

금강산은 해동(신라)의 동쪽에 위치한 진강(중국식 발음, 한국어로는 금강으로 발음한다)이라 불리는 산이다. 비록 전체가 금으로 만들어지지는 않았지만 위아래 온 사방과, 산자락으로 접어들면 흐르는 강물 속 모래 한가운데가 온통 금빛이다. 그 산을 멀리서 바라보노라면 온 천지가 금빛으로 반짝인다.[19]

순례길에 무엇을 가져갈 것인가

금강산 여정에 오르기 이틀 전, 나는 캔버라 집 어질러진 침실 바닥에 앉아 기다란 짐 목록을 들여다보며 이번 여행길에 무엇을 가져갈지 고민하고 있었다. 오늘날의 세계화된 세상의 많은 사람들처럼, 나 역시 이동하는 데 많은 시간을 쓰느라 세계적인 도시들을 거쳐오면서도 그 도시 특유의 풍경과 소리와 냄새에 젖어들 여유가 없다. 여행 가방을 쌌다가 풀기를 끝없이 반복하느라 완전히 탈진해버릴 때도 있는데, 그럴 때면 화장지 통, 아스피린, 여벌 점퍼, 다른 여행 필수품이 깊숙한 곳에 들어 있는 여행 가방은 풀지도 않은 상태로 침실 바닥에 그대로 방치한 채 다음 여정을 기다리기도 한다.

여행 가방과 그 내용물의 역사에 대해서 책을 쓰라면 전집을 쓰고도 남았을 것이다. 한 세기 전에 동북아시아로 여행을 계획하던 서구인들의 짐 꾸리는 과정은 어땠을까? 옷 몇 벌, 치약과 칫솔, 비행기에서 내리자마자 우리의 몸을 공격하려드는 미세한 병원체로부터 몸을 지키는 데 필요한 의약품을 황급히 챙기는 현대의 여행 가방을 꾸리는 것과는 사뭇 달랐을 것이다.

예를 들면 19세기 여행가 이사벨라 버드가 조선 내륙으로 들어가는 여정을 시작하면서 꾸린 짐의 목록은 다음과 같다.

안장, 침구류와 모기장이 달린 가대, 모슬린 커튼, 접이의자, 갈아입을 의복 두 벌, 조선의 짚신, '항시 착용하는' 방수복. 이것들 말고도 카레 가루, 녹차, 밀가루 20파운드를 가져간다. 주방 기구로는 일본식 숯 화로, 일본식 전골냄비, 프라이팬, 부젓가락이 달린 작은 솥이 있다. (…) 식사 도구는 얼마 되지 않는다. 모두 법랑철기(에나멜)로 된 작은 머그잔, 접시 두 개와 대접 하나, 접이식 일체형 칼, 포크, 수저 세트와 '주방'에서 쓸 용도로 가져가는 보통 칼, 포크, 수저가 고작이다.

그리고 그것은 "보온병, 접었다 펼 수 있는 컵, 손거울, 찻주전자, 샌드위치 통조림, 램프, 통조림 수프, 고기, 육수, 과일 등과 같은 사치품"들을 모두 포기한 후에 챙긴 것이었다.[20]

1930년대에, 영국의 철학자이자 순례자였던 프랫은 여행자들의 짐(과 때로는 사람들까지)을 지고 가파른 비탈길을 오르는 조선인 지게꾼(짐꾼)을 대동하고 금강산 높은 곳의 한 사찰에 도착한 경험을 (다른 여행객들을 위하여) 묘사하고 있다.

당신이 커피를 내리며 저 멀리 피츠버그에서 헤인즈 씨가 보내준 콩을 데우고 있거나 크로스 씨와 블랙웰 씨가 공고잔(금강산)의 당신과 윈저성의 조지 왕에게 별 뜻 없이 대접한 잼통 마개를 딸 동안, 당신의 침구와 다른 짐들은 풀어졌고, 화로를 꺼내어 그 위에 냄비를 올려놓고 한 승려가 숯불을 피우고 있었다.[21]

켐프 또한 여행에 침구류는 물론 여행용 가방과 바구니도 가져갔는데, 이 안에 무엇이 들어 있었는지는 수수께끼로 남아 있다.

몸으로 부대끼며 직접 걸어서 순례하던 이전 세대들은 아마도 훨씬 더 가볍게 여행했을 것이다. 불교 승려들 같은 경우는 정말로 온 인생 자체가(적어도 이론상으로는) 오로지 최소한의 소유물, 다시 말해서 옷가지, 탁발 그릇, 물을 거르는 데 쓰는 체(행여나 곤충이나 다른 생물들을 먹어치우지 않기 위해), 앉는 데 쓸 작은 방석 정도만 필요한 여정이었을 것이다. 어느 기록을 보면 위 목록에서 방석은 뺐지만 면도칼과 실과 바늘은 추가한, 약간은 좀 더 넉넉한 소유물을 가진 것으로 드러난다.[22]

진정한 순례자에게 중요한 것은, 눈에 보이는 짐이 아니라 영적이고 정신적인 짐이었다. 순례란 단순히 공간 사이로 움직이는 것 이상을 의미한다. 일상의 판에 박힌 근심거리에서 벗어나, 미지의 장소는 물론 낯선 시간으로 들어서는 것이 바로 여행이다.[23] 비록 모든 순례에는 성스러운 땅, 정화시키는 강, 또는 거룩한 산 등 나름의 목적지가 있지만, 순례지에 도착하는 것 못지않게 움직임 자체가 여정에서 중요한 의미가 있다. 길을 가는 중에 고난과 시련을 겪으며, 순례자는 어떤 여행자도 돌아온 적 없는 미지의 그곳으로 가는 최후의 여정을 미리 경험하게 된다. 하지만 열반을 포기하고 다른 이들을 구하기 위해 현세 삶의 고난을 다시 시작하는 보살들처럼, 순례자는 또한 집으로 돌아가게 되어 있다. 여정은 그 시작점으로 되돌아가지만, 여행을 떠났던 이는 예전의 모습이 아닌 다른 모습으로 돌아와, 그 의미가 영원히 변모된 세상에서 살아가게 된다.

물론, 여러 가지 동기가 뒤섞여 있게 마련이다. 심지어 머나면 동아시아까지 찾았던 20세기 초 여행가 켐프를 부채질했던 감정들을 신라 왕국의 순례승들도 남몰래 품고 있었던 것은 아닐까.

"왜 그렇게 불가능한 곳으로 여행을 하려는 거요?"라는 말은 내가 끊임없이 받았던 질문이었다. "그저 재미 삼아 그게 가능하겠소? 어느 누가 감히?" 그리고 이쯤 되면 눈썹을 치켜세우며, 정중히 억누른 약간의 혐오감마저 내비치며 말을 잇는다. "끔찍한 여인숙에 묵으며 흙먼지와 악취로 가득 찬 도시들을 방문하는 것을 좋아할 수 있단 말이오? 당신이 중국 내륙을 여행하려는 진짜 이유가 뭐요?"

안락함을 사랑하는 영국인이 보기에는 이상하겠지만, 중국에 끌리는 주된 매력은 바로 즐거움이다. 치명적인 줄 알면서도 도저히 거부할 수 없는 종류의 매력 말이다.[24]

나는 여행에서 켐프가 느꼈을 순수한 기쁨에 공감했고, 그런 내게 북한은 특유의 '도저히 거부할 수 없는 매력'을 발산한다. 그러나 내가 보기에 현대의 여행자들 역시 때로는 여행을 통해 어떻게든 변화하기를 바란다고 생각한다. 즉 일상의 평범한 세계에서 걸어 나왔다가, 변화되고 예리해진 인식을 갖고 그 세계로 되돌아가는 것 말이다. 켐프 여행기의 행간을 읽으며, 나는 그녀가 여정에서 즐거움과 새로운 것을 발견하는 기쁨은 물론, 극심한 개인적 고난을 통해 생존과 평안의 경지에 이르는 힘을 발견했을 것이라 생각한다.

오늘날, 북한으로 가는 여정에는 탁발 그릇도, 체도, 잼도, 깐 콩도 필요치 않다. 그런 것들 대신에 내 여행 가방의 한쪽 주머니에는 인스턴트커피 봉지들이 담겨 있는데, 북조선인민공화국의 커피 공급이 원활치 못할 경우에 대비해서다. 외국인들이 현지 화폐를 사용하는 것은 금지되어 있고 달러는 미 제국주의의 상징인 사회에서, 실제로 쓸 수 있는 가장 유용한 외화인 유로나 중국의 위안은 이모디엄(설사약)과 가이드에게 줄 많은 선물을 사려면 꼭 필요하다. 담배도 많이 찾는 선물이지만, 고되게 일하는 가이드에게 발암물질 덩어리를 선물로 보답한다는 생각이 도저히 용납

되지 않아서 대신에 스카프와 지갑을 구색을 맞춰 샀는데 그들 마음에 들기를 바란다.

게다가 미묘한 카메라 문제가 있다. 휴대전화를 북한에 가지고 들어가는 것은 금지되어 있는 반면, 스틸 사진기나 비디오카메라는 허용된다. 그러나 사진 촬영은 매우 민감한 사안이다. 허가받지 않고 군인을 찍거나 북한이 나쁘게 보일 만한 것을 촬영할 경우, 사진을 삭제당하거나 심한 경우 카메라를 몰수당할 수도 있다. 나는 작고 가벼운 비디오 카메라를 가져갈 계획이었지만, 만약을 대비해 낡은 스틸 사진기도 가져가기로 결정했다.

켐프는 조예가 깊은 화가이기도 했다. 켐프의 작품이 이미 화랑에 전시되고 있었고, 심지어 그 당시 세계에서 가장 큰 박람회 가운데 하나였던 1893년 시카고 세계 콜럼버스 박람회에 전시되기도 했다.[25] 어디를 여행하든 그림물감 통, 물병(고온에서 자주 녹여야 했지만), 그림붓을 가지고 다녔고, 산적으로부터 보호하기 위해 군인들을 불러오는 한이 있더라도 스케치를 끝낼 때까지는 꿈쩍도 않고 그림을 그리고 기록을 남겼다.[26] 그런데 불행히도 나에게는 예술적 소양이 전혀 없다. 하지만 다행히도 나와 함께 여행하는 내 동생 샌디는 전문적으로 교육받은 화가다. 동생이 평양 거리와 어쩌면 (갈 수만 있다면) 금강산 북쪽 자락을 화폭에 담으려고 할 때, 우리를 맞을 북쪽 주민들이 어떤 반응을 보일지 사뭇 궁금해진다.

시베리아 대철도

이미 오래전에 세상을 떠났지만, 이 여정에서 우리의 가이드 역할을 해주는 에밀리 켐프는, 1910년 한겨울의 얼음이 막 녹기 직전에 유럽 대륙과 시베리아 대평원을 기차로 횡단하는 몇 주간의 진저리 치는 여행 끝에 중국 북부 도시 하얼빈에 도착했다. 사실 그녀는 이미 17년 전인 1893년, 배를 타고 가다가 태풍 자락에 휩쓸려 길고도 험난한 항해 끝에 "폭풍우를 뚫고 나와, 아름다운 홍콩만灣으로 들어서던 날" 중국과 사랑에 빠지고 말았다.[27] 그녀의 가족을 집어삼킨 중국의 가슴 아픈 역사에도 불구하고, 그 사랑은 변치 않았다.

켐프는 여러 면에서, 19세기 말과 20세기 초에 알래스카에서 남아메리카 대륙 끝에 위치한 티에라델푸에고까지 종단했던 영국의 '여성 여행가' 집단을 대표했다. 앞서 동아시아를 여행했던 콘스탄스 고든 커밍과 좀 더 후대의 여행가인 엘리자베스 키스, 오드리 해리스와 마찬가지로 켐프 역시 개인적인 목적과 탐구 정신, 그리고 정신적, 물리적으로 좁은 영국 사회라는 울타리에서 벗어나고픈 충동이 있었다.[28] 1860년 산업혁명의 중심지에서 태어난 켐프는 약간은 자조 섞인 스스로의 표현을 빌자면 '빅토리아 절정기의 산물'이었다.[29] 그녀의 정신과 영혼은 만주에서 수천 킬로미터는 떨어져 있는 랭커셔의 소도시 로치데일에서 형성되었다. 협동조합으로도 유명한 로치데일은 자유기업, 비순응주의, 고결한 사회 개혁의 발상지였다. 19세기 말 로치데일에서 가장 큰 사업체 가운데 하나는 '켈살과 켐프'라는 모직물 회사였는데, 에밀리 조지아나는 켈살-켐프 공동경영자인 에밀리 리디아의 다섯째 아이였다. 어머니 에밀리 리디아는 회사의 창립자인 헨리 켈살의 딸이었고, 아버지는 켈살의 회계사였다가 나중에 동업자가 된 조지 터크 켐프였다.[30]

켐프의 부모님은 독실한 침례교인이자 박애주의자였고, 그들의 깊은 신앙심과 '극빈 계층'에 대한 끝없는 자선은 켐프의 삶과 사고, 여행기에 지울 수 없는 흔적을 남겼다. 네 자매 가운데 두 사람은 선교사가 되었고, 켐프 자신은 의료 선교사가 되겠다는 희망을 품고 미술은 물론 의학까지 공부했다. 건강 문제 때문에 그 꿈을 포기했다고는 하지만, 만만치 않은 지역으로 범상치 않은 여행을 다닌 것으로 보건대 그렇게 신빙성 있는 이유였던 것 같지는 않다.[31] 이유가 어찌되었든 여행 중에 자주 선교사들과 머무르기는 했지만, 켐프 자신이 선교에 참여한 적은 한 번도 없었다. 켐프의 저작에는 빅토리아풍 종교 정서가 절절히 배어 있는데, 그 저작들을 21세기의 독자들이 소화하기란 쉽지 않다. 이따금씩 켐프는 자신 못지않게 종교적 열성이 깊은 사람들을 만났는데, 이들에 대해 완전히 이상하게 묘사하며 영국의 제국주의식 혐오감을 심하게 드러내기도 했다. 예를 들면 인도의 도시 바라나시나 중앙아시아의 부하라Bukhara[*]를 방문했을 당시에는 "부하라의 미개함은 말로 표현할 수 없다"라고 표현한 것이다.[32]

그러나 켐프는 고등교육을 받은 여인이기도 했다. 프랑스어, 독일어, 이탈리아어를 구사할 수 있었지만, "유감스럽게도 라틴어는 소녀들에게 필요하지 않다는 인식 때문에 배울 기회가 없었다."[33] 켐프의 가문에는 정말로 대단한 여인들이 포진해 있었는데, 그중에서도 가장 주목할 만한 사람은 어머니인 에밀리 리디아였다. 리디아는 귀가 전혀 들리지 않았지만 그럼에도 로치데일의 가난한 이들을 위한 자

---

[*]   우즈베키스탄의 도시로 부하라주의 주도이다. 제라프샨강 하류에 위치해 있고, 1993년에는 구시가지가 유네스코의 세계 유산으로 등록되었다. 인구는 약 237만 명(1995년)이다. 20세기 초반까지 부하라 한국의 수도였고 서투르키스탄의 정치·문화 중심지였다. 특히 근대 페르시아어 문학의 발달에 많은 영향을 주었다.

선사업을 여럿 운영했을 뿐 아니라, 1877년에 남편이 일찍 세상을 뜬 후에는 가업인 회사를 직접 경영하기도 했다. 좀 더 젊었을 때 켐프가 자부심을 갖고 썼듯이, "현재의 페미니스트 운동은 우리 어머니 같은 여인들에 의해 이 나라의 많은 지역에서 그 초석을 잘 다지고 참된 기반을 마련하였다."[34]

어머니의 결단력과 독립심을 물려받은 켐프는 옥스퍼드 대학교에서 공부한 1세대 여성이었다. 이제 설립된 지 겨우 2년 된 옥스퍼드 내의 여자 단과대학인 서머빌 홀에 1881년 입학했고, 그 뒤에는 런던에 있는 슬레이드 스쿨에서 미술을 공부했다.[35] 지식인은 물론 예술가, 정치가와도 우정을 쌓았고, 스코틀랜드 왕립 지리학회 회원이 되었으며, 여행 저작으로 프랑스 지리학회에서 수여하는 메달을 받기도 했다.[36] 켐프는 여행을 하면서도 왕성하게 책을 읽었다. 영국인 학자가 쓴 주요 동양 관련 저작뿐 아니라, 중국 고전과 일본 학자와 외교관의 저작을 영어로 번역한 작품들까지 섭렵했다.

부하라에 대한 오만한 언급은 그녀의 작품 다수에 배어 있는 열정과 넓은 마음에서 벗어난 일종의 일탈 행위이다. 동시대의 많은 사람들과 달리 켐프는 자신과 같은 서구 여행가의 특권적 지위를 자기비판적으로 바라보기도 했다.

예를 들면, 1907년 중국에 두 번째로 방문했을 때, 특히 외국인들이 많은 중국인에게 무례하게 구는 것과는 대조적으로 가는 곳마다 자신이 경험한 중국인의 친절함과 환대에 놀라움을 표현했다. 한 오랜 친구는 캠프가 "대단한 유머 감각, 게다가 헤아릴 수 없는 재능인 즐길 줄 아는 힘, 삶에 대한 열정과 살아 있음을 표현할 수 있는 재주"[37]를 갖고 있다고 묘사했다.

반면에 캠프의 여행 동반자였던 메리 맥두걸은 수수께끼로 남아 있다. 그녀는 『만주, 조선, 러시아령 투르키스탄의 얼굴Face of Manchuria, Korea, Russian Turkestan』 서문에 한 번, 두 사람이 중국과 그 국경지대로 들어갔던 여정에 대해 캠프가 쓴 다른 두 책의 서문에 잠깐 언급되었을 뿐이다. 그러나 맥두걸의 삶이나 배경에 대해서는 한마디도 기록되어 있지 않고, 동북아시아의 머나먼 지역을 여행한 이례적인 체험에 대한 맥두걸의 느낌에 대해서도 거의 전해지지 않는다. 우리는 감질나게 겨우 엿볼 수 있을 뿐이다. 예를 들어, 1907년에서 1908년까지 중국을 횡단하는 두 여인의 대단한 여정이 끝날 무렵, 캠프는 이렇게 적고 있다. "여정은 오랫동안 즐거운 놀라움의 연속이었고, 내 친구는 국경을 넘어 버마로 들어가는 순간 우리 두 사람이 느끼는 감정을 드러내며 이렇게 외쳤다. '우리가 돌아서서 이제까지 왔던 길을 모두 되돌아갈 수만 있다면!'"[38] 이 말은, 한 지인이 맥두걸을 가리켜 "온화하고 쾌활한 성품"[39]을 지녔다고 무심코 언급한 말을 확인해주는 것 같다. 그러나 켐프 자신은 여행을 함께한 친구의 이름조차도 밝히지 않고 있는데, 그나마 메리 메이클존 맥두걸이라는 본명조차도 사실은 우연히 알아낸 것이었다. 그 이상은 밝혀진 것이 전혀 없다.

켐프가 만주와 조선으로 출발할 당시에는 시베리아 횡단철도로 여행하는 것이 아직은 진기한 일이었다. 그런 이유로 켐프는 나중에 자신을 좇아 '미지의 극동'으로 가는 이 경로를 선택하게 될 미래의 수많은 여행자들에게 자기가 여행에서 받는 인상과 정보를 전해주고 싶어 했다. 러시아혁명이 있기 전에는 세 종류의 열차가 시베리아 대평원을 횡단 운행하고 있었다. 상트페테르부르크와 모스크바에서 일주일에 한 번씩 운행하는 상대적으로 빠르고 안락한 국제열차, 훨씬 붐비고 더 많은 역에 정차하며 좀 더 느린 러시아 국영 특급열차가 있었다. 그리고 마지막으로 매일 운행하는 시베리아 특급이 있었는데, 한 승객이 "도무지 열차가 움직이는 것을 본 적이 없다. 늘 대피선로나 역에 정차한 채 누군가를, 또는 무엇인가를 영원히 기다릴 뿐이었다"[40]라고 쓴 것으로 보아 실제 운행은 이름과는 전혀 걸맞지 않아 보인다.

캠프는 독자들에게 국제열차를 탈 것을 권했는데, 이 열차의 칸막이 객실은 여행 가방 두 개와 침구류나 보따리 두 개를 보관할 수 있는 넓은 방은 물론, "특별석 사이에 있는 근사한 드레싱 룸에 온수와 냉수가 구비되어" 있었다. 물 공급은 안정적이지 않고, 온수는 2달러 50센트를 지불하고 사야 할 때도 있었다.[41] 조명 또한 제한적이었는데, 이는 곧 승객들이 대부분 밤에는 모두 잠자리에 들었음을 의미한다. "심지어 일등칸조차도 양초 한 개밖에 없었는데, 그나마도 문 위의 초롱 안에 두어서, 어둠을 드러내는 것이 고작이었을 뿐이다."[42]

사정이 그러했으니 몇 주간을 쉬지 않고 달려온 뒤 잠에서 깨어 "만주와 우리의 목적지인 하얼빈 사이의 설원 위로 빛나는 찬란하고도 눈부신 태양을 발견하며" 느꼈을 안도감은 충분히 이해가 가고도 남는다.

하얼빈역

실크로드 덕분에 수백 년 동안 몽골 부족들과 중앙아시아의 무슬림들이 여기저기 흩어져 고립된 채 살아가는 기묘한 오아시스들이 생겨난 것처럼, 시베리아 횡단철도의 '철실크로드'와 다양한 지선들 때문에 동북아시아 주위에는 예상치 못한 소수민족 정착지가 생겨났다. 그리고 이러한 정착지 가운데에서 가장 기묘하고도 매혹적이며 활력이 넘치는 도시가 바로 하얼빈이었다.

차르 통치하의 러시아가 시베리아에 대한 지배력을 강화하기 위해 동쪽으로 진출하면서, 대로와 카페, 공중목욕탕, 정교회 교회를 갖춘 러시아 촌락들이 아무르강과 쑹화강을 낀 습지대에 우후죽순으로 생겨났다. 러시아 측량사와 기술자 들이 1898년 쑹화강 강둑에 도착했을 당시에, 하얼빈시가 될 장소는 그 주변에서 유일하게 중국인이 소유주인 양조장과 무질서하게 늘어선 집들이 있던 강둑에서 나룻배로 건널 수 있는 맞은편에 있었다. 게다가 그 지역은 청나라의 국경선 안쪽이었다.

러시아는 중국 북동부를 가로질러 시베리아 횡단열차를 항구도시 블라디보스토크까지 연결하려는 목적으로 철도 건설권을 이양받았고, 하얼빈은 철도를 놓기 위한 건설기지로 선정되었다. 설립된 지 5년 만에 하얼빈은 벽돌 건물, 제분소, 제재소, 벽돌 가마가 늘어선 거리와 25만 명이 넘는 유동 인구를 갖춘 도시로 성장했다. 웅장한 유럽식 '신新하얼빈'은 '구舊하얼빈'으로 알려진 구역에 인접하여 이미 강을 따라 건설되고 있었다. 1904년에 그 신흥도시를 방문했던 미국의 언론인 버트럼 퍼트넘 웨일은 다음과 같이 언급했다.

러시아인들에게는 유감스럽게도, 하얼빈을 건설할 무렵 쑹화강이 범람하고 말았는데, 설상가상으로 철도 기술자들은 그 사실을 알아채지 못했다. 그래서 신하얼빈은 많은 경비를 들여 건설되었고, 철로는 맹렬한 속도로 뻗어나갔다. 얼마간의 시간이 흐르고 난 후에야 철도 기술자들은 쑹화강이 그 신흥도시에서 몇 킬로미터 떨어져 있지 않다는 사실을 알게 되었다.[43]

이 이야기는 전해지는 과정에서 윤색되었을 테지만, 머잖아 수많은 민족들의 합류점이 된 하얼빈역은 정말로 강에서 그리 멀지 않은 곳에 있다.

20세기 초 서구 여행자들이 '극동'으로 가려면 주요 관문 네 곳 가운데 하나를 거쳐야 했다. 그 가운데 세 곳은 항구였는데, 샌프란시스코에서 태평양을 건너거나 런던에서 수에즈 운하를 통과해 인도양을 건너 원양 정기선으로 도착하는 사람들은 요코하마, 홍콩, 상하이를 통해 진입했다. 육로로 오는 사람들에게는 위풍당당한 흰 회랑 기둥이 양옆으로 늘어선 웅장한 중앙 아치를 갖춘 하얼빈역을 통하는 것이 동북아시아로 가는 진입로였다.

하얼빈역에 내려 열차에서 걸어 나온 여행객들이 마주친 세계는 유럽과 아시아가 현란하게 혼합된 곳이었다. 퍼트넘 웨일은 중국인 이주 노동자들과 분주히 움직이는 수많은 민족들로 붐비는 하얼빈역의 중앙 홀을 다음과 같이 묘사하고 있다.

노란 법복을 입은 라마승들은 손에 쥔 염주를 굴리며 법문을 외고 있었는데, 탐욕스러운 중국 철도공안의 머리 위로 퍼붓는 저주가 더 많았을 것이 틀림없다. 반은 중국 병사 복장을 걸친 공안들은 서 있는 모든 사람들의 머리 위로 묵직한 곤봉을 무자비하게 휘둘렀다. 몽골인처럼 톡 튀어나온 광대뼈와 순수 중국인 혈통의 용모를 지닌 부랴트 기병들은 러시아 제복을 입고는 우쭐해 있었다. 도심 상점과 창고에서는 붉은색 터번을 두른 시크교도들이 서로에게 힌두스타니어 찬송을 불렀다. 다양한 몸집과 계급의 러시아 장교들은 말을 몰고 인사를 주고받으며 아내와 가재도구들을 찾느라 분주히 뛰어다녔다.[44]

켐프와 맥두걸이 도착했을 무렵, 하얼빈역은 약간은 오

명에 가까운 또 다른 명성을 얻게 되었다. 4개월여 전인 1909년 10월 26일, 앞으로 동북아 역사에 전개될 비극들을 상징하는 한 사건이 하얼빈역 북행 승강장에서 일어난 것이다. 그날, 근대화를 외치는 일본의 가장 유명한 정치인이자 한반도에서 일본의 이해관계를 급속히 증진시키는 중책을 맡고 있던 장본인 이토 히로부미가 러시아 재무장관과의 회담을 위해 하얼빈에 도착했다. 객차에서 걸어 나와 카자크 근위대의 사열을 받던 이토는 약간 다부진 체격의 한 청년과 마주쳤다. 청년은 외투 안에서 권총을 꺼내어 일본 정치가의 가슴에 총을 발사하고는 태극기를 휘두르며 "대한독립 만세!"를 외쳤다.

많은 사람들이 조선 독립운동의 시발점으로 보고 있는 이토 히로부미 암살 사건은 또한 많은 역설을 담고 있다. 안중근은 조선을 장악하여 복속시키려는 일본의 야욕이 확실해지기 전까지만 해도 일본의 근대화와 이토의 정치적 견해를 열렬히 지지하던 추종자였다. 안중근은 러시아인에게 체포되어 일본인의 손에 넘겨졌다가 1910년 3월 26일 포트 아서(뤼순)에서 처형당했다. 그날은 켐프와 맥두걸이 중국에서 압록강을 건너 조선으로 들어가기 바로 며칠 전이었다. 여행하는 동안 이 극적인 사건의 전말을 지켜본 켐프는 안중근이 "굉장히 차분하게 사형선고를 받아들였다"

고 전하고 있다. "그는 당시 시를 쓰는 데 몰두해 있었으므로 당국은 그가 시를 탈고할 시간을 갖도록 사형을 열흘이나 연기해주었다!"[45]

켐프의 서술은 부분적으로만 맞다. 감옥에서 보인 안중근의 품행은 정말로 일본 간수들의 동정심을 유발했고, 그는 쓰고 있던 글을 완성하기 위해 사형을 연기시키려고 애썼다. 하지만 그가 생애 마지막 나날에 쓰고 있던 작품은 시가 아니라 일종의 에세이로서, 서구의 잠식에 맞서 동북아 국가들이 서로 협력해야 한다는 취지의 동북아 평화 비전에 관한 것이었다. 그 글은 결국 완성되지 못했고, 한 세기가 흐른 뒤에도 안중근의 비전은 여전히 실현되지 않고 있다.

"참된 여행자는, 국경을 건너 미지의 나라로 들어간다는 짜릿한 기대감을 갖게 마련인데, 이러한 흥분된 감정은 세관이 보여도 사라지지 않는다."[46] 켐프는 『만주, 조선, 러시아령 투르키스탄의 얼굴』 서두에서 이렇게 썼다. 오늘날 여행자들이 국경을 건너면서 마주하는 광경은 세관이 아니라, 몇몇 국제공항의 을씨년스러운 출국 수속대 금속 울타리에 가로막혀 혼잡하게 몰려 있는 지친 여행객들의 기다란 줄이다.

4월의 어느 밝은 날, 나는 남쪽에서부터 만주 대평원 위로 날아가고 있었다. 비행기는 '아메리카스 퍼니스트 홈비디오'를 키득거리며 보면서 푹 익힌 닭볶음과 완두콩을 먹는 중국인과 한국인 승객으로 가득 차 있었다. 아래를 굽어보니 여러 톤의 갈색 줄무늬 천 모양처럼 평평한 풍경이 서서히 펼쳐지고 있었다. 직각 격자 위에 지은 작은 마을들이 여기저기에서 눈에 띄기 시작했다. 목적지에 가까워질수록 회색 타일이나 붉은 점토로 지붕을 얹은 집 하나하나, 암소나 돼지 한 쌍이 짚 더미 사이에서 여물을 먹고 있는 네모난 뒷마당 같은 풍경이 선명하게 시야에 들어왔다. 이것은 자연스럽게 형성된 굴곡이라고는 전혀 없는, 정착민들의 계획된 촌락 풍경이었다.

친구 엠마 캠벨이 하얼빈 공항에 마중 나와 나를 기다리고 있었다. 어깨까지 내려오는 금발 머리와 목에 두른 팔레스타인산 검은 체크무늬 스카프 덕분에, 엠마는 아무 특징 없는 회색 대합실에 옹기종기 모여 있던 사람들 사이에서 즉시 눈에 띄었다. 엠마는 원래 영국 태생으로 전에는 중국과 홍콩에 살면서 여행사에서 일하다가 아시아 학문에 대한 연구를 시작했다. 지금은 남한에서 살고 있는데, 하얼빈에 불과 몇 시간 전에 도착했는데도 많이 해본 솜씨로 능숙하게 대합실에서 나와 짐을 잽싸게 낚아채 시내 중심가로 향하는 버스에 태웠다. 화가인 내 동생 샌디는 파리와 베이징을 경유해 저녁에 도착할 예정이다. 동생을 마지막으로 본 지가 거의 1년이 다 되어간다. 우리는 아주 드문드문, 비엔티안, 제네바, 카트만두 등 아무 곳에서나 만난다. 나이가 들수록 멀리 떨어져 사는 기러기 가족의 외로움을 뼈저리게 느끼게 된다.

공항에서 하얼빈 중심지로 차를 타고 가면서 엠마와 나는, 켐프와 맥두걸이 오늘날의 하얼빈을 보면 뭐라 했을지 생각에 잠겼다. 그들이 역을 떠나며 마주했던 하얼빈은 황량한 북만주에 옮겨놓은 유럽의 한 조각으로, 벽돌과 회반죽으로 짓고 있던 신르네상스 양식 건물들이 넓고 곧은 대로를 따라 늘어서 있었다. 켐프가 못마땅하게 표현했듯이, 도시는 "여전히 안쓰러울 정도로 새로워 보였고", 두 사람은 더 이상 참지 못하고 하얼빈의 러시아 중심지를 떠나 진짜 중국을 찾아 썰매에 몸을 싣고 싶어 했다. 켐프와 맥두걸이 썰매에 몸을 맡겼던 쑹화강의 가파른 강둑(매우 위험한 내리막길)은 이제는 돌계단으로 포장되어 있다. 강을 굽어보는 광장에서는 하얼빈의 젊은이와 노인 들이 연을 날리고 있었다. 용, 불사조, 곰돌이 푸, 도라에몽 연들이 허공을 획획 가르며 흐린 하늘에 맞서 줄을 팽팽히 세우고 있었다.

시베리아 침엽수림에서 불어오는 살을 에는 바람을 맞으

엠마와 나는 쑹화강의 얼어붙은 물 위에 멈춰 서 있는
용머리 장식이 달린 레저용 보트를 바라보았다.
우리 뒤로는 금니를 하고 가방을 맨 한 노인이 서 있었는데,
100년 전 이 강둑에서 모피 행상을 하던 시베리아
토박이 장사꾼과 영락없이 닮은 모습이었다.

쑹화강의 보트 (샌디 모리스)

며, 그 돌계단에 서서 엠마와 나는 쑹화강의 얼어붙은 물 위에 멈춰 서 있는 용머리 장식이 달린 레저용 보트를 바라보았다. 우리 뒤로는 금니를 하고 가방을 맨 한 노인이 서 있었는데, 100년 전 이 강둑에서 모피 행상을 하던 시베리아 토박이 장사꾼과 영락없이 닮은 모습이었다. 그러나 추위에 맞서 서로 몸을 부둥켜안고 있던 근처의 젊은 커플은, 이제 하얼빈 대로에 즐비한 지오다노와 베네통 상점에서 곧바로 나온 최신 유행 옷을 걸치고 있었다.

물기를 머금은 황금빛 태양이 투명한 구름 뒤에서 희미하게 빛나고 있었다. 무슨 이유에서인지 비눗방울 불기는 하얼빈에서 매우 인기 있는 놀이였고, 그 커플도 찬바람에 얇은 비눗방울을 불고 있었다. 비눗방울은 거품이 생겼다가 떨어져 나와 뒤집히기도 하고, 햇빛에 빛나기도 하며, 떠올라 바람에 실려 떠돌다가 하나씩 차례로 사라져갔다. 무지갯빛으로 번뜩이는 마지막 비눗방울 몇 개는 쑹화강 위로 거의 불가능할 정도로 멀리 떠다녔고, 우리는 그것들이 하나씩 허공으로 사라질 때까지 모두 지켜보았다.

사라진 사람들

스스로 깨닫지 못하고 있었지만, 켐프는 도착하자마자

러시아령 하얼빈의 덧없는 영광의 순간을 목격하게 되었다. 1910년 무렵, 이미 러시아 마을 사람들은 눈에 보이지 않는 압력을 받고 있었다. 그들은 중국인 소유주가 멋지게 복구한 건물만을 과거의 추억으로 남겨둔 채 결국 쫓겨나게 될 거라고 생각했다. 그 이유는 5년 전 러일전쟁에서 일본이 압도적으로 승리하면서 러시아와 일본 사이에 팽팽히 유지되던 힘의 균형이 결정적으로 일본 쪽으로 기울었기 때문이다. 남쪽으로 내려갈수록, 켐프는 러시아 군대가 퇴각하는 것과 중국에 주둔한 일본 군대가 점진적이지만 거스를 수 없는 흐름으로 북진하는 것을 지켜보게 되었다.

푸른 양파 모양의 돔을 갖춘 성소피아 대성당의 멋진 벽돌은 하얼빈의 과거와 현재를 완벽하게 표현하고 있다. 안을 들여다보면, 도시의 역사를 담은 사진들이 벽에 줄지어 걸려 있다. 사진 속에는 한때 쑹화강 강둑에서 팔려고 물건을 들여온 다우르 원주민과 여진족 교역꾼들, 만주의 진흙 더미에 솟아오른 러시아인들의 대저택, 하얼빈 쇼핑 중심가의 휘황찬란한 백화점의 모습들이 들어 있다. 특히 이 쇼핑가는 공교롭게도 20세기 초에 '울리차 키타이스카야'(러시아어로 '중국인 거리')라는 이름이 붙어 있어서 혼동하기 쉬웠다. 대성당의 한쪽 구석에는 1920년대 하얼빈의 활기 가득한 문화생활을 상기시키는 영화, 연극, 발레, 오페라의 포

하얼빈의 성소피아 성당 (샌디 모리스)

푸른 양파 모양의 돔을 갖춘 성소피아 대성당의 멋진
벽돌은 하얼빈의 과거와 현재를 완벽하게 표현하고 있다.
안을 들여다보면, 도시의 역사를 담은 사진들이 벽에
줄지어 걸려 있다. 사진 속에는 한때 쑹화강 강둑에서
팔려고 물건을 들여온 다우르 원주민과 여진족 교역꾼들,
만주의 진흙 더미에 솟아오른 러시아인들의 대저택, 하얼빈
쇼핑 중심가의 휘황찬란한 백화점의 모습들이 들어 있다.

스터 들이 전시되어 있다.

1917년 러시아혁명 이후, 많은 예술가와 지식인을 비롯해 거대한 피난민 행렬이 이 도시로 몰려왔다. 그들의 존재는 우리가 묵는 100년도 더 된 호텔의 천장 낮은 복도에서 손에 만져질 듯 가깝게 느껴진다. 호텔의 이름은 의기양양한 20세기 초의 모더니티를 찬양하여 붙인 '모던 호텔Modern Hotel'이었는데, 켐프는 그 이름의 건축적 허식을 개탄해 마지않았다. 침침한 호텔 안 금박 대리석 기둥들 사이에는 그곳을 거쳐 간 유명 인사들의 기념품이 걸려 있다. 오페라 가수 샬리아핀은 하얼빈의 아메리칸 시네마에서 공연을 하는 동안 이곳에 머물렀다. 위대한 정치 활동가 쑹칭링* 여사도 1920년대에 모스크바에서 열리는 반제국주의 회담에 참석하러 가는 도중에 이 호텔에 묵었다.

그러나 그랜드 피아노 앞에 앉아 있는 한 젊은 남자의 사진은 하얼빈의 파란만장했던 과거의 어두운 면을 암시하고 있다. 모던 호텔의 러시아계 유대인 창업자이자 소유주의 아들인 세미온 카스페는 (어느 모로 보나) 장래가 촉망받

---

* 쑹칭링(宋慶齡, 송경령, 1893~1981)은 중국의 정치가이다. 유명한 세 명의 쑹 자매 중 둘째이며, 장제스의 부인이 된 쑹메이링의 언니로, 중국을 사랑한 여인이라는 별명으로도 불린다. 쑨원의 부인이다. 1959년부터 1965년까지 둥비우와 함께 중화인민공화국의 제2대 부주석과 1965년부터 1975년까지 제3대 부주석을 역임했고, 1981년에는 명예 주석에 추대되어 재직 중 사망하였다.

는 피아니스트였다. 그러나 1933년 고향에서 공연하기 위해 귀향하던 도중 하얼빈 거리 한 구석에서 악한들의 습격을 받고 살해된 채로 발견되었다. 그 당시는 일본 세력이 도시를 장악하고 우익 암흑가 집단과 협력 관계를 구축함으로써 세력을 강화해가고 있었는데, 그 암흑가 집단은 반유대주의 러시아 백인들이었다. 카스페가 반유대계에게 희생당했는지, 아니면 일본 군사경찰의 계략에 희생되었는지는 오늘날까지도 논쟁이 분분하다.

러시아 음악가, 사업가, 갱단의 초상은 대성당 복도와 근처 러시아 카페 벽을 장식하고 있다. 그들 삶의 흔적은 도시 곳곳에 배어 있다. 쑹화강 한가운데의 모래톱인 태양섬에 그들이 버리고 간 시골 저택들은 러시아 마을로 탈바꿈했다. 매표소에서 입장료를 지불하자 그럴싸한 러시아 모조 여권을 주었다. 하지만 발을 들여놓자 그 집들은 어딘지 모르게 황량한 분위기를 풍긴다. 페인트칠이 벗겨지고, 잡초가 무성하고, 접시꽃이 제멋대로 자라고 있는 한가운데 녹슨 우리 안에는 (묘하게) 약간 여위고 화가 난 것처럼 보이는 고양이들을 비롯해 살아 있는 동물들이 한데 갇혀 있었다. 각 우리에는 한자, 러시아어, 영어로 된 꼬리표가 붙어 있다. '러시아 독수리' '러시아 토끼' '러시아 고양이', 그리고 (약간의 오타로 재밌게 된) '순진한 러시아 곰'(native가

naive로 오타가 되어 '원산지' 대신 '순진한'의 의미로 바뀜―옮긴이).

그러나 사람들은 모두 오래전에 사라졌다. 오늘날 대성당은 경배 의식을 드리는 곳이 아니라 박물관으로 바뀌어 있었고, 황금빛 성상들의 무표정한 시선 아래에서 러시아의 대중음악과 미국의 컨트리음악 메들리를 흥겹게 연주하고 있는 것은 순전히 중국인들로 이루어진 악단이다. 그 사이 바깥 광장에서는 중국인 주민들이 인라인스케이트를 타거나, 배드민턴을 치거나, 멋진 결혼사진을 찍으려고 포즈를 취하거나, (역시나) 비눗방울 불기를 하고 있었다.

블라디미르 푸틴의 모습을 한 러시아 인형과 보드카를 파는 기념품 가게는 중국인 주인들이 운영하고 있다. 키가 크고 금발인 나의 여행 동반자 엠마를 러시아인으로 오해한 중국인들이 "즈드라스부이(안녕하세요)"라고 러시아 인사말을 건네곤 하지만, 실상 러시아 여행객들은 그다지 눈에 띄지 않는다.

금박 회반죽으로 화려하게 치장한 그 유럽식 모더니티가 심하게 거슬렸던 켐프와 맥두걸은 러시아 마을을 빠져나와 쑹화강을 건너 후난으로 25킬로미터 정도 가야 했다. 켐프는 이곳 후난을 "진짜 중국인 도시"라고 언급하며, 다음과 같이 기록했다.

봄이 되기 무섭게 그곳에는 중국 각지에서 도착하는 노동자들의 물결이 끊이질 않는다. 특히 산둥성에서 오는 사람들이 많았는데, 그들은 추수가 끝나면 고향으로 되돌아갔다. 많은 사람들이 8, 9년 열심히 일해 땅을 사서 가족들을 그곳으로 데리고 오기에 충분한 돈을 모으려고 온다. 실제로 우리는 얼마 안 되는 가재도구들을 싣고 이미 그곳에 도착한 이주민들을 몇 만났다.

이렇게 된 이유는 1910년 무렵, 세계에서 사람들의 이주가 가장 활발한 요충지 가운데 하나가 만주였기 때문이다. 17세기와 18세기에 만주족 출신 중국 통치자들은 자신들의 고향인 만주로 한족이 이주하는 것을 금지했다. 그렇지만 19세기 말 무렵에는 인구 증가 압력과 만주를 잠식하는 외세에 대한 두려움 때문에 이러한 칙령들이 유명무실해져, 먼 곳에서 온 다양한 지역 출신 중국인 이주민들이 이 북동 벌판으로 쏟아져 들어오고 있었다. 끝없이 밀려오는 사람들의 행렬은 그 후 몇십 년 동안 더욱 증가했다. 1923년에서 1930년 사이에는 500만 명이 넘는 중국인들이 만주 지역의 네 개 성으로 이주해왔고, 1930년 말 무렵에는 이주민이 한 해에만 100만을 웃돌았다고 한다.[47]

매력적이고 번성하는 하얼빈과 달리, 오늘날 후난시는 중국 경제성장의 강건한 노동자 분위기를 풍기고 있다. 마오쩌둥 시대의 회색빛 콘크리트 아파트 건물들은 여기저기 낡고 때로 얼룩져 있다. 그러나 천장 덮개가 덮인 중앙시장은 켐프가 한 세기 전 이곳에서 발견했던 그 생동하는 에너지로 여전히 활기가 넘친다. 수염을 기른 노인들이 입구에 앉아 연푸른 오리알, 볶은 해바라기씨, 인삼 등을 팔고 있다. 시장 안의 한 상점에서는 대추야자, 키위, 금귤 등 말린 과일들이 산더미같이 일렬로 쌓여 있다. 또 다른 상점에는 낡아빠진 참기름 짜는 기계가 있다. 군침이 도는 김치가 즐비한 또 다른 가게는 중국인이 운영하고 있지만, 김치는 후난 주위의 조선족 부락에 사는 한인韓人들이 만든 것을 공급받고 있다.

켐프는 중국어는 아주 조금밖에 알지 못했고, 한국어는 한마디도 하지 못했다. 아마도 그런 이유로, 여행 중에 지나치는 만주 이민자들 가운데 상당수가 중국인이 아니라 조선인이라는 사실을 알아채지 못했다. 초기에는 중국과 조선 사이 국경이 분명치 않고 계속 바뀌었다. 그러나 19세기 근대에 들어서 조선인이 국경을 넘어 중국 동북부로 침투해 들어가기 시작했고, 전쟁과 정치적 동요, 한반도에서 일본의 영향력 증대로 인해 조선 농촌 사회가 불안정해지면서 그 수가 더욱 늘어났다. 1910년 만주에는 이미 20만 명이 넘는 조선인이 있었고, 그 가운데에는 하얼빈과 후난 주위의 평원까지, 멀리 가서 정착하기 시작한 사람들도 있었다. 20세기 중반 무렵에는 그 수가 200만 명으로 늘어났다. 오늘날 한민족은 중국 동북부의 가장 큰 소수민족 집단 가운데 하나를 형성하고 있는데, 그 한인 공동체들은 무역을 하려고, 혹은 굶주림과 정치적 박해를 피해 도망치려고 국경을 넘은 북한 사람들에게 안식처를 제공하기도 한다.

하얼빈과 후난 사이의 풍광은 거의 전체적으로 밋밋하지만, 희미한 오후 햇살에 흠뻑 잠겨 기묘하게도 아름다워 보인다. 거무스름한 대지는 쟁기질 자국으로 줄이 가 있고, 벽돌로 지은 오두막 굴뚝에서는 연기가 피어오른다. 참을성 없는 자동차 행렬 사이를 요리조리 누비고 다니는 마차가 이따금씩 우리 옆을 지나친다. 다른 곳에서는 교외 지역을 새로 개발하거나 다국적 음식 가공 공장들이 들어서기 위한 길을 내느라 오래된 농가들을 허물고 있었다.

우리가 그날 하루 고용한 택시 운전사 미스터 주는 그 옛날 켐프가 목격했던 한족계 이민자 무리의 후손이다. 중년 초반의 쾌활한 남자인 미스터 주는 하얼빈과 후난 사이 흙먼지 가득한 작은 마을에 살고 있는 50명이 넘는 대가족의 일원이다. 그의 택시에는 작고한 마오쩌둥 주석의 초상화가 담긴 유리 부적이 붉은 공단실에 매달려 있었고, 자비의 부처님 그림이 있었다. 미스터 주는 조용히 미소를 띠며 말했다. "나는 그 둘을 다 믿습니다."

돌아오는 길에 우리는 그가 아내와 스무 살짜리 딸과 함께 살고 있는 단층 벽돌 주택에 들렀다. 미용실로 개조한 응접실에서는 그의 딸이 분주하게 손님들에게 파마를 해주고 있었다. 문에는 붉은 별 장식 하나와 입구를 향해 폭죽을 발사하는 대포 미니어처 행렬이 있었고, 앞 유리창에서는 일본 고양이 장식(마네키네코) 한 마리가 손님을 끌고 있었다.

"이쪽 지역의 많은 사람들이 일본으로 일하러 가서 고향으로 돈을 보내온답니다." 미스터 주는 약간은 탐난다는 듯 덧붙였다. "언젠가는, 나도 가고 싶어요……."

그러나 그는 대체로 자신의 삶에 만족하고 있는 것 같았고, 중국의 경제 기적으로 급증하고 있는 신흥 부자들에 대해 약간의 부러움을 표현했을 뿐이다. 애석하게도 이제는 몇 마리 남지 않은 시베리아 호랑이들을 볼 수 있는 하얼빈 외곽의 야생동물원 바로 옆의 폐쇄적이고 매우 호사스러운 대저택들을 지나칠 때, 미스터 주는 경멸스러운 눈길로 쳐다보며 말했다. "나는 저런 곳에서 살고 싶지 않아요. 호랑이에게 잡아먹힐까 무서워 잠이 제대로 안 올 것 같아요."

미스터 주는 한국 이웃들에 대해서도 말했다. 그는 한국인(사업차 또는 여행객으로 하얼빈에 오는 남한 사람들)에 대해서는 우호적으로 말했다. 그러나 조선족(전쟁 전 중국으로 이주한 한인韓人이민자의 후손들)은 완전히 다른 민족으로 보았다. 그의 말에 따르면, 대다수 중국인들 사이에서 조선족에 대한 일반적인 인식은 "고추를 먹으며, 술이 거나해지면 한국어로 아무한테나 소리 지른다"는 것이었다. 그러나 미스터 주는 인정이 많은데다 열린 마음을 갖고 있었기 때문에 좁고 더러운 길을 따라 자기 집에서 그다지 멀지 않은 조선족 마을로 우리를 안내했다. 벽돌과 콘크리트로 된 주택들은 볏짚이 여기저기 흩뿌려져 있는 골목길을 따라 다닥다닥 붙어 있었는데, 현관문 밖에 서 있는 번쩍이는 커다란 갈색 김칫독만 아니라면 여느 중국 촌마을과 크게 다를 것이 없어 보였다.

지나가는 두 여인에게 인사를 하자, 그들은 우리를 조심스럽게 바라보며 중국말로 대꾸했다. 엠마와 내가 한국말로 몇 마디 건네자 열광적으로 빛나는 미소를 지으며 "반갑습니다!"를 연발했다. 한 사람은 황급히 달려가 하얼빈에서 아들이 운영한다는 한국 식당을 소개한 책자를 가져왔고 부산에서 일하고 있다는 딸에 대해서 신나서 말해주었다. 몇 차례나 손을 잡고 끌어안은 후 우리는 빠진 사람이 없는지 확인해가며 서로 이리저리 짝을 바꿔가며 사진을 찍었다.

켐프가 목격했던 사람의 물결이 이 지역에서 또다시 흐르고 있다. 20세기 초와 마찬가지로, 오늘날 동북아시아는 가장 강력하고도 저항할 수 없는 힘, 바로 사람들의 이주에 의해 끊임없이 변모를 거듭하고 있다.

마오쩌둥 시대에 상대적으로 정체되고 고립된 후에, 이 지역은 광활한 중국 대륙과 국경 너머까지 미치는 거대한 인적 관계망을 형성하며 다시 한번 용트림을 하고 있다. 최근에는 해마다 1억 명 이상의 중국인이 교외와 도시 사이로 이주해오고 있고, 중국이 1970년대 말 문화를 개방하기 시작한 이후로는 3천 500만 명이 새로운 삶을 찾아 해외로 떠났다. 지금은 중국 국적을 가진 사람들이 50만 명이 넘게 남한에서 살고 있다. 이들 가운데 3분의 2는 중국 북동부 출신의 조선족으로, 그들의 조부 또는 증조부가 수십 년 전에 떠났던 고향으로 돌아왔을 때 고향 사람들은 이중적인 태도로 그들을 맞이했다. 많은 사람들이 국경을 넘나들며 대략 10만 명 정도의 중국인이 시베리아에 정착했고, 최근에는 중국인 이주자가 한국인을 제치고 일본의 가장 큰 소수민족 집단으로 떠올랐다.

이렇게 끊임없이 다방면으로 이동하는 것은 사회적 불안을 유발하고 때로는 갈등을 일으키기도 하지만 그 지역을 새롭게 재편하기도 한다. 우리는 가는 곳마다 광둥이나 내몽골, 혹은 오사카나 서울에 친척이 있는 사람들을 만나게 된다. 그러나 여전히 러시아인들은 찾아볼 수 없다.

하얼빈에 체류하던 마지막 날이 되어서야 나는 하얼빈의 러시아인들을 만나게 되었다. 공교롭게도 재하얼빈 러시아인 향우회(그런 종류의 모임으로는 처음)가 도시에서 개최되고 있었는데, 모던 호텔 로비에는 갑자기 생기 넘치는 러시아인들의 대화와 〈모스크바의 밤〉과 〈카츄사〉 같은 곡의 즉흥 아코디언 연주 소리가 다시 울려 퍼졌다. 아침 식사 자리에서는 여우털 목도리를 두르고 발레리나 같은 자태를 뽐내는 나이 지긋한 여인이 내 옆에 앉았는데, 여러 나라 말로 환호를 지르며 새로 도착하는 사람들에게 인사를 했다. "달링! 오랜만이야! 이게 얼마만이야! 얘가 꼬맹이 카티야로구나. 밀라야('귀여운 것'이란 뜻의 러시아어)!"

그들이 주고받는 말을 듣고 나서야 나는 하얼빈의 러시아인들이 어찌 되었는지 비로소 알게 되었다. 호텔 로비에서 사람들이 나누는 대화에는 텍사스, 남아메리카, 그리고 나의 조국 오스트레일리아의 억양이 뒤섞여 있었기 때문이다. 체크아웃을 하기 위해 로비에서 기다리고 있는 동안 내 맞은편에 앉아 있던 남자는 브리즈번 출신이었다. 1940년대 말 그가 일곱 살이었을 때 그의 부모님들은 피난민으로 브리즈번에 정착했다고 한다. 우리 대화에 끼어든 여인은 자신의 부모님이 전쟁 전에 살았던 하얼빈을 돌아보기 위해 방금 캘리포니아에서 날아온 참이라고 했다.

"언젠가 아버지가 복권에서 대박이 나서, 두 분은 이 호텔 스위트룸에서 꼬박 일 년을 보냈다네요."

"와, 대단하네요!" 내가 맞장구를 쳤다.

"그건 두 분 일생에서 최악의 결정이었어요." 그녀가 음울하게 대답했다.

만주에서 일본의 영향력이 점차 커지자, 많은 러시아인이 하얼빈을 떠났고, 남은 사람들은 살아남으려고 더욱 안간힘을 썼다. 1930년대 중반 저널리스트 피터 플레밍은 동중국철도회사에서 일하는 공산당 기술자나 호사스럽던 옛 기억을 떠올리며 늘 상상 속에서 소비에트의 몰락을 꾀하는 유배 중인 백러시아 귀부인 등 다양한 인물들의 운명이 일본인의 지배 아래 꽉 잡혀 있는 하얼빈의 모습을 마주했는데, "하얼빈의 잡다한 모습 뒤에는 오늘날의 일본인이 있다. 중요한 사람은 일본인밖에 없다"고 말할 정도였다.[48]

1935년에 하얼빈을 찾은 또 다른 여행객은 "상점들은 대부분 문을 닫았고, 모든 것이 맥이 풀려버린"[49] 도시의 풍경을 묘사했다. 러시아혁명 피난민들이 쇄도해온 이후로, 빛과 어둠이 공존하는 이 도시에서 성공하기 위한 투쟁은 점점 격렬해졌다. "하얼빈은 아마도 동아시아에서 백인계 거지들이 수적으로 아시아 거지들을 앞지른 유일한 도시였을 것이다"라고 한 역사가는 적고 있다.[50] 세계대전, 내전, 중국 혁명 등으로 사회는 점점 더 곤궁해지고 파괴되어갔다. 소수의 사람만이 마오쩌둥의 대약진 운동과 문화대혁명 시기에 용감하게 맞섰는데, 이들은 대개 러시아인과 중국인 또는 러시아인과 조선인 사이에서 태어난 혼혈인이었다. 1950년대에는 중국이 하얼빈을 확실히 장악하고 있었으므로 러시아계 하얼빈 사람들은 유럽과 미국으로, 오스트레일리아, 뉴질랜드, 이스라엘 등 전 세계 사방으로 흩어졌다.

그러나 망명을 떠난 그들은 추억, 음악, 사진 등으로 이 도시를 기억할 만한 편린들을 함께 가지고 갔다. 그 가족들의 세습 재산, 전설, 농담, 노래, 향수를 통해 꿈의 도시 러시아령 하얼빈은 쑹화강을 건너 둥둥 떠다니던 허공의 비눗방울처럼, 전 세계를 떠돌며 유령처럼 살아 있다.

원래 건물에 있던 아치와 작은 탑들은 오늘날 하얼빈역

에서는 실용적인 콘크리트와 철강으로 대체되어 있었다. 우리는 중국의 모든 주요 철도역 입구를 지키는 금속 탐지기를 통과하기 위해 혼잡한 회색 복도에서 줄을 섰다. 대합실은 중국어로 말하는 사람으로 빼곡히 들어차 있었는데, 그 가운데는 분명히 한국인, 몽골인, 그 외 다른 소수민족이 섞여 있었다. 우리가 탈 열차가 떠나기 몇 분 전, 승강장으로 가는 출구가 열리자 거대한 인파가 대합실에서 쏟아져 나왔다.

나는 1세기 전 바로 이 장소에서 일어났던 불행한 사건이나 암살 사건을 기리는 기념비 같은 것이 있는지 시선을 고정했지만, 이토 히로부미와 그의 숙적 안중근의 뒤얽힌 운명을 기억하게 할 만한 흔적은 전혀 없었다.

"오늘: 흐림, 오늘 밤: 갬." 모던 호텔에 게시된 기상 예보는 우리가 출발하는 이날을 수수께끼처럼 예측하게 한다. 기차는 이제 떠날 준비가 되었다. 우리는 여행 가방을 기차에 싣고는 만주를 통과해 창춘, 선양, 압록강을 거쳐 그 너머 금강산을 향해 남쪽으로 출발했다.

CHAPTER 2

만주의 유령

: 창춘과 선양

사라진 나라들

색슨, 왈라키아, 그리고 하자르족의 왕국과 마찬가지로 만주는 사라진 나라이다. 다양한 문화집단인 여진, 거란, 다우르, 나나이, 고려, 한족漢族을 비롯한 많은 민족들이 광대하고 국경이 분명치 않은 지역에 살던 때가 있었다. 이제 만주는 지도상에서 사라지고 훨씬 더 평범한 '동북부 중국'으로 바뀌어버렸다. 청나라 마지막 황제의 모국어인 만주어의 유려한 서체는 온 동북부 중국의 기념비들을 수놓고 있지만, 이 언어는 구사하는 사람이 극소수에 불과한 사실상 죽은 언어이다. 중국 인구조사에 따르면 1000만 명이 넘는 사람들이 만주 소수민족에 속하지만, 동북부 중국의 인구는 무려 1억 700만 명에 이른다. 에밀리 켐프가 '만주'

로 알고 있었던 땅을 깊숙이 여행하며 우리는 한족, 몽골인, 조선족, 러시아인, 그 외 다른 민족들을 만났지만 아직까지 자신이 만주인이라고 주장하는 사람은 만나보지 못했다.

그럼에도 만주라는 존재는 역사의 토대에 그 흔적이 남아 있다. 만주 문화의 맥은 옷, 음식, 건축, 우리가 무심코 '중국풍'이라고 이름 붙이는 의례에 널리 퍼져 있고, 이 '갈등의 요람'에서 벌어지는 격렬한 충동은, 간헐적이지만 오늘날 중국, 일본, 남북한의 정세에 여전히 반향을 불러일으키고 있다.[51] 우리가 탄 기차는 한때 일본의 막강한 남만주철도회사가 장악했던 선로를 따라 하얼빈에서 선양으로 향했고, 우리는 만주라는 사라진 세계로 점차 끌려들어가고 있었다.

20세기 전반기에 철도는 제국의 동맥이었고, 철도를 지배하는 자들은 그 길이 지나가는 땅에 대해 생사여탈권을 쥐고 있었다. 그중에서도 만주 철도가 특히 중요했는데, 만주 대평원을 횡단하는 기차는 동아시아의 대규모 인구 밀집지역을 시베리아 횡단철도와 연결해주고, 더 나아가서 유럽까지 이어주기 때문이었다.

에밀리 켐프가 주목했듯이, 1910년에 하얼빈에서 창춘까지 운행하는 철도 구간은 여전히 러시아인의 수중에 있었고, "철도를 지키기 위해 열 지어 배치된 많은 병사는 늘 사람들의 이목을 끌었다."[52] 그러나 1905년 러일전쟁에서 일본이 승리하면서 일본은 창춘 너머 남쪽 철도 구간의 통제권을 갖게 되었다. 그리고 일본의 철도 구간은 러시아의 철도 구간보다 더 좁은 궤간을 썼기 때문에 켐프와 동승객들은 그 지점에서 열차를 갈아타야만 했다. 제국 간의 경쟁은 창춘역에서 확실히 드러났다. 켐프와 메리 맥두걸이 도착했을 즈음, 일본의 시베리아 만주철도회사는 바로 옆 좀 더 수수한 러시아 소유의 기존 역사 위로 우뚝 솟은 신고전주의 양식의 기둥을 갖춘 웅장한 새 역사를 이미 건설했다. 그리고 이것은 단지 시작일 뿐이었다. 켐프가 예견했듯이, 일본의 조선 병합은 정말로 '만주로 들어가는 탄탄대로'를 열고 있었기 때문이다.

켐프가 방문하기 3년 전에 설립된 시베리아 만주철도회사는, 스스로 제국이 되려는 과정에 이미 착수해 있었다. 이것은 분명 세계 역사에서 가장 야심찬 벤처사업이었고 만주철도회사는 3세기 전 영국과 네덜란드의 동인도회사와 겨룬다는 오만함을 가진 회사였다. 시베리아 만주철도회사는 운송업은 물론 거대한 넓이의 토지를 소유하고 있었고, 도시의 모든 구역을 감독했으며, 공장과 광산을 손에 넣었고, 자체 경찰력과 방대한 정보 수집망을 운용하고 있었다. 창춘을 통과할 때 켐프와 맥두걸이 묵은 호텔은 그들이 도착하기 전 해에 시베리아 만주철도회사가 개장한 것으로서, 야마토(일본을 지칭하는 시적인 옛 이름) 호텔이라 불렸다. 켐프는 그 호텔을 "역사 바로 맞은편에 위치한, 하얼빈의 러시아 호텔과는 대조적으로 눈부실 정도로 깨끗하고 산뜻한, 웅장한 새 일본 호텔"이라고 열심히 묘사했다.[53]

창춘발 무크덴Mukden(오늘날의 선양) 노선은 또한 "상당히 청결하게 유지되었지만" 켐프에게는 실망스럽게도 개인실이 있는 유럽 열차와는 달리 객실이 '뻥 뚫려' 있었다. 켐프가 목격했듯이 일본의 철도 구간에서는 "열차에 항상 군 장교들이 탑승하는데, 얼마 안 가서 이들이 내리고 나면 다른 군인으로 대체되었다."[54] 시베리아 만주철도회사의 노선 확장으로 일본은 동북부 중국 전역에 걸쳐 더 많은 군대를 주둔시키고, 그 지역의 혼란스러운 정치 상황에 더욱 더 깊숙이 개입할 구실을 얻게 되었다. 시베리아 만주철도회사의 초대 회장인 고토 신페이가 (한 직원이 명료하게 요약한 말로) 표현했듯이, "만주로 뻗어가는 일본 제국주의는, 철도회사 형태를 취하는 쪽을 선택했다."[55]

우리를 싣고 (만주 내륙을 탐험하기 위한 우리의 전초기지가 될) 선양으로 향하는 고속 열차는 여러 면에서 켐프가 묘사했던 모습과 거의 변하지 않은 것처럼 보이는 풍경 사이로 지나간다. 켐프의 고향인 랭커셔에 있다 해도 그다지 어색해 보이지 않을 붉은 벽돌 오두막이 여기저기 흩어져 있는 드넓은 지평선이 끝없이 펼쳐져 있다. 그러나 일본 제국의 흔적은 러시아령 하얼빈의 흔적보다 찾아보기 더 힘들다. 하얼빈의 러시아 건축물과 달리 일본의 시베리아 만주 철도회사의 잔재들에 중국인들이 크게 거부감을 느꼈기 때문이다.

미셸 푸코가 언급했듯이 기차는 "거대한 관계들의 덩어리다." 기차는 사람들을 이곳에서 저곳으로 데려다주고, 철도가 지나가는 도시와 지방을 변화시킨다. 또한 몇 시간 동안은, 창 너머로 끊임없이 바뀌는 풍경 사이로 빠르게 나아가는 기차 안에서 사람들은 어쩔 수 없이 공동체를 이루는데, 그 모습은 사회의 축소판과도 같다.[56] 켐프가 탔던 객차와 마찬가지로 우리가 탄 객차도 '길게 개방된 구조'였지만 비행기 좌석처럼 좁게 배열되어 있어 오로지 제한된 범위에서만 교류가 가능할 뿐이었다. 엠마 켐벨은 작은 몸집에 말투가 부드러운 옆 좌석 남자와 대화를 시작했는데, 그는 자신의 신상에 대해 말하고 있었다. 그와는 달리, 우리가 탄 객차는 이따금 승객의 코 고는 소리와 휴대전화 벨소리가 들리는 것을 제외하면 대체로 조용하다. 철로를 지키는 군대는 이미 사라진 지 오래됐고, 철도는 선양을 향해 남쪽으로 빠르게 퍼져나가는 새롭고 역동적이며 영리를 추구하는 오늘날 중국의 축소판 모습이기도 하다.

엠마 옆에 앉아 있던 남자는 내몽골의 벽촌 출신이지만 명문대학 졸업장을 따는 데 성공했다. 이제 그는 엔지니어로 선양에서 아내와 자식들과 살며 유럽 거대 슈퍼마켓 체인의 중국 지점을 건축하는 프로젝트를 감독하고 있었다.

그가 자신의 이야기를 늘어놓는 동안, 해는 평평한 지평선 너머로 가라앉았으며 밤이 다가올수록 진한 붉은 빛으로 변하고 있었다. 오두막 굴뚝에서 올라오는 연기는 바람 한 점 없는 대기로 흩어지며, 끝없는 밭고랑 위로 얇은 안개층을 형성하고 있었다. 우리가 선양에 당도했을 무렵에는 점점 어두워지고 있었지만 도시 외곽에 자리 잡은 디킨스 소설풍의 빈민가는 여전히 또렷이 볼 수 있었다. 그러나 북선양역에 도착했을 때 우리 앞에 펼쳐진 도시는 번쩍거리기 시작했고, 우뚝 솟아오른 포스트모던 양식의 건물들은 갖가지 색깔의 네온 불빛으로 장식되어 있었다. 공식적으로는 700만 명(과 훨씬 더 많은 비공식 거주자)의 인구를 갖춘 선양은 19세기 랭커셔의 도시들과 같은 모습을 21세기에 보여주고 있었다.

우리는 선반에서 여행 가방을 내린 후 출구로 향했다. 내

몽골 출신의 남자는 창가에서 그의 새로운 고향의 불빛들을 내다보았다.

"선양에서는 살 만합니다." 그가 말했다.

그러다 약간 안타까운 듯 덧붙였다. "하지만 쉬는 날에는 언제나 은빛 모래, 초록빛 초원, 푸른 하늘을 보고 말을 타려고 고향으로 돌아간답니다……."

만주 고분

중국 변방지역 연구가인 미국의 위대한 학자 오언 래티모어는 켐프가 이 지역을 방문한 뒤 20년이 지난 후 쓴 글에서 만주를 "세계의 태풍의 눈"으로 묘사했다.[57] 만주는 중국, 러시아, 일본 세 제국이 충돌한 곳이었고, 중국의 과거 수세기와 천년 동안 되풀이됐던 흥망성쇠 역사의 주기 한가운데에 있었다.

한족 왕조들이 약해질 때마다, 중국은 북동쪽 변경에 있던 호전적 기마민족인 만주족과 몽골족으로부터 공격을 받았다. 침략자들은 남쪽 땅들을 불태우고 파괴하며 정복해나갔지만, 결국 자신들이 군사적으로 정복한 민족에게 (정도의 차이는 있지만) 늘 문화적으로 압도당했다. 각 이민족 물결은 차례로 중국 문화의 장식들을 받아들여 "점차 정복 이방인의 특성을 잃어버리고 결국 중국의 지배계층"이 되었다.[58] 이러한 패턴은 10세기에서 12세기에 걸친 요나라, 12세기에서 13세기에 걸친 여진족 금나라, 그리고 몽골 황제들이 통치했던 강력한 원나라(1217~1368년)에서도 되풀이되었다. 이 거대한 역사의 물결 가운데 마지막인 만주족 청나라의 융성과 몰락은, 17세기 초 현재의 선양 부근 평원에서 격동으로 시작되었다가 1945년 창춘에서 기묘하게 비극적으로 끝이 났다.

켐프와 맥두걸이 1910년 봄 선양에 도착했을 때는 청 왕조의 마지막 섭정이 여전히 중국 전역을 통치하고 있었고 당연히 그들은 "만주 왕조의 위대한 창시자 누르하치가 묻혀 있는 곳을 보기 위해 복릉"부터 찾았다. 그들은 "신데렐라의 마차를 연상시키는 기묘한 유리 마차"를 타고 여행했다. "그것은 온 사방으로 창이 나 있고 맞은편에는 멋진 거울이 있는데다 쥐색의 포근한 천으로 뒤덮여 있었다."[59] 20세기 초에는 그러한 유람이 간단한 일은 아니었다. 영어 안내서는 존재하지도 않았고, 황제의 묘역과 궁전은 일반 시민에게는 공개되지 않았기 때문에, 다른 곳에서처럼 이 곳에서도 켐프는 여정을 준비하고 묘역으로 들어가는 데 필요한 특별 허가서를 얻기 위해 선교사 인맥에 의지했다.

선양에서 첫날, 켐프의 발자취를 쫓아, 그 묘역(지금은 보통 '복릉'이라고 한다)과 선양 중심지에 있는 황궁으로 데려다줄 교통수단으로 약간은 덜 이국적인 선양의 일반 택시를 빌렸다. 선양은, 켐프에게는 자신의 심란한 삶과 중국 제국의 역사가 뒤얽힌 지점으로 특별한 의미가 있었다.

청나라 시조 누르하치Nurhaci와 황후 예허나라씨Yehenala가 묻힌 복릉은 현재 거대한 발전소와 허름한 벽돌집들(집마다 문밖에는 놀랄 정도로 깔끔하게 종이상자 더미가 쌓여 있다)이 들어선 빈민가와 건축가가 설계한 새 저택들이 들어선 주택가를 지나 선양 교외의 동쪽 외곽에 있다. 묘역으로 들어가는 주 출입구 앞은 매표소와 화장실 때문에 사람들로 북적거렸다. 그렇지만 묘역을 둘러싼 기다란 베네치아 양식의 붉은 담 안으로 들어서니 켐프가 1세기 전 이곳을 걸었을 당시, 아니 300년도 더 전에 청나라 황제들이 조상에게 제사를 지내러 왔던 때 이후로 거의 변하지 않은 것 같은 풍경이 펼쳐져 있다.

날씨는 더할 나위 없이 좋았고, 햇빛은 새로 돋은 나뭇잎의 섬세한 잎맥을 비추었다. 묘지에는 관광객이 거의 없었다. 단 두 가족만이 성벽 위를 한가로이 걷거나, 낙타, 말, 사자, 기린 등의 석상이 길게 늘어서서 무표정하게 아래를 굽어보고 있는 기다란 성스러운 길을 따라 늘어선 소나무

Fuling Tombs Shenyang

선양에 있는 복릉 (샌디 모리스)

그들은 "만주 왕조의 위대한 창시자 누르하치가
묻혀 있는 곳을 보기 위해 복릉"부터 찾았다.
그들은 "신데렐라의 마차를 연상시키는 기묘한
유리 마차"를 타고 여행했다. "그것은 온 사방으로
창이 나 있고 맞은편에는 멋진 거울이 있는데다 쥐색의
포근한 천으로 뒤덮여 있었다." 20세기 초에는
그러한 유람이 간단한 일은 아니었다.

아래에서 야생 약초를 찾아다니고 있었다. (듣기로 그 약초들은 만두의 향을 돋우는 데 특히 좋다고 한다.) 사방이 고요한 가운데 새소리만 들려올 뿐이었다. 줄무늬 다람쥐와 다람쥐처럼 생긴 괴상한 작은 생물들이 그늘 사이로 쏜살같이 달려가고, 저 멀리서는 비둘기 한 마리가 부드럽게 울고 있었다.

신성한 길 건너에는 가파르게 치솟은 돌계단이 의식을 행하던 안뜰로 이어져 있었고, 안뜰은 높은 회색 화산암 성벽에 에워싸여 있었다. 안뜰로 들어가는 입구에는 거대한 화강암 선구(거북처럼 생긴 신화 속 생물)가 한자, 만주 문자, 몽골 문자로 써진 현판을 높이 쳐들고 있었다. 선구의 코는 수많은 사람들이 행운을 빌며 손으로 문지른 탓에 반들반들하고 반짝거렸다. 목에는 금색 허리띠가 둘러져 있고, 관광객들이 던진 수많은 작은 동전이 등을 뒤덮고 있었다. 오래된 전설에 따르면, 비가 오는 날에는 아리따운 여자 귀신의 환영이 현판 뒷면 돌에 나타난다고 하지만, 이처럼 청명한 봄날 아침에 현판 뒷면 돌은 매끄럽게 빛나기만 할 뿐 유령의 흔적 따위는 찾아볼 수 없다.

우리는 따뜻한 돌 위에서 햇볕을 쏘이기 위해 몰려든 무당벌레 무리를 피하려고 조심스럽게 발걸음을 옮기며 성벽 꼭대기를 따라 걸었다. 후투티가 나타나 화려한 장식을 한 동관 지붕 위에 잠시 내려앉았는데, 동관은 한때 청나라에서 제사 때 태우는 화장용 비단을 보관하던 곳이었다. 지붕 능선에 조각되어 있는 작은 동물들 틈에서 후투티의 벼슬 달린 머리는, 지붕의 단청 위로 돌출한 도자 기와의 황금빛을 반사하는 듯했다. 안뜰 저 먼 끝에는 또 다른 의전관이 있었는데, 그 뒤편 우묵한 곳에 괴상한 석상들이 줄지어 서 있었고, 그 너머에는 야생 제비꽃으로 뒤덮인 무덤의 단순한 봉분 주위로 길이 반원으로 굽어 있었다.

그 제비꽃 아래에 누워 있는 누르하치 하라이 아이신 기오로(만주식 이름으로 다 쓰자면 이렇다)는 1558년 중국과 조선이 만나는 산악 접경 지역에서 농사를 짓는 동시에 사냥을 하는 어느 기마부족 족장 가문에 태어났다. 이렇게 상대적으로 미미한 가문에서 태어나 청나라 시조가 된 것은, 켐프가 표현했듯이 "마치 허구 같으며 그에 필적할 만한 사건은 역사의 지면에서 찾아볼 수 없다."[60]

17세기 초 누르하치가 권력의 정점에 있었을 당시, 중국 왕조의 흥망은 바뀌고 있었다. 한때 강건했던 명 왕조가 부정부패와 기근, 전염병으로 쇠퇴하고 있었고, 실패로 끝나기는 했지만 왜장 도요토미 히데요시의 조선과 중국 침략의 결과로 더욱 약화되어 도탄에 빠져 있었다. 뛰어난 지략가인 누르하치는 동족인 만주족과 이웃 민족인 몽골을 상대로 세력을 규합하기 시작해 1616년에는 스스로 자신을 칸으로 선포했다. 무리를 지어 사냥하는 만주의 전통에서 영감을 얻어, 누르하치는 부하들을 훈련된 군단으로 만들어 각 군단마다 (오늘날 스포츠 팀의 깃발처럼) 조직과 소속을 상징하는 특유의 색깃발을 갖게 했다. 처음에는 그의 출현을 반긴 중국의 명 왕실이 관직과 총애를 베풀었다.

그러나 누르하치에게는 더 큰 야망이 있었다. 1620년대 중반 무렵 그는 선양에 수도를 세우고 당시 내란으로 분열된 명나라에 전면 공격을 감행할 만반의 준비를 갖추었다.

누르하치는 살아서 최후의 승리를 지켜보지는 못하고, 1626년 전투에서 입은 부상 때문에 죽고 말았다. 만주의 정복을 강화하고, (죽어가는 명 왕조에 계속 조공을 바치겠다고 충성스럽게 고집하고 있던) 조선을 복속시킨 후 '맑음'을 의미하는 새로운 청 왕조를 선포하는 일은 그의 아들 홍타이지Hong Taiji에게 남겨졌다. 그리고 홍타이지의 갑작스러운 죽음 직후, 누르하치의 손자는 명 왕조의 마지막 황제가 목을 매 자살한 지 두 달 후인 1644년 6월 6일, 베이징의 자금성에서 중국의 황제로 등극해 제국의 꿈을 완성했다.

그 사이, 정복자인 만주족은 피정복자 한족의 문화에 이미 동화되고 있었다. 선양에 있는 누르하치의 궁은 채색 기와로 반짝이고 황금 용들로 장식되어 있긴 해도, 본래 만주의 여덟 깃발을 나타내는 팔각 건물이다. 그의 아들 홍타이지의 궁에는 북동 민족들이 무속 의식을 거행하기 위한 공간이 있었다. 그러나 홍타이지가 아버지를 위해 건설한 묘는 그 자신이 죽어서 묻힌 묘와 마찬가지로 명나라 황제들의 묘에 있는 유교와 도교의 도상을 세심하게 본떴다.

그러나 청나라의 통치자와 장수 들은 비록 유교를 받아들이고 중국어로 말하기는 했어도 만주 전통의 요소들을 보존했다. 선양 묘역에서 청나라 통치자들이 대대로 거행했던 의식의 형태는 유교식 의식과 만주의 무속이 결합된 것이었다. 혈통 및 문화의 지속적인 혼합은 중국의 역동적 체계에 활력을 불어넣었고 17세기와 18세기 만주의 청나라 황제 치하에서 중국 제국은 정치적 영화와 지적 독창성으로 마지막 번영을 구가했다.

그러나 1910년 켐프가 선양을 방문했을 무렵 청나라는 타성과 부정부패가 만연했고, 외세에 굴복해 최후의 붕괴 상태에 있었다. 켐프가 선양에서 첫날 방문했던 묘역의 성벽들은, 바로 5년 전 주변 풍경을 전장으로 바꾸어놓았던 러시아와 일본 군대들이 남겨놓은 총탄으로 벌집이 되어 있었다. 누르하치와 홍타이지의 황궁은 보물로 가득 찼지만, 귀한 도자기들은 "유리관에 넣어져 끝없이 쌓여 있었고, 아마도 수십 년 동안은 개봉되지 않은 상태로 남아 있

1910년 켐프가 선양을 방문했을 무렵 청나라는
타성과 부정부패가 만연했고, 외세에 굴복해 최후의
붕괴 상태에 있었다. 누르하치와 홍타이지의 황궁은
보물로 가득 찼지만, 귀한 도자기들은 "유리관에 넣어져
끝없이 쌓여 있었고, 아마도 수십 년 동안은 개봉되지
않은 상태로 남아 있었다."

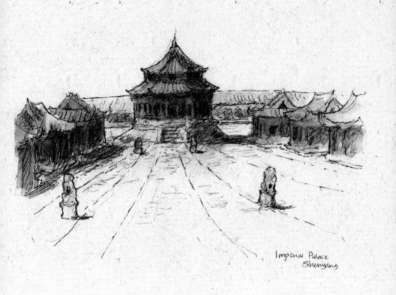

Imperial Palace
Shenyang

선양의 황궁 (샌디 모리스)

었다."⁶¹ 누르하치의 10대 후손인 아이신 기오로 푸이Aisin-Gioro Pu Yi는 청나라의 마지막 황제가 되어 베이징의 용좌에 앉았지만 그는 겨우 네 살짜리 어린아이에 불과했다. 그로부터 2년이 채 못 되어 그는 민중혁명으로 퇴위당하고 말았다.

마지막 황제의 미완성 황궁

창춘 중심가의 신인민대로에서 나는 죽은 여인을 보지 못한 채 지나칠 뻔했다. 버스 정류장에 있는 사람들 틈에서 그녀의 존재는 너무도 예상치 못한 것이라 알아채기가 쉽지 않았다.

하늘은 청명했고, 봄 햇살은 도시의 건물 기둥과 작은 탑들을 선명하게 비추고 있었고, 벚꽃은 만개해 있었다. 죽은 여인의 동료들은 담배를 피우며 조용히 소곤거리고 있었고 죽은 여인은 캔버스 천으로 된 들것 위에 미동도 않은 채 누워 있었다. 머리끝부터 발끝까지 꽃무늬 덮개로 뒤덮여 있었다. 얼어붙은 검은 폭포수처럼 흘러내린 머리카락만이 들것 위로 드러나 있었다. 아마도 그녀는 죽은 지 몇 시간 되지 않은 것이 분명했는데, 굵고 검은 머리칼의 윤기로 보아 젊은 나이에 요절한 것으로 추측된다.

이 거리 끝자락에 칙칙한 벽돌 외관이 어렴풋이 보이는 지린 대학 제일병원의 삶과 죽음은 건물에서 주변 도로로 끊임없이 흘러나온다. 줄무늬 잠옷을 입고 실내화를 신은 한 남자가 담배를 구해 버스 정류소로 어슬렁거리며 내려오는데, 그의 머리에는 붕대가 두툼하게 감겨져 있었다. 빳빳한 푸른 제복을 걸친 젊은 경찰 후보 사관생 무리가 우리에게 다가온다. 그들은 버스 정류장에 있는 시신의 존재가 걱정된 것일까? 그러나 아니었다. 그러한 일들은 지극히 흔한 일상사였다. 그 대신 한 사관생이 수줍게 자신의 휴대전화를 꺼내었다.

그가 엠마에게 말을 걸었다. "죄송하지만, 함께 사진 좀 찍어도 될까요?"

그러자 그의 동료들도 뒤를 이었다. "저도요, 저도요."

우리는 다양한 포즈로 젊은 경찰들과 엠마의 사진을 찍었다. 그 사이 몇 미터 떨어진 아래쪽 거리에서는 흙먼지를 뒤집어쓴 민간 트럭이 다가왔다. 죽은 여인의 동료들이 시신을 차 뒷문을 통해 조심스레 실었고, 이제 그녀는 마지막 여정의 안식처를 향해 출발했다.

창춘이 음산하다는 인상을 받게 된 것은 비단 죽은 여인과 마주친 일 때문만은 아니었다. 도시 자체가 풍기는 이미

지도 그랬다. 굉장히 넓은 대로, 약간은 위압적인 1930년대 건물(그 가운데에서도 지린 대학 제일병원이 가장 좋은 예다), 인적이 드문 거대한 공원들, 건설 현장으로 빠르게 바뀌고 있는 구역들이 그랬다. 모든 것들 위로 이 도시의 불편한 역사가 그림자를 드리우고 있는 것 같았다.

그도 그럴 것이 1932년에서 1945년까지 중국의 이 평범한 지방 도시는 '새로운 수도'를 의미하는 줄임말 신징(일본어로는 신쿄)으로 불렸는데, 그것은 여러 문화가 공존하는 세계적인 대도시를 만들려는 20세기 역사상 가장 이례적인(그리고 단명한) 시도였다. 월터 벌리 그리핀이 설계한 캔버라에서 영감을 얻어, 신징은 훨씬 더 인상적인 규모로 구상되었다. 이것은 제국을 건설하는 데 있어서 세계에서 가장 웅대한 실험의 상징으로, 신징을 마지막 중국 제국의 되살아난 영광과 팽창주의 일본의 새로운 에너지가 결합될 장소로 삼으려는 의도였다.

여섯 살에 황위에서 폐위되었다가 열한 살에 2주도 안 되는 기간 동안 복위되었던(무위로 끝난 쿠데타로 잠시 복위되었다) 중국의 마지막 황제는 1934년 세 번째로 옥좌에 오르게 된다. 그러나 이번에는 청 제국의 옥좌가 아니라 정치적 망상으로 세워진 만주국의 옥좌였다. 만주국의 명소가 될 수도는 계획도시 신징으로 예정되어 있었다.[62] 청나라 황제로서 푸이의 첫 번째 즉위는 죽어가는 서태후에 의해 추진되었고, 두 번째 즉위는 유명한 군벌 장군에 의해 추진되었다. 만주국의 황제로서의 환생은 시베리아 만주철도회사를 지키는 일본 군대의 작품이었다. 1931년 일본 군대는 선양에서, 시베리아 만주철도회사에 대한 있지도 않은 '테러리스트 공격'을 꾸며낸 뒤, 이를 빌미로 만주의 통제권을 장악하고 만주 독립국을 선언해버렸다.

만주국은 1910년 켐프가 예견했던 일본의 만주 진출이 실현된 것이었다. 그리고 런던 리젠트 공원 끝자락에 있는 집에서 홀로 살아가며 이역만리에서 그 상황을 지켜보던 켐프에게, 그녀가 여행했던 시절의 만주는 단지 추억으로만 남아 있었을 것이다.[63] 거의 전 세계가 일본 팽창주의의 겉치레로 여겨 외면했던 만주국은 단명한 근대국가들 가운데에서도 가장 역설적인 경우였다. 만주국을 건설한 주역은 다양한 문화가 공존하는 사회 건설이라는 거대한 꿈을 가진 이상주의적인 일본 관료들이었지만, 권력에 주린 일본 군부와 기업 지도자, 여전히 옛 청나라에 충성심을 유지하던 중국인과 민족국가의 야망을 품고 있던 만주인, 몽골인들도 있었다. 닛산과 같은 거대 일본 기업들의 투자가 만주국의 산업 발전을 가속시키긴 했지만, 신흥 만주국의 정부채는 (적어도 초기에는) 아편 무역에서 얻은 수익으로 발행되었다. (명목상으로는 '만주국민'으로 불렸던) 중국인들이 국가의 모든 정치 요직을 점령했지만, 실질적인 권력은 부관의 수중에 있었고, 부관은 늘 일본인으로 채워졌다. 1934년에서 1945년까지 푸이가 재위했던(그렇지만 통치는 하지 않았던) 만주국의 상황은 그러했다.

만주국의 새 수도 신징의 건설자들은 웅장한 대로를 끼고 있는 제국의 궁전을 계획했는데, 그것이 국가의 주요 공공건물이 줄지어 서 있는 봉천로(현재는 신인민대로)다. 무솔리니의 로마, 히틀러의 뉘른베르크, 스탈린의 모스크바에서 열린 대규모 집회를 능가하는 행사를 개최할 경기장도 지을 계획이었다. 선양의 황궁과 묘소가 만주족과 한족 문화의 혼합을 반영하듯이 만주국 수도의 건물들은 다양한 문화의 혼합을 반영한다. 만주국은 (이론적으로는) 산업과 상업이 융성하고 한족, 만주족, 몽골족, 조선인, 일본인이 이상적으로 조화를 이루며 사는 근대국가였기 때문이다.[64]

푸이의 미완성 황궁을 둘러싼 공간은 꿈과 현실, 실체가 없는 제국의 모순을 구체적으로 보여준다. 대로의 한쪽 면에는 한때 요란하게 선포한 독립국가의 상징인 만주국 국무원이 들어섰던 건물이 있다. 외관이 오늘날까지 거의 변하지 않은 이 건물을 바라보며 어딘가 모르게 친근감이 느껴졌다. 건물 외관이 신기하게도 도쿄에 있는 일본 의회 건물과 닮았는데, 그도 그럴 것이 두 건물의 건축을 감독한 일본인 설계자가 동일인이기 때문이다.[65] 대로 맞은편에는 한때 만주국 국방부가 들어 있던 크고 거무스름한 건물이 있는데, 바로 그곳에서 일본의 관동군은 대규모 다민족사회 통제기구를 감독했고, 만주국의 이상향을 선전하고, 이러한 비전에 반대하는 세력을 제거하는 일을 책임지고 수행했다. 이 임무는 그들이 열정과 규율과 엄청난 폭력으로 수행하던 일이었다. 그들이 뒤쫓았지만 검거하지 못했던 적들 가운데 동만주에서 암약하는 김성주라는 젊은 조선인이 이끄는 공산주의 게릴라가 있었는데, 이 김성주가 바로 김일성이라는 가명으로 훗날 북한의 영원한 독재자가 되는 인물이다.

그 사이 정치적 결정을 할 수 있는 실질적인 힘을 모두 빼앗긴 빈약한 푸이는, 자신이 결정할 수 있는 단 하나의 사안을 두고 일본 군부와 시베리아 만주철도회사와 끝없는 논쟁을 벌이고 있었다. 그것은 바로 건설 중이던 자신의 황궁 디자인에 관한 것이었다. 그는 중국식 디자인을 원했고, 중국인들의 전통적인 우주관, 즉 천자인 자신이 우주의 중심을 차지하고 있다는 원리에 따라 펼쳐진 정원을 건설하기를 원했다.[66] 평생을 다른 이들에 의해 좌지우지되는 삶을 살아왔지만 이 일에 관해서만은 푸이가 막 승리를 거두려는 참이었다.

그러나 그 무렵 더 큰 전투에서 패배가 진행되고 있었다. 1945년 8월, 황궁이 아직 완성되기도 전에 일본이 태평양 전쟁에서 패배하면서 푸이의 만주국은 처음 출현했을 때와 마찬가지로 갑자기 와해되어버렸다. 그로부터 몇 년 뒤 중국의 새로운 공산주의 정권은 만주국 수도의 거대한 기념물들을 넘겨받아, (역사의 잘못을 바로잡으려는 분명한 인식에서) 국방부 본부를 의료센터로 바꾸어버렸는데, 그곳이 바로 현재 지린 대학교 제일병원이다.

창춘 버스 정류소에서 우리가 마주친, 꽃무늬 덮개 아래에 누워 있던 젊은 여인의 임종 위로 스쳐 지나갔던 역사의 무게는 그렇게 무거웠다. 그로부터 며칠 동안 나는 이따금 나도 모르게 그 죽은 여인에 대해 생각했다. 그녀가 누구였는지, 어떻게 죽었는지, 옛 만주국 국방부였던 병실에서 심연을 향해 가차 없이 떠날 때 그녀의 마음속에 떠오른 이미지는 무엇이었는지 궁금했다. 오늘날 창춘 시민들은 매일매일 삶과 죽음의 투쟁에 직면하듯이, 자신들의 공공장소에 숨어 있는 역사의 불편한 환영들의 존재를 인식하고 있을까?

푸이가 헛되이 자신의 황궁이 완성되기를 기다리고 있

던 도시 외곽의 대저택은 현재 세심하게 재건된 박물관으로 바뀌어 있다. 여러 언어로 적힌 벽보는 괴뢰국가 만주국에 협력한 '반역자들'을 규탄하고 있었고, 마지막 황제의 국영열차는 정원에 정차되어 있었으며, 아편에 중독된 첫 아내를 본뜬 밀랍인형이 긴 의자에 비스듬히 누워 있다. 우리가 들렀을 때 박물관은 대만 관광객들로 북적거리고 있었는데, 20년간 창춘에 살고 있다는 우리 택시 운전사는 박물관에 들어가본 적이 없다고 했다. 입장료가 무려 80위안이나 되기 때문이다.

우리가 박물관에서 나오자 그가 "어떻던가요?"라고 물으며 덧붙였다. "나도 정말 보고 싶어요, 특히 기차가요. 그런데 표를 살 여력이 없네요."

다음 날, 우리는 특별히 만주국을 찾아 이곳에 온 한 무리의 사람들을 만났다. 나는 푸이의 조상들이 선양에 건설한 황궁 안에서 1910년 에밀리 켐프가 황궁의 저장고에서 언뜻 보았던 도자기, 청옥, 청동이 뒤섞인 거대한 만주의 보물을 찾고 있었는데, 아무런 흔적도 볼 수 없었다. 아마도 이 보물들은 박물관 어딘가에 보관되어 있을 것이다. 아니면 전쟁과 내전, 혁명, 문화대혁명으로 얼룩진 수십 년의 세월에 모두 휩쓸려갔을 확률도 높다. 그 대신 어쩌다 보니 옛 남만주철도회사의 절정기를 보러 5일간의 여정에 오른 일본 관광객 무리 끝자락에 합류하게 되었다.

오늘날 선양에는 만주국과 일본이 만주를 지배하던 시대의 건물은 겨우 몇 채 남아 있을 뿐이지만, 새롭게 진출하고 있는 일본의 모습은 어디에서나 볼 수 있다. 우리가 묵고 있는 호텔 로비는 중국인 파트너와 합작 사업을 추진하고 있는 회색 양복을 걸친 사업가들로 붐볐다. 선양 외곽의 톄시Tiexi 거대 산업단지는 일본 투자자들을 만주국에 유치하기 위해 푸이 재위 시절에 지어졌다. 이어 공산주의 혁명 후에는 사회주의 중공업의 명소로 알려지게 되었고, 당시에는 지구에서 가장 오염된 지역 가운데 하나였다. 현재는 경제기술발전지구인 '동북로공업기지'로 부활해 산요, 미쓰비시, 파나소닉 같은 일본 거대 기업을 포함해 수많은 다국적 기업이 상주해 있다. 한편으로는 많은 일본 젊은이들이 몇 년 동안 동북부 중국에 거주하며 일하기 위해 몰려왔고, 일본에서 온 관광객들(그들 가운데 일부는 전쟁 전 만주에서 태어난 노인들이다)이 만주국의 향수를 되돌아보는 여정에 올랐다.

이 향수에는 다소 불편한 느낌이 담겨 있다. 내가 알기로 이 관광객 무리는 히로시마에서 왔으니, 이들은 일본 제국주의 야망의 참혹한 결말을 그 누구보다도 잘 기억할 만하다. 그들은 항구도시 다롄의 해안가에 여전히 줄지어 서 있는 전쟁 전에 지은 웅장한 건물들을 구경한 후, 이제는 이 곳의 황궁을 보러 선양으로 온 것이었다. 그러나 그들은 하얼빈 외곽에 서 있는 허물어진 아치와 공장 굴뚝으로 가득 찬 을씨년스러운 공업단지를 보기 위해 북쪽으로 더 나아가지는 않을 것이었다. 그곳은 바로 일본의 황군이 한때 생화학무기를 만들고, 그 생화학무기를 생포한 중국인이나 연합군 전쟁 포로들을 상대로 실험했던 거대한 산업연구실 험실이 남아 있는 곳이다.

일본인 관광객들은 매우 열심이었고 점잖았다.

중국에 대한 인상이 어떠한지 물었을 때 한 여성이 작은 소리로 웅얼거렸다. "당신도 알다시피 전쟁 동안에 일어난 일들 때문에……. 아직도 우리 일본인한테 분개하는 중국인들이 있는 것 같아요."

불행히도 그 일본 여성의 말이 옳다. 여행하는 내내 현재 그 지역에 일본이 진출하고 있는 것에 대해, 기분을 맞춰주는 말에서 극심한 민족주의적인 반응에 이르기까지 다양한 의견을 들었다. 특히 어느 택시 운전사는 "나는 일본인을 증오합니다. 많은 일본놈들을 죽여버릴 수도 있어요"라고, 솔직한 반응을 보였다. (그러나 그는 제국주의적 영국인역시 혐오했다.) 일본 정부는 이런 상황을 개선하기 위해 아무런 일도 하지 않았다. 과거사 문제는 어떻게든 회피하다

어쩔 수 없이 떠밀려 마지못해 사과를 하면서 경제 문제는 열심히 장려했고, 일본 지도자들은 제국에 희생당한 불행한 영혼들을 달래는 데에 실패했다. 이로 인해 이 지역 두 열강 사이에서는 끊임없이 문제가 불거지고 있다.

새롭게 유입되는 사람들과 금융의 물결이 다음 세대에 관계를 개선하게 만들지는 확실하지 않다. 히로시마에서 온 관광객 무리를 젊은 중국 여성이 가이드하고 있었다. 그녀는 한 번도 일본에 살아본 적이 없다고 했다. 그러나 그녀는 무척이나 유창한 일본어로 누르하치의 금박 팔각 천막의 상징성을 설명하고 황궁 후궁들이 처소에서 어떤 삶을 살았는지 들려주었다.

"내일은 이 사람들을 데리고 다롄으로 돌아간답니다." 맡고 있던 일본 관광객들이 마지막 사진을 찍으려고 흩어지자 중국인 가이드가 말했다. "당신은 어디로 가시나요?"

"우선 선양 주위 지역을 좀 더 돌아보고 싶어요. 그러고 나서 단둥을 거쳐 북한으로 갈 거예요."

내 말에 가이드의 눈은 놀라움과 호기심으로 휘둥그레졌다. "북한이라고요! 정말 알 수 없군요! 너무 위험해요!"

CHAPTER 3

성스러운 산
: 랴오양과 첸산

거울의 빛

성스러운 산에 대한 상상은 불교 자체보다도 훨씬 오래되었다. 봉우리는 구름으로 뒤덮이고, 풍상으로 빚어진 기암절벽으로 가득 찬, 거칠고도 험준한 성산^{聖山}은 고대 이후로 인간 세상과 천상을 잇는 곳으로 생각되어왔다. 초기 중국 왕조의 도교 문화권에서 "산들은 공동체 또는 국가 전체의 안녕을 수호하는 힘을 갖고 있는 것으로 여겨져 숭상되었지만", 동시에 "인간이 하늘이나 하늘의 신들과 소통하는 중간계"인 우주의 기둥으로도 숭배되었다.[67] 산의 신비스러운 힘은 경이로움과 두려움을 자아냈는데, 그 이유는 산이 "성스러운 공포감을 일으키는 지대"였기 때문이다.[68] 한나라 시대에는 각 황제가 제국의 동서남북으로 바깥쪽 경계를 이루는 산들과 제국의 중심에 있던 송산에서 산이 가진 힘을 통제하고 공포를 피하기 위한 의식을 거행하는 것이 당연한 일로 여겨졌다.

동북아시아 전역에 퍼져 있는 불교와 달리 도교는 중국 제국을 벗어나면 그 영향력이 제한적이었지만, 일본과 한국에서는 자연숭배와 무속신앙이 산에 초자연적인 힘을 불어넣기도 했다. 한국 미술에서는 "꿈이나 환시에서와 마찬가지로, 광대한 자연환경의 생기와 힘과 신비를 통해 인간이 분명히 의식할 수 있는" 산의 정령인 산신이 호랑이를 타고 다니는 백발노인으로 묘사되어 있다.[69] 한국의 풍경은 산신령들의 거처였다고 하는데, 그들은 유리처럼 맑은 호수와 우뚝 솟은 산들에 반해서 한반도로 들어와 "세 개의 영산인 북쪽의 백두산, 동쪽의 금강산, 최남단 제주도의 한라산에 주로 살았다"고 한다.[70]

불교는 이러한 오래된 신앙에 새로운 의미를 겹겹이 불어넣었다. 중국에서는 상서로운 산에 우타이산五台山, 주화산九華山, 푸퉈산普陀山, 어메이산峨眉山처럼 불교식 이름을 붙였다.*

---

* 중국의 4대 불교 명산: 산시성[산서성]에 위치한 북쪽의 우타이산, 안후이성[안휘성]에 위치한 남쪽의 주화산, 저장성[절강성]에 위치한 동쪽의 푸퉈산, 쓰촨성[사천성]에 위치한 서쪽의 어메이산을 가리킨다. 각각 문수보살, 지장보살, 관음보살, 보현보살의 성지로 유명하다.

홀로 우뚝 솟은 험준한 산봉우리들은 미륵불을 둘러싼 고행의식을 행하던 장소가 되었는데, 미륵불 신앙은 신라 왕국과 초기 당나라 시대에 비단길을 따라 융성했다. 한국의 미륵불 신도들은 한반도와 그 너머의 상서로운 산들을 순례했다. 숭제법사는 중국의 우타이산에서 처음으로 미륵보살을 환시로 보았다고 전해지는데, 그는 다시 통일신라 시대의 유명한 고승 진표를 가르쳤다. 진표는 한반도 방방곡곡을 누비며 미륵불 신앙을 전파했고, 결국에는 8세기에 금강산 미륵봉 위에 발연사鉢淵寺를 창건했다.[71]

고관과 학자들이 승려들의 발자취를 따라나섰다. 이 책 프롤로그에 인용한, 운해와 청옥빛 수련에 대한 환상을 언급한 시를 쓴 권근(1352~1409년)은 금강산에서 '불과 몇백 리 떨어진' 곳에서 태어났지만 젊어서는 금강산의 풍경을 직접 보지 못했다. 그는 1396년 중국 황실에 사절로 파견되었는데, 14세기 중국의 외교는 밀실에서 급하게 이루어지는 오늘날의 회담과는 판이하게 달랐다. 그의 외교 임무 가운데 하나는 중국 황제가 제시하는 일련의 주제로 시를 짓는 것이었다. 황제가 명령한 작품들 가운데에는 금강산에 관한 시도 있었다. 권근은 그 산을 본 적이 없다고 시인하는 수밖에 없었고, 고국으로 돌아오는 즉시 금강산 꼭대기에 올라 "그토록 오랫동안 품어온 깊은 갈망을 풀고야 말겠

다"고 그 자리에서 결심한다.[72]

원나라의 관리로 몇 년 동안 봉직하다가 권근이 태어나기 전 해에 죽은 이곡은 수많은 금강산 여행객들의 탐승기 가운데 제일 초기의 작품을 썼는데, (그러한 모든 탐승기가 그랬듯이) 자신이 본 금강산 풍경 가운데 정수를 뽑아낸 시들로 꾸며놓았다. 무려 650여 년 전 산과 바다 사이에 있던 둥그런 모양의 삼일포 호숫가에 앉아 그는 다음과 같이 적었다.

물살은 하늘의 빛으로 넘쳐흐르고, 거울처럼 맑구나.
가을 하늘을 찌를 듯 치솟은 산들은 수정처럼 반짝이도다.[73]

근대에 이르러서는 신성한 산을 감싸고 있는 경외스럽고 신비로운 분위기에 새로운 신앙 체계가 추가되었는데, 그것은 다름 아닌 민족주의라는 종교다. 산에 오른 사람들은 산 정상에 국기를 꽂아놓았다. 한국인들은 백두산이라 부르고 중국인들은 장백산이라고 부르는, 양쪽 국경에 걸친 이 원대한 산에 대한 권리를 두고 중국과 한국은 열심히 다투고 있다. 남한과 북한은 금강산으로 이르는 길목에서 정치적 반목과 화해를 거듭하며 복잡한 민족적 상징을 써먹고 있다. 동북부 중국으로 향하며, 나는 6자회담에 참가

하는 사람들이 정치에 대한 논의를 줄이고 시를 쓰기 위한 주제를 서로에게 제시하는 데 더 많은 시간을 보낸다면 지지부진한 6자회담이 좀 더 결실을 맺지 않을까 생각했다.

랴오양 성벽

공물과 외교 사절이 오가던, 중국의 수도로 이르는 길들은 불교의 신성한 산들을 연결하는 길들과 여기저기에서 교차했는데, 그러한 교차점 가운데 하나가 바로 랴오양시였다. 랴오양은 한반도에서 제국의 중심지로 향하는 공물로가 중국의 첸산千山으로 가는 순례길과 만나는 곳이었다.

에밀리 켐프는 1910년에 랴오양을 "성벽의 칙칙한 배경과는 대조적으로 성벽 안에는 눈부실 정도로 멋있는 과수원이 자두, 버찌, 살구, 배 등속을 기르고 있어서 만주 도시 가운데 가장 아름답"고 묘사했다. 바로 그 성벽 밖에 서서, 그녀는 "조선 사절단이 공물을 가져올 때 지나가던" 거대한 관문, 그 그늘 사이로 움직이는 조그만 형상들을 더욱 왜소하게 만드는 거대한 석조 아치 길을 그렸다. 성벽이 300년도 더 됐지만, 켐프는 "벽돌들은 이제 막 지어진 것처럼 대부분 새것처럼 보인다"고 기록했다.[74] 유일한 폐허의 흔적은 러일전쟁 동안 폭격을 맞아 생긴 구멍과 패인 자국들

랴오양의 조선 사신들이 드나들던 문 (에밀리 켐프)

"조선 사절단이 공물을 가져올 때 지나가던" 거대한 관문, 그 그늘 사이로 움직이는 조그만 형상들을 더욱 왜소하게 만드는 거대한 석조 아치 길을 그렸다. 성벽이 300년도 더 됐지만, 켐프는 "벽돌들은 이제 막 지어진 것처럼 대부분 새것처럼 보인다"고 기록했다.

이었는데, 켐프가 방문하기 불과 6년 전만 해도 랴오양은 러일전쟁에서 가장 격렬한 전장 가운데 하나였기 때문이다. 랴오양을 둘러싼 그 전투로 거의 1만 명에 이르는 러시아 군인과 일본 군인이 전사했다. 현지 민간인들이 얼마나 죽었는지는 알 수조차 없다.

성벽 외곽을 휘감아 도는 랴오강으로 한가로이 거닐며 켐프와 맥두걸은 수평선 위 산과 언덕으로 이르는 건너편 풍경을 바라보았는데, 그 풍경은 "이집트의 풍경을 연상시키는 멋진 황금빛을 띠고 있었다." 그리고 두 사람은 저 멀리 보이는, '쿠로팟킨의 눈'이라 불리는 언덕도 알아보았다. 그곳은 1904년, 랴오양 전투에서 패배하기 몇 달 전 알렉세이 니콜라예비치 쿠로팟킨 휘하의 러시아 군대가 평원이 내려다보이게 진지를 구축한 곳이었다.

이 도시에 대한 켐프의 애조 띤 묘사를 읽고 나서, 인터넷에서 다음과 같은 설명이라도 볼라치면 안타깝기 그지없다. "랴오양은 중국 랴오닝성의 도시로서 오염이 매우 심한 랴오둥반도 중간에 위치해 있다. (…) 랴오양은 대도시와 산업단지 지역의 공해로 몸살을 앓고 있다. 휘황찬란한 네온불빛으로 손님들을 번화가로 끌어들이는 가라오케와 클럽 같은 유흥 문화는 찾아보기 힘들다."[75]

그러므로 조선의 사신이 드나들던 관문과 쿠로팟킨의

눈을 찾아 넓은 자동차 도로로 몇 시간을 달려야 하는 랴오양을 향해 선양을 출발했을 때 우리의 기대는 그다지 크지 않았다. 산업공해의 흔적은 어디에서나 확연히 눈에 띄었다. 선양과 랴오양 사이의 논에는 철강 폐기물 더미가 여기저기 흩어져 있었고, 황폐화된 중공업 공장들이 도심을 에워싸고 있었다. 랴오양으로 들어서자 전선을 가득 실은 노새 수레가 우리를 지나쳐 갔는데, 무거운 짐을 끌고 가느라 노새의 발이 자갈 도로에 미끄러졌다.

이 도시의 먼 과거는 빛바랜 금속에 박힌 보석처럼 도시의 칙칙한 산업단지 한가운데에 들어 있는데, 그 가운데에서도 가장 아름다운 것은 13층 백색 석탑이다. 12세기 여진족의 금나라 시대에 지은 이 석탑은 오늘날에는 더 이상 흰색이 아니라 칙칙한 회색이 되어버린 채 여전히 랴오양 중앙 공원 위로 우뚝 서 있다. 허물어져가는 육각 석탑의 오목하게 파인 각 면에는 부처가 고요히 앉아 수백 년 동안 시선을 고정시킨 채 밖을 내다보고 있다. 탑의 기단 주위로는 신자들이 작은 부처상과 향을 꽂을 수 있는 꿀색 도자기 향로를 놓아두었다. 그리고 이 신성한 기념비를 빼먹고 지나치는 관광객이 없게 하려는 듯이 시 당국에서는 두 개의 커다란 벅스 버니 캐릭터 석고상을 세워두었는데, 이들은 엄지를 치켜들고 멍청한 미소를 띤 채 백색 석탑을 찾아

이 도시의 먼 과거는 빛바랜 금속에 박힌 보석처럼

도시의 칙칙한 산업단지 한가운데에 들어 있는데,

그 가운데에서도 가장 아름다운 것은 13층 백색 석탑이다.

12세기 여진족의 금나라 시대에 지은 이 석탑은 오늘날에는

더 이상 흰색이 아니라 칙칙한 회색이 되어버린 채 여전히

랴오양 중앙 공원 위로 우뚝 서 있다.

랴오양의 백색 석탑 (샌디 모리스)

오는 관광객들을 맞이하고 있다.

석탑 너머에 있는, 최근에 개축한 거대한 절은 마오쩌둥 시대 이후 중국의 활발한 종교 생활을 입증하고 있다. 앞마당 한가운데에 있는 유리 매점에서는 입상, 시디, 불교풍 벨소리가 나는 휴대전화를 팔고 있었다. 절은 산뜻한 원색으로 새로 칠해져 있었고, 본관 법당으로 올라가는 넓은 계단 바닥에는 코끼리 석상 두 개가 서 있는데, 마치 대중의 시선으로부터 자기 모습을 수줍게 감추기라도 하려는 듯 머리와 눈은 커다란 붉은 손수건으로 덮여 있다. 법당에는 2000년에 주조되어 세계에서 가장 큰 좌불상으로 등재된 거대한 금불상이 있다.

입구에서 우리는 희미하게 빛나는 이 거대한 불상의 발치에 놓기 위해 연꽃 모양의 분홍 초를 몇 개 샀다. 초는 약간 비쌌다. 초를 불상 발치에 놓자 한 승려가 외국 관광객을 보고 만면에 화색을 띤 채 그늘에서 나타났다. 그는 자신이 승려 생활을 시작한 지 얼마 안 된 신참이라고 설명했다. 이미 50대가 넘어서 가족과 속세의 쾌락을 뒤로하고 떠나왔는데, 자기가 깨달음을 얻은 체험을 다른 이들에게도 열심히 나누고 싶은 마음에 이렇게 말했다.

"저는 아주 못되게 살고 있었는데 부처님이 저를 혼내시려고 병과 불행을 보내셨지요. 그 무렵 저는 옛 삶의 방식을 포기하고 절로 왔답니다. 이제는 심신이 깨끗해졌습니다. 채소와 좋은 것들만 먹는답니다."

스님의 목소리는 듣기 좋았고, 여러 번 한 이야기를 다시 말하는 데서 오는 리듬감이 넘쳐흘렀다. 절을 에워싼 난간의 햇살 가득한 쪽에 오토바이 점퍼를 걸치고 엘비스 프레슬리 머리를 한 남한 청년이 나타났다. 새로운 외국 방문객을 알아본 스님은 그쪽으로 조용히 발길을 옮겼다. 스님은 쉬지 않고 계속 말을 이었다. "부처님은 모든 이들을 위해 계십니다. 인도인과 중국인과 한국인뿐만 아니라 서양 사람들을 위해서도 말이죠. 좋은 것을 먹고 청결을 유지한다면 당신도 저처럼 건강해질 수 있답니다. 현자들께서는 우리의 힘이 내면에서 나온다고 알려주지요. 불심은 우리가 필요로 하는 모든 힘을 준답니다. 당신도 진정 순수하고, 불심으로 가득 채운다면 아무것도 먹지 않아도 살 수 있답니다."

스님의 열정은 다른 이에게도 전해졌고, 주름 없는 얼굴과 빛나는 미소야말로 그의 신앙이 얼마나 굳건한지 가장 잘 드러냈다. 다만 치아가 약간 부실해 보였는데, 아마도 그것은 오래전, 순수하지 못했던 시절 삶의 유산인 것 같다.

사찰 경내를 에워싸고 있는 붉은 담장 밖에서는 다른 종

랴오양의 점쟁이들 (샌디 모리스)

한 무리의 점쟁이들이 작은 그늘에 웅크리고 앉아
손님을 기다리고 있었다. 긴 수염에 반짝반짝 빛나는
검은 눈 주위로 깊은 주름이 팬 노인이 점괘통을 흔들더니
엠마에게 내밀었고, 호기심에 찬 군중이 몰려와 구경하며
농담과 적절한 충고를 건넸다.

류의 신앙이 성업 중이었다. 한 무리의 점쟁이들이 작은 그늘에 웅크리고 앉아 손님을 기다리고 있었다. 엠마 켐벨은 검은 모자를 쓴 키 큰 노인에게 다가갔다. 긴 수염에 반짝반짝 빛나는 검은 눈 주위로 깊은 주름이 팬 노인이 점괘통을 흔들더니 엠마에게 내밀었고, 호기심에 찬 군중이 몰려와 구경하며 농담과 적절한 충고를 건넸다. 점괘는 엠마에게 부와 장수를 약속했고, 그 밖에도 말馬에 대해서도 뭐라고 했는데, 그것을 보고 사람들은 시끌벅적해졌다.

백색 석탑에서처럼 이곳에서도 도시의 성벽으로 가는 방향을 물었지만 사람들은 골치 아프다는 듯 난색을 표명했다. 성벽이요? 관문이요? 랴오양에는 도시 성벽이 없어요.

"도시 다른 쪽에 한 건설회사가 장벽을 건설 중이긴 하오만." 한 구경꾼이 도움을 주려는 듯 거들었다.

기억과 신화의 단편들은 끊임없이 바뀌는 정치의 틈바구니에 이끼처럼 끼어 수백 년 동안 살아남는다. 그러나 때로는 역사상 가장 유명한 건축물이 바람의 먼지처럼 사라지기도 한다. 랴오양 전투의 폭격도 견디어냈던 거대한 성벽은 이제 완전히 사라져 기초가 있었다는 흔적마저 전혀 찾아볼 수 없게 되었고, 100년에 걸친 격변, 침략, 혁명으로 러일전쟁 자체에 대한 기억마저도 지워진 것 같다. 쿠로팟킨이 진지를 세웠던 수평선 위의 황금빛 언덕 쪽을 바라보며 강 옆에 서 있노라니 두 남자가 차를 세우고 길을 잃었냐고 물어온다.

한 남자가 기대감을 나타내며 물었다. "투자하러 오신 건가요?"

엠마는 유감스럽게도 우리는 그저 역사학자로 100년 전 러시아인들이 큰 전투를 벌였던 장소를 바라보고 있는 중이라고 설명했다.

그러자 남자는 당혹스럽다는 듯 미간을 찌푸리며 대답했다. "그럴 리가요. 말도 안 됩니다. 우리는 러시아인들과 전쟁을 한 적이 없는데요."

용천사

빅토리아 시대의 금주운동가 토머스 쿡이 영국 행락객들을 위한 기차 여행을 기획하기 시작하고, 독일의 가족 기업 베데커 출판사가 여행 안내서를 출판하기 수백 년 전부터, 동북아시아의 신성한 산을 찾는 불교 순례객들은 이미 근대 여행가다운 면모를 갖추고 있었다. 캠프보다 15년 정도 앞서 금강산을 방문했던 대영제국의 아시아 전문가 커즌 경은 이렇게 썼다. "자전거를 타고 은행 법정공휴일을 즐기는 영국 청년에 필적할 조선 유람객을 아주 흔하게 볼 수 있는데, 그들은 풍경을 섬세히 볼 수 있는 시선이 탁월하고, 구경이나 시골 여행을 좋아하여 시골에서 모든 일을 내려놓고 마음껏 느긋하게 지낼 수 있다."[76]

커즌 경은 아마도 자전거나 은행 법정공휴일보다도 동북아시아에서 신성한 산으로 여행 다닌 역사가 훨씬 오래되었다는 사실은 알지 못했을 것이다. 중국의 학자이자 관리였던 창타이는 1620년대 중국에서 가장 추앙받는 산을 찾은 뒤 이렇게 묘사해놓았다.

매일 수천 명의 관광객이 몰려와 방 수백 개를 차지하고 음식 수백인분을 먹어치운다. 그들은 수백 명의 배우와 가수와 연주자들이 연출하는 여흥을 즐기는데, 시중드는 종업원만도 수백 명이나 된다. 여행 안내인은 대략 열두 가문 출신의 사람들이다. 매일 평균적으로 8000명에서 9000명의 관광객이 찾는데, 봄이 시작되는 첫날에는 사람들의 수가 2만 명에 이르기도 한다.[77]

중국 불교 순례의 백미는 4대 성산이기는 하지만, 그에 못 미치더라도 영묘한 힘으로 시인, 예술가, 깨달음을 추구하는 사람들과 그저 지겨운 일상에서 벗어나고 싶은 사람들을 매혹시킨 산들이 많이 있었다. 그중 가장 유명한 곳이 쳰산인데, 랴오양에서 약간 떨어진 곳에 있는 이 산은 숲으로 뒤덮인 바위가 기묘하게 드러나 있다.

랴오양에 몹시 매혹된 켐프는 조선을 여행하고 돌아오는 길에 이곳을 다시 찾았는데, 그녀가 평원을 가로질러 쳰산을 찾은 것은 이 두 번째 여정에서였다. 1910년 남만주철도 회사는 랴오양 지역 관광을 이제 막 장려하기 시작했고, 쳰산과 쳰산 근처에 위치한 탕강즈湯崗子 온천은 여행객들에게 널리 알려진 명소가 되어 일본 제국 전역과 그 너머로부터 관광객을 끌어들였다.

이러한 일본인 관광객 가운데 가장 흥미로운 사람은 유명한 시인 요사노 아키코*였는데, 그녀는 남편인 요사노 뎃칸과 함께 만주를 여행하며 18년 전 켐프가 방문했던 곳들을 두루 둘러보았다. 요사노는 1928년에 탕강즈와 쳰산을 방문했는데, 당시는 일본 제국이 그 지역에 대한 지배력을 강화하고 있던 때였다. 그러나 요사노는 켐프와 마찬가

---

* 요사노 아키코(擧謝野晶子, 1878~1942년): 도쿄 출생. 일본의 시인. 새로운 시풍으로 일본 문단에 일대 센세이션을 불러일으켰다. 1900년에 요사노 뎃칸(擧謝野鐵幹)이 중심이 된 '신시사(新詩社)'에 가입하여 동인지 《묘조(明星)》의 발간을 도왔다. 같은 해 뎃칸을 만났고 이듬해 가족을 떠나 도쿄로 가서 그와 결혼했다. 참신하면서도 인습에 구애받지 않는 시풍으로 주목을 받기 시작했으며 1901년에 나온 시집 『헝클어진 머리(みだれ髮)』로 유명해졌다. 1921년에는 분카여자학원[文化女子學院]을 설립하여 학생들을 가르치기도 했고 만년에는 비평가로 활약했다.

지로 고등교육을 받은 여인으로 독립심이 강하고 페미니스트 성향을 띠고 있었으며, 그녀가 그 지역에 대해 쓴 글들은 흥미롭게도 켐프의 글에 필적한다.[78] 일본군 병사들로 가득 찬 랴오양의 한 숙소에 머무르며 노기 띤 어조로(틀림없이 켐프가 고마워했을 것이다) 얼마나 "제국주의와 술 냄새가 사방에 진동하는지, 그리고 이 여관의 분위기는 우아한 백색 석탑과 버들강아지에 대해 시를 쓰고 싶은 우리의 바람과는 전혀 어울리지 않는다"고 썼다.[79]

(한때 남만주철도회사에서 운영하던) 녹슨 제강소 지대 위 고원에는 이 지역의 첨단기술단지인 '그린랜드 IT 도시'의 빛나는 유리 건물이 산자락 아래까지 뻗어 있다. 오늘날 이곳에 오는 외국 방문객은 순례객이라기보다는 사업가와 과학자 들인데, 내가 구한 여행 안내서에는 첸산의 관광지나 그곳으로 가는 교통편에 대해 아무런 정보도 없었다. 그래서 이번 여행지에서 우리는 여행사 가이드의 도움을 구하는 수밖에 없었다. 우리의 가이드는 둥근 얼굴에 아담이라는 영어 이름을 쓰는 열정적이고 말하기 좋아하는 청년이었다.

켐프가 현지 그리스도교 선교단원과 동행해 첸산에 찾아왔을 때 그들은 노새가 끄는 수레를 타고 여행했는데, 마지막 험준한 오르막길은 사람 손으로 직접 노새를 이끌며 넘어야 했다. 그로부터 18년 후 남만주철도회사에서 나온 두 친구를 대동하고 요사노 아키코와 요사노 뎃칸도 똑같은 여정에 올랐는데, 아키코는 가마를 타고 남자들은 말을 탔다. 그리고 두 시종과 네 명의 가마꾼, 침구류, 흰쌀, 점심 도시락, 설탕, 갖가지 통조림을 지고 가는 '짐꾼'들이 동행했다.[80] 오늘날에는 삶이 더 간편해졌다. 전동 카트가 산자락 입구에서 대기하고 있다가 주요 명승지로 향하는 관광객을 실어 나르기 때문이다. 마침 우리가 찾아간 날은 불교의 작은 경축일이어서 온갖 연령대의 인파가 꾸준히 들어와 사찰 경내를 누비고 다녔다.

성스러운 것은 끊임없는 변형을 겪으며 살아남는다. 신령도 새로운 형상으로 바뀌고 다음 세대를 위한 새로운 의미를 띠면서 지속된다. 켐프는 첸산의 역사에 대해 잘 알지 못한 채 그저 외딴 절 너머 펼쳐진 풍광이 "중국 고대 학파의 예술가들을 매혹시켰다"고 묘사했을 뿐이다.[81] 그에 비해 요사노 아키코는 훨씬 더 구체적으로 설명했다. 전쟁 전 교육을 잘 받은 일본인 대부분이 그렇듯 요사노는 중국 고전을 읽을 수 있었기 때문에, 첸산의 제일 오래된 절들이 송나라 시대(960~1279년)까지 거슬러 올라가며 켐프가 글로 묘사하고 그림으로 그린 용천사는 "명나라 12대 황제인 융경, 즉 묵종 재위 5년(1566년)에 지어져 청나라 시대에 몇

차례 개축되었다"고 알려주고 있다.[82]

켐프는 한때 첸산의 불교 사찰들 가운데 가장 웅장했던 용천사에 머물렀지만, 요사노 아키코와 동료 여행객들이 1920년대에 그곳에 도착했을 무렵 절은 쇠락하고 있었고, 승려들은 퇴폐적으로 변질되어 있었다. 참된 불교의 평안함을 맛보기 위해서 그들은 더 높은 산봉우리로, 더욱 단순하고 절도 있는 방식을 고수하고 있던 사찰들을 찾아가야 했다.

그러나 오늘날 첸산 여행의 백미는 진기한 모양의 바위다. 그것은 부처 형상을 띤 바위, 첸산미륵대불로서 켐프와 요사노 모두 그 바위를 보기는 했지만 제대로 알아보지 못하거나 기록하지 못했다. 첸산미륵대불은 1990년대가 되어서야 사람들이 본격적으로 알아보기 시작했고, 1993년에는 성소로 지정되었다.

첸산미륵대불 바위로 이르는 오솔길은 가파른 산 입구에 있는 커다란 사찰 경내에서 시작한다. 사찰의 넓은 중앙 안뜰은 햇살에 흠뻑 젖어 있고, 향과 경전 사본을 파는 매점이 안뜰을 에워싸고 있다. 회색 법복을 걸친 승려가 매점에 앉아 왼손으로는 염주 알을 돌리며 오른손으로는 휴대전화로 문자 메시지를 작성하느라 여념이 없었다. 우리는 여정에 행운이 깃들기를 기원하는 마음으로 거대한 종을 친 다음 가파르고 좁은 길로 올라갔다. 햇빛이 아롱지는 울창한 나뭇잎 사이를 지나 우뚝 솟은 돌계단으로 길이 이어졌다. 길을 따라 여기저기에 깎아지른 암반에 달라붙은 암자들이 있거나, 바위에 새겨져 있는 거대한 사천왕 입상이 예기치 않게 불쑥 나타나기도 한다. 위로 올라갈수록, 산 아래 세상에서 울리는 종소리는 점점 더 희미해진다. 라일락과 재스민은 길 위로 드리워져 있고, 화려한 청색 나비가 그림자 사이로 스쳐 지나간다.

절벽 위로 저 높이, 최근에 건축된 절이 서 있다. 그러나 제단이 있을 거라 예상한 자리에 제단은 없고 가운데 커다란 투명 유리창만 있었는데, 유리창 너머로는 풍화된 분홍빛 화강암 산이 내다보일 뿐이었다. 정상을 진홍색 천 띠로 장식해놓은 이 산이 바로 천연 좌불상 산이었다.

아담이 열심히 산을 가리키며 설명했다. "보시다시피, 저기가 부처의 머리예요. 그리고 양쪽의 기다란 바위가 바로 귀랍니다."

거대한 바위 안에 자리한 신성한 불상을 알아채려고 애를 쓰며(그다지 성공적이진 않았다) 산꼭대기를 바라보는 동안, 아담은 부처의 모습을 쉽게 알아보지 못하는 우리가 부처의 형상을 잘 찾을 수 있게 도와주려고 한 손은 무릎 위에 다른 손은 축복을 비는 몸짓으로 쭉 편 좌불상의 자세를 취하였다.

이 산들의 분위기는 어딘지 모르게 항거할 수 없는 그 무엇이 있다. 어느 길 모퉁이에서는 검은 예복을 걸친 한 무리의 음악가가 몽롱한 향불 연기 뒤에서 마치 죽은 자를 깨우기라도 하려는 듯한 뿔피리 소리와 함께 갑자기 모습을 드러냈다. 그리고 저 아래에, 우뚝 솟은 바위에 둘러싸인 협곡에 안온하게 자리한 용천사에서 우리는 갑자기 100년 전으로 걸어 들어간 것 같은 착각에 빠졌다. 한쪽에서 다른 쪽으로 열린 안뜰 테라스가 1910년에 켐프가 그린 모습 그대로였기 때문이다.

100년 전, 세속적인 차원의 순례는 첸산에서 이미 많이 볼 수 있었다. 켐프와 맥두걸은 근처의 다른 절에 머물기도 했는데 그 절은 푸른 교복을 입은 지역 상업대학 학생 100명이 구경 와 있어 시끌벅적했다. 이미 학교 소풍의 시대가 도래해 있었다. 1920년대 요사노 아키코는 용천사의 승려들이 자기에게는 기념용 지팡이를 팔고 남편에게는 외환시장의 최근 동향에 대해 묻는 것을 보고는 훨씬 더 황당했을 것이다.[83]

그러나 21세기에 이르러서는 대부분의 관광객이 첸산미륵대불이 있는 곳으로 몰려가서 그런지 용천사에는 기묘한 정적이 되돌아온 것 같았다. 그곳은 중첩된 장식 상자처럼 한 뜰 안에 또 다른 뜰이 자리 잡고 있다. 녹음된 찬불 소리가 반복해서 흘러나와 경내로 울려 퍼지고, 짙은 황색 법복을 걸친 승려들이 검은색 벽돌 별관 사이로 조용하고도 재빠르게 돌아다니고, 애처로운 얼굴을 한 노인은 향에 불을 붙이기 위해 포장된 테라스를 따라 발을 질질 끌며 걸어갔다. 본관 건물 바로 아래 아치 모양의 석굴에는 용천사의 이름을 따온 용의 샘물이 하얀 대리석 이무기상의 입에서 끊임없이 똑똑 흘러내리며 자연의 음악 소리를 만들어내고 있었다.

산에서 시간을 보내노라니, 이승의 갈라진 틈에서 미끄러져 초현실적인 공간으로 들어간 것 같았다. 가이드 아담이 우리를 첸산에서 데리고 나와 공업기술단지 주변의 거대한 온실로 안내했다. 그 안에는 공작새의 쉰 울음소리가 울려 퍼지는 열대 숲이 있었다. (지금이 5월 중순이고 온실 안 기온이 섭씨 20도 후반이라는 사실이 그다지 의식되지 않는) 숲 한가운데에는 거대한 산타클로스상이 앉아 있었는데, 우아하게 차려입은 젊은 웨이터와 웨이트리스가 인라인스케이트를 신고 산타클로스 주위를 돌며 난초와 덩굴식물 사이에 차려진 식탁으로 만주의 전통 요리를 내오고 있었다. 우리가 그들의 유일한 고객인 것 같았다.

그곳에서 우리는 탕강즈 온천으로 갔다가 한때 남만주 철도회사가 운영했고 마지막 황제 푸이가 자주 묵었던 용궁 호텔Dragon Palace Hotel로 향했다. 호텔은 크고, 예전에는 웅장했을 테지만, 지금은 객실이 낡았으며, 배수가 제대로 되지 않아 양배추 냄새가 진동한다. 벽에서 타일이 떨어져나간 자리는 노란색 신문으로 구멍을 메워놓았다. 밖에는 점점이 건물이 들어선 커다란 공원이 있었는데, 건물들 사이로는 간호복을 입은 간호사들이 거동이 불편한 야윈 환자들을 휠체어에 태워 밀고 있었다. 치료차 온천욕을 하러 이곳에 온 사람들이었다. 유황 성분이 있는 백색 대지에 연못과 호수 들이 움푹하니 이어져 있었고, 반은 허물어진 다리들이 섬들과 요정 같은 불빛이 비추는 낡은 회반죽 탑들로 연결돼 있었다. 공원 한쪽에는 동물원의 흔적이 남아 있었는데, 해질녘에 이리저리 걷고 있다가 관목 사이로 고개를 내밀고 노란 눈으로 험악하게 노려보는 타조와 마주치고는 깜짝 놀랐다.

그러나 푸이의 황후 완룽Wan Rong이 목욕했다고 알려진 온천장은 근사했다. 둥근 황금빛 천장에서는 습기로 물방울이 맺혀 떨어지고, 벽 주위의 세라믹 프레스코화에 그려진 잿더미에서는 불사조들이 날아올랐다. 샌디와 나는 치유 효과가 있는 따뜻한 온천물에 몸을 담그고 어린 시절

읊었던 시들을 읊조렸고, 온천장 종업원은 그런 우리를 넋을 잃고 쳐다보았다.

요사노 뎃칸이 바로 이 호텔에 머물며 쓴 시를 발견한 것은 나중의 일이었다.

탕강즈의 초목과 나무들과 땅은 모두 어스레한 흰빛이라네,
추억은 지독하게도 서글프다네.[84]

골고다 수난

사회학자 지그문트 바우만은 "우리는 갈라진 채 움직인다"고 썼다.[85] 관광객들은 풍경을 가로질러 움직이다가 때때로 다른 여행객이나 현지 주민과 교차한다. 그러나 현대 세계는 공간이 단절되고 다층화되어, 같은 땅과 하늘, 산을 보고 있으면서도 완전히 분리된 세계에 남은 채로 서로 지나치는 경우가 흔하다.

오늘날 국제 여행은 세계적인 기업과 세계적인 국제 호텔 연결망에 의해 만들어진 공간에서 이루어진다. 우리가 첸산에서 돌아오는 길에 묵은 선양의 글로리아 플라자 같은 곳들이 그러하다. 호텔 유리문 밖을 내다보니 봄날은 낮이 점점 길어지고 있고, 훙타이지의 무덤 주위에 조성된 커다

란 공원에서는 수천 그루의 포플러 나무에서 나온 흰 솜털이 눈송이처럼 허공으로 떠돌아다니다 길과 연못 위로 내려앉고 있다. 그러나 별 네 개짜리 객실과 상냥한 직원들이 있는 글로리아 플라자 내부는, 한자로 된 표지만 제외하면 세계 다른 어느 곳이라 해도 믿을 정도로 착각을 불러일으킨다. 엘리베이터에서 우리는 완벽한 영어를 구사하는 중국인 사업가와 마주쳤다. 우리가 도시를 구경 중이라고 하니까 그는 놀라서 우리를 빤히 쳐다보았다.

"이곳에는 왜 오셨죠? 여기는 그저 공업도시일 뿐인데. 볼 게 아무것도 없단 말입니다."

요사노 아키코와 뎃칸 부부처럼 전쟁 이전에 만주를 찾은 일본 여행자들은 남만주철도회사라는 거대 제국이 제공해준 분리된 공간을 이용했다. 남만주철도회사는 일본 제국의 영향력 아래 있는 거의 대부분의 도시로 그들을 태워 날랐다. 그들은 여기저기서 중국인 관료와 지식인을 접하기도 했지만, 여정 내내 대부분 남만주철도회사의 기차를 타고 회사의 고용인들에게 안내를 받으며, 회사가 운영하는 호텔에 묵었다.

켐프는 언어 장벽에도 불구하고 현지 사람들과 더욱 긴밀히 교류했다. 그러나 켐프 역시 특별한 여행 공간이 주는 이점을 누렸는데, 그녀의 경우에는 중국과 조선에 있는 서양 선교사 조직의 도움을 받았다. 후란, 선양, 평양에서 켐프는 선교사들과 함께 지냈는데, 그들은 교회와 학교, 자신들이 짓고 있던 병원으로 켐프를 안내했을 뿐 아니라, 첸산 같은 그 지역 명승지로 유람을 시켜주기도 했다. 신앙심이 굳건했고, 가족 중에 선교사도 있었던 켐프는 선교 사업에 대해 복잡하고도 때로는 모순적인 견해를 갖고 있었다. (좀더 이후인 1920년대 초 중국을 방문한 후 밝혔듯이) 당시 선교는 한결같이 그 지역 문화를 미국처럼 바꾸어놓아 훼손하는 일에 연루되어 있었다. "많은 선교사가 자신의 문화만을 중시하여 중국인이나 인도인, 또는 자신이 들어가 일하게 될 그 어느 민족이든 그들을 시험하고 민족성을 말살하여 미국인처럼 바꾸어놓는 것이 최선이라고 믿었다. 내가 보기에 중국의 경우 이는 기초부터 심각하게 잘못된 가장 끔찍한 정책이었던 것 같다."[86]

켐프는 또한 "여전히 어디서나 찾아볼 수 있는 편협한 근시안적 선교"에 대해 비판적이었고,[87] 무엇보다도 자국의 제국주의 패권을 확장하는 데 선교 활동을 이용하는 정부들을 신랄하게 비판했다.

산둥에서 두 독일 선교사가 살해된 일을 두고 독일 정부가 한 발언은 냉소적이기 그지없다. "살해당한 우리 선교사의 원수를 갚으려면, 하나님의 뜻에 따라 제일 유리한 통상관계를 맺어야 할 것이다." 중국인들은 기억력이 좋으므로 그런 일은 절대 잊지 않을 것이다. 사람들이 외국 열강의 행위와 동일 민족의 선교의 차이를 정확히 구별해내리라 기대하는 것은 어리석기 짝이 없다.[88]

그럼에도 켐프는 선교사들과 개인적으로 접촉하다 보니 기독교 선교사들의 헌신, 특히 그들의 교육 사업과 의료 사업에 굳건한 경의를 품게 되었고, "중국인들의 삶에서 시작된 개혁은 사실상 모두 선교 활동 덕분이다. 가난한 사람과 여성에 대한 교육, 병자와 맹인, 정신병자 돌보기 등은 모두 선교단이 시작하였고, 심지어 선교단은 오늘날까지도 기근 구조 사업과 전염병 대책 업무를 맡고 있는 주요 기관이다"라고 (상당히 과장되게) 주장했다.[89]

남만주철도회사가 만든 세계는 영원히 사라져버렸지만, 기독교는 21세기에도 중국 어디에서나 갖가지 형태로 다시 번성하고 있다. 켐프가 예견했듯이 중국은 선교사들의 해외 진출을 이용해먹으려는 외국 정부의 성향을 잊지 않았고, 선교사들에게 중국 땅에서 전도활동을 하기 위한 비자를 공식적으로 허용하지 않는다. 그렇더라도 신분을 속이고 입국하는 사람들이 있기는 하다. 예를 들면, 홍타이지의 묘 부근에서 우리는 자신들이 하나님의 말씀을 전파하러 이곳에 왔다고 밝힌 남한의 여인들과 마주쳤는데, 우리가 북한으로 가는 길이라고 말해주었더니 그들은 찬성할 수 없다는 듯 고개를 저었다.

그러나 기독교 교회는 중국의 의료 생활과 교육 생활에서 여전히 일정한 역할을 하고 있다. 우리는 북선양역 옆 맥도날드 매장에 앉아 있다가, 켐프가 그토록 존경해 마지않았던 선교사들의 헌신적 태도를 본받아 일하는 사람을 만났는데, 그의 사연이나 배경은 켐프 시대 이후로 동북아시아를 휩쓸었던 변화의 물결을 반영하고 있었다. 키가 작고 동그스름한 얼굴에 활기 넘치는 장로교 목사인 그의 이름은 반호였는데, 원래는 남한 출신으로 현재는 선양 외곽에 치과기공사 학교를 지어 운영하고 있었다.

반 목사 가족의 삶은 국경을 넘는 이주의 연속이었는데, 그것은 곧 한국 근현대사의 특성이기도 했다. 그의 할아버지와 삼촌은 러일전쟁 전에 만주로 들어온 조선 이주민 대열에 끼어 있었는데, 할아버지는 태평양전쟁이 일어나기 전에 고향으로 돌아갔고 삼촌은 일본 제국이 붕괴되고 한국이 해방된 뒤 대규모 귀환 행렬에 합류했다. 1980년대에 반 목사와 부모님은 더 나은 삶을 찾아 해외로 향하는 새로운 이민자 대열에 합류했다. 이번 행선지는 미국이었다. 그의 말로는 미국으로 건너가서 처음에는 무척이나 고달팠다고 한다. 영어를 겨우 몇 마디밖에 못했기 때문에, 중국 식당에서 접시 닦는 일부터 시작하여 동업자와 함께 식당을 운영하며 신학교에 다닐 수 있을 만큼 돈을 모았다.

그가 중국을 처음으로 방문한 것은 1988년이었는데, 당시는 남한이 중화인민공화국과 아직 외교 관계를 맺지 않았을 때였다. 당시 중국어를 전혀 하지 못하는 이방인이었지만 (그의 표현을 빌리자면) 하나님이 자신을 그 나라로 불렀다는 것을 느낄 수 있었고, 언젠가는 그곳을 다시 찾겠다고 결심했다고 한다. 미국에서 신학 교육과 기술 교육을 더 받은 후에 그는 1990년대 후반에 선양으로 돌아와 정착했다. 지방대학에서 강사로 일하며 삼촌이 전쟁 전 이주민으로 살았던 곳과 가까운 커다란 조선족 자치 공동체가 있는 쑤자툰에 자신의 새로운 학교를 세우기 위한 돈을 모았다.

우리는 첫 입학생을 맞이할 채비를 마친 학교를 보기 위해 꽉 막힌 도로를 지나며 봉고차 안에서 수다를 떨었다. 반 목사는 당연하게도 자랑스러운 마음으로 반짝이는 새 교실과 실험실, 기숙사로 우리를 안내했다. 우리는 반 목사가 북한을 찍은 훌륭한 사진집에 감탄했는데, (우리가 공원에서 만났던 남한의 선교사들과 달리) 반 목사는 북한을 자주 방문하고 있었다. 그가 선양에 처음으로 도착했을 때,

북한은 1990년대 후반 전국을 휩쓴 끔찍한 기근에 시달리고 있었고, 북한 주민들은 생계수단을 찾아 동북부 중국으로 대거 흘러들어왔다. 이러한 기근의 참상을 마주한 이후로 반 목사는 북한 주민들을 위한 식량 지원과 개발 구호계획 활동에 적극적으로 참여했다.

"제 꿈은 북한에 치과기공사들을 교육하는 대학을 설립하는 것이랍니다."

정치적 상황은 그다지 좋지 않았지만, 목사의 신앙은 실천적이면서도 끝이 없었다. 그는 환하게 웃으며 말했다. 어떻게든 모든 난관을 극복할 길을 찾게 될 것이라고.

켐프는 이 모든 것을 사랑했을 것이다. 1910년 선양을 방문하던 중, 그녀는 현지의 선교사들이 운영하는 병원을 둘러보고는 감탄했다. 이 병원은 1880년대에 스코틀랜드인 두갈드 크리스티가 설립했는데, 의화단 사건이 일어난 시기인 1900년에 파괴된 후 켐프가 선양에 방문할 무렵 재건되었다. 켐프는 병원과 당시 창립 중이던 부속의과대학에 대해 상세하고도 열렬히 설명했다. 또한 선양에서 '의화단원들'이 벌인 약탈에 대해서도 많이 언급했다.

의화단 운동은 19세기 말과 20세기 초 혼란스러웠던 몇십 년 동안 중국에서 발생한 민족주의 봉기였다. 중국 제국의 몰락과 외세의 침입과 착취가 근본 원인이었는데, 일부 지역에서는 가뭄과 이웃 마을들 간의 갈등으로 상황이 악화되었다. 당시 많은 서구 저작물에서는 '의화군'이 원시 미신에 사로잡혀 선교사들을 공격하는 비이성적 광신도로 묘사되었고, 선교사들은 중국에 문명과 계몽을 가져다주는 사람들로 소개되었다. (어린 시절인 1950년대에 봤던, 전형적으로 묘사된 아시아인 무리의 손에 죽어가는 유럽의 영웅적인) 선교사들이 개종시킨 사람들을 사로잡았던 두려움과 신앙은 결국 의화단 운동에 불을 붙였던 신앙과 두려움과 크게 다르지 않은 것 같다. 양측 모두 삶을 선한 힘과 악한 힘 사이의 투쟁으로 보았고, 악령이 실제로 존재한다고 믿으며, 계시와 기적의 힘을 믿었다.

두려움과 불확실성의 시대에, 의화단의 이러한 호전적인 이상은 자신들만의 폭력적 논리로 이어진다. 폭동과 그 여파로 야기된 혼란과 고통은 이루 말할 수 없었고, 가장 많이 희생된 사람들은 중국인이었지만, 180명이 넘는 외국인 선교사들 또한 살해당했다. 이 학살에 중국의 서태후가 관여했음을 보여주는 서류들이 있다. 켐프는 러일전쟁 동안 점령군인 러시아 군대가 선양의 황궁에서 이 서류들을 어떻게 발견했는지 설명했다.

외국인 선교사가 다수 살해된 사건은 선양뿐 아니라 산

시성 타이위안에서도 발생했는데, 이곳에서는 성주가 공격자들로부터 지켜주겠다며 현지 선교사 44명에게 투항할 것을 종용했다. 그런데 일단 자기 관할로 들어오자, 그는 선교사들을 죽도록 때린 후 참수하여 다른 이들에 대한 경고로 도시 성벽에 머리를 매달았다.[90] 그 사이 베이징의 외국 공관들이 의화군에 포위되자 (일본을 비롯한) 열강들이 즉각 중국에 군대를 파견했고, 서태후는 수도에서 도망칠 수밖에 없었다. (이전에 산둥에서 독일 선교사들이 살해당한 사례와 마찬가지로) 선교사들의 죽음은 서구 열강들이 청나라로부터 가혹한 보상을 받아내어 자신들의 경제적·정치적 이해를 증진시키고 중국 땅에서 외국 공관이 보안군을 유지할 권리를 요구하는 데 이용되었다.

켐프가 글에서 완전히 침묵하는 것이 하나 있다. 그녀는 그 폭력의 시간 동안 선교사들과 중국인 기독교인들의 죽음에 대해서 언급하고, 의화단 운동이 일어난 기간에 파괴된 선양 병원의 재건을 돕기 위한 현지 중국인과 일본인의 관심을 높이 평가했다. 그러나 여행기 어디에서도 타이위안에서 살해당한 선교사 가운데 자신이 그렇게 사랑해 마지 않던 언니 제시, 형부 토마스 피곳, 13살 조카 웰슬리 피곳이 포함되어 있다는 사실은 언급하지 않았다. 중국을 처음으로 방문했을 때, 타이위안에서 제시의 가족과 함께 보냈던 행복한 추억을 따뜻하게 회상하고, 제시가 "자신의 갈보리(예수가 십자가에 못 박혀 죽은 골고다를 의미함)에 가까워지고 있을 때 죽음이 임박한 것을 예감했다"고 에둘러 말하긴 했어도,[91] 켐프가 언니 가족의 죽음에 대해 분명하게 쓴 것은 모든 저작을 통틀어 딱 한 곳에서였다.

켐프의 가장 사적인 회고록에 달랑 한 문장만이 담겨 있을 뿐이다. "그들은 1900년 7월 9일 모두 사망했다."[92]

켐프가 제일 좋아한 둘째 언니 플로렌스의 남편이었던 에베네저 헨리 에드워즈는 의화단 봉기 직후 영향력 있고 열정적인 책을 집필했는데, 책에서 그는 선교사들의 죽음을 매우 상세히 묘사하며 자신이 "유감스럽게도 '천상의 나라'라고 잘못 불렀던" 그 나라에 어느 때보다도 더욱 깊숙이 개입할 것을 열강에게 요구했다.[93]

그러나 켐프는 그와는 다르게 대응했다. 선교사들의 죽음이 서태후와 산시성 성주 탓이라고 비난하면서도 언니의 죽음에 대해서는 여전히 침묵을 지키며 중국을 변함없이 사랑했다. 학살이 있고 난 지 9년 후에 출간된 한 책에서 켐프는 묘하게도 오늘날까지 강하게 울림을 주는 말을 전하고 있다.

최근 일본 민족의 급속한 발전을 모든 문명 세계가 놀라움과 찬탄의 눈으로 바라보고 있고, 이제는 중국 제국도 똑같이 변화하기로 결심을 굳혔다. 그것을 성취하려면 중국 앞에는 훨씬 더 어려운 과업이 놓여 있는데, 그러한 과업 중 하나는 제국의 규모 때문에 세계 전반에 매우 중요한 일이 될 것이다. 중국인들은 애국주의 정신에 강하게 고취되어 있다. 그들에게는 대단한 재능과 열의와 정신력, 필요한 개혁을 수행할 확고한 결단력이 있다. 과거 암흑시대에 그들은 예술, 과학, 철학의 개척자들이었다. 그러므로 누구나 희망에 차서 한층 더 고귀한 미래를 고대할 수 있다.[94]

만약 중국을 향한 변함없는 사랑에 대해 설명해달라고 요청받는다면, 켐프는 용서라는 기독교의 미덕에 대해 무엇인가를 말했을 것이라고 생각한다. 그러나 켐프의 신앙심이 부정할 수 없이 깊고 참되었다 해도 그러한 신앙심으로 그녀의 태도를 온전히 설명할 수는 없다. 역사를 보면 용서보다는 복수를 택하거나 한두 사람이 저지른 잘못에 대해 민족이나 나라 전체를 비난하는 독실한 기독교인들이 얼마든지 넘쳐나기 때문이다.

켐프는 개인의 삶이 예기치 않게 정치사의 큰 사건에 휘말리는 바람에 끔찍한 비극을 겪은 사람이다. 켐프가 한 어떤 경험, 혹은 인품의 어떤 특성 덕분에 국제 정세의 대립

정서를 뚫고 그 너머에 있는 인간의 모습에 이르는 길을 찾을 수 있었는지는 알 수 없다. 그러나 나는 중국과 조선을 오가며 여행하던 당시 켐프에 대해 가끔 생각하고는 한다. 그녀는 신성한 산을 찾아가는 놀라운 여정을 시작한 불교 순례자들처럼, 지날 수 없는 험준한 바위산을 오르고, 공기는 희박하고, 빛은 맑고, 정신은 평온해지는 구름 위 목적지에 도달하는 희망으로 도저히 참기 힘든 물리적인 박탈을 견뎠다.

1909년에 출간된 켐프의 첫 저서 『중국의 얼굴The Face of China』 앞면에는 저자의 자화상이 실려 있는데, 강인한 모습에 두터운 안경 너머로 독자들을 응시하고 있는 회갈색 눈을 가진 약간 주름진 얼굴이 보인다. 켐프는 한 가지 점만 제외한다면, 사람들에게 존경받지만 약간 위압적인 여자기숙학교 교장으로 생각될 수도 있었을 것이다. 그 한 가지 점이란 높은 칼라의 비단 가운, 모피 안감을 댄 재킷, 챙이 넓은 밀짚모자를 걸친 채 조각이 새겨진 나무 지팡이를 손에 쥐고 여행하는 중국학자의 모습으로 그녀 자신을 그리는 쪽을 선택했다는 사실이다.

나는 켐프의 자화상, 특히 응시하고 있는 그 눈길을 바라보며, 과묵함과 겉으로 드러난 차분함이 고요한 외침의 끝없는 반향을 감추고 있는 것인지, 여행하는 동안 상상할 수

없는 고통을 뛰어넘는 일종의 평온함과 인간적 깨달음을
발견한 것인지 궁금해졌다.

CHAPTER 4

국경지대

: 선양에서 단둥까지

초승달

봄의 땅거미가 선양시 위로 내려앉고 있다. 지붕 덮개가 씌워진 시장 바깥에서는 길거리 상인들이 유리로 된 가판대에 등불을 밝히고 있다. 우리는 요기를 할 만한 곳을 찾아다니다 마땅한 곳을 찾지 못한 채 오히려 현대 중국이라는 독특한 세계의 또 다른 차원으로 점점 빨려 들어갔다.

위에는 한자로, 아래쪽에는 아랍 글자로 흰색으로 장식된 푸른색 아치 통로 밑에 시장 입구가 있었다. 어두운 콘크리트 통로 양쪽에는 작은 가게들이 줄지어 서 있다. 가게들은 밤이 되면 문을 닫는데 여전히 물건을 진열해놓은 곳도 몇 군데 있다. 머리가 잘린 양고기가 사지를 벌린 채 돌판 위에 누워 있다. 시장 위층에서는 식당들이 문을 열기 시작했다. 통로는 저 먼 쪽에서 확 트인 공간과 만나는데, 그곳에서는 무슬림 두건을 두른 사람들과 빛바랜 마오쩌둥 제복을 걸친 또 다른 사람들이 케밥이 지글거리는 불화로 주위에 서 있었다. 우리는 하루 종일 쏘다니고 난 후라 배가 고팠기 때문에 케밥 냄새에 도저히 저항할 수가 없었다.

사람들이 우리를 주의 깊게 쳐다보았다. 길을 잃어서 잘 모르고 들어선 것이 뻔한 외국인 여자들인 우리를 보고, 그들은 수줍은 미소를 지으며 케밥을 권했다.

그리고 물었다. "어디서 왔나요?" 그들은 그보다 더 솔직 담백한 대답은 없을 정도로 단순한 질문을 던졌다. 우리가 어디서 왔는가? 우리는 세계화된 유목민으로 오래전에 고향을 잊어버린 떠돌이일 뿐이다. 우리는 오스트레일리아와 네팔, 유럽과 동아시아의 다양한 지역을 경유해 영국과 아일랜드에서 왔다.

엠마 캠벨이 먼저 대답했다. "저는 한국에 살고 있고, (나를 가리키며) 이분은 호주에서 왔고, 이분의 동생은 프랑스에서 왔답니다."

화로 주위의 남자들은 당연히 당황스럽게 고개를 흔들었다. 케밥은 겉은 검게 탔지만 속에는 육즙이 가득해, 지금이 순간만큼은 이제껏 먹어본 음식 중 최고의 맛이었다.

"당신들은 위구르족인가요?" 우리의 무지를 제대로 드러내는 질문이었다. 바깥 세계에서는 중국 내 이슬람교도가 정치와 종교 자립권을 쟁취하려고 애쓰는 서쪽 끝 국경의 위구르족과 동일하게 여겨졌다. 불화로 주위의 남자들은 우리의 아둔함에 웃음을 터뜨렸다.

"아닙니다, 아니요. 우리들은 후이족이랍니다." 그들은 시장 뒤에 있는 평범한 아파트 단지를 어렴풋이 가리키며 대답했다. "이곳 근방이 모두 그렇답니다. 전부 후이족이에요."

"여기에도 모스크가 있나요?" 엠마가 물었다.

"따라오세요, 보여드릴게요." 황록색 마오쩌둥 제복을 걸친 키 작은 노인이 따라오라고 손짓하며 어느새 아파트 건물 사이 오솔길을 따라 활기차게 걸음을 옮기기 시작했다. 크림색과 청색이 두드러진 건물들은 여기저기 금이 가고 색이 바래서 우리를 안내하는 노인의 옷만큼 오래되어 보인다. 아파트 단지 사이 오솔길과 마당에는 작은 정원들과 키 큰 식물의 풀숲이 흩어져 있었다. 아이들은 따뜻한 밤공기를 즐기며 놀고 있었고, 현관에서 수다를 떨고 있는 노인도 꽤 있었다. 어떤 건물은 1층 유리창이 크레용 그림으로 뒤덮인 유치원이었다. 많은 남자들이 모자를 쓰고 있는 반면에, 여자들은 머리에 아무것도 쓰지 않았다.

안내하는 노인에게 이 사실에 대해 물어보니, 노인은 어깨를 으쓱하더니 커다랗게 웃으며 반문했다. "여자들이 뭘 꼭 써야 할 이유가 있나요?"

아파트 너머로는 회색 중국식 지붕을 얹고 가운데 출입구가 나 있는 부드러운 벽돌담이 있었다. 나는 벽돌담 안에 도교 사찰이 있을 것으로 생각했지만 사실은 모스크 경내가 있었다. 입구를 지나자 대도시 선양을 둘러싼 분주함과는 매우 다른, 동떨어진 장소에 들어와 있었다. 마당은 고요하고 라일락 나무로 가득 차 있었는데, 라일락 나무의 하얀 꽃잎들은 고요한 대기에 향기를 내뿜으며, 사라져가는 빛에 희미하게 빛나고 있었다.

그 너머로는 모스크를 둘러싼 안마당이 있었다. 둥근 지붕도 없고, 첨탑의 흔적도 볼 수 없었지만, 오래된 기와지붕에는 초승달 모양의 금속이 얹혀 있었다. 하늘을 올려다보았더니 낮의 희미한 여운이 아직 지평선 위에 남아 있었고, 저 멀리 창공에는 모스크 지붕의 초승달과 똑같이 생긴 진짜 달이 걸려 있다.

사원 오른쪽 밝게 불을 밝힌 방에서 우리는 올리브빛 둥근 얼굴에 따뜻한 미소를 가진 젊은 청년 이맘*의 환영을

---

*　아랍어로 '지도자' '모범이 되어야 할 것'을 의미한다. 이슬람교의 크고 작은 공동체를 통솔하며, 특히 무슬림의 가장 중요한 의무 중 하나인 집단 예배를 실시할 때 신도들을 지도한다.

받았다.

"당신들은 이 모스크에 얼마나 오래 있었나요?"

"380년이요." 대답이 돌아왔다. 그는 12대 이맘인 것 같았는데, 그의 족보는 누르하치 시절까지 거슬러 올라간다.

중국이 동#투르키스탄의 무슬림 영토를 집어삼키며 서쪽으로 확장해나갈 때 집단으로 중국 제국에 복속된 위구르족과 달리, 후이족은 중국에 동화되지 않은 채 떠도는 전형적인 민족이었다. 그들의 기원은 다양하며, 비단길을 따라 교역했던 상인들과 몽골 원나라 통치자들에 의해 억류되었다가 중앙아시아로 되돌아간 장인들의 후예도 있다. 후이족 공동체는 중국 전역에 흩어져 있는데, 가장 큰 집단은 북서부 지역에서 볼 수 있다.

불교나 도교 사원과 정확히 똑같이 지어진 하얼빈 근처 아청 마을의 후이족 모스크를 방문한 에밀리 켐프는 "중국의 이슬람교도는 다른 종교를 믿는 사람들을 드러내놓고 개종시키려고 하지 않으며 다른 곳보다 자신들의 종교적 견해에 덜 엄격하다"고 적었다. 그녀는 이러한 유연성이 박해의 결과 때문일 것으로 제시했는데, "과거에 중국의 무슬림들이 중국의 관습에 저항하려고 시도할 때마다 끔찍한 학살을 당했기 때문이다."[95]

오늘날, 중국의 무슬림 소수집단은 새로운 정치적·문화

적 압력을 받고 있다. 이맘은 자신의 모스크에 나오는 젊은 이들의 수가 점점 늘고 있다고 열성적으로 말해주었다. "후이족뿐만이 아닙니다. 이제는 한족과 만주족과 다른 민족들도 나온답니다." 그러나 21세기 중국에서 무슬림이 되면 어떻게 되느냐는 질문에 그는 생각에 잠긴 것 같았다.

그의 말은 이러했다. "좋습니다. 그다지 큰 문제는 없습니다. (…) 그러나 어떤 사람들은 약간 힘들 수 있겠지요……."

모스크 경내를 나오면서 우리는 이슬람교 회합에 온 두 젊은이와 마주쳤다. 두 사람은 학생이었는데, 한 사람은 탄자니아 출신이었다. 우리를 안내했던 마오쩌둥 제복을 걸친 사내가 따뜻한 악수로 우리를 반갑게 맞이하는 데 반해서 젊은이들은 여성들과 신체 접촉을 두드러지게 피했다. 젊은이들은 나이 든 세대보다 훨씬 더 의식을 엄수하기 때문이다. 아프리카 청년은 자신이 의대생이며 선양 대학교에서 학위 마지막 과정을 밟고 있다고 말해주었다.

내가 그 청년에게 물었다. "선양에서 사는 건 어때요?"

청년은 머뭇거리며 대답했다. "이곳에서 공부하기는 괜찮아요. 아주 멋지죠. 하지만 힘들 때도 있어요. 추위와 바람과 먼지는 적응하기 어려워요. 저는 곧 고국으로 돌아갈 거예요……."

아청의 이슬람교 사원 (에밀리 켐프)

둥근 지붕도 없고, 첨탑의 흔적도 볼 수 없었지만,
오래된 기와지붕에는 초승달 모양의 금속이 얹혀 있었다.
하늘을 올려다보았더니 낮의 희미한 여운이 아직 지평선
위에 남아 있었고, 저 멀리 창공에는 모스크 지붕의
초승달과 똑같이 생긴 진짜 달이 걸려 있다.

덮개 지붕 아래 시장으로 돌아가 우리는 후이족 식당에서 저녁을 먹었다. (근사했던) 식사는 튀긴 양고기와 야채였고 맥주도 곁들여 나왔다.

"술도 파나요?" 우리가 놀라서 물었다.

"그럼요. 안 될 거 있나요?" 여종업원이 웃으며 대답했다.

중조우의교

우리가 선양에서 북한 국경 지역으로 가는 사이 기상이 악화되었다. 시커먼 공장과 녹슨 파이프, 허물어져가는 굴뚝 들이 즐비한 탄광 도시 번시를 지나 남쪽으로 가면서, 풍경은 처음에는 구릉지가 되더니 이윽고 산악지대로 바뀌어갔다. 더 북쪽인 광활한 평원과 달리 이곳에서는 들에서 일하는 사람들이 눈에 많이 띄는데, 노새가 끄는 쟁기로 땅을 갈고 있는 사람도 있었다. 한 노인은 철길 옆에 말끔히 늘어선 버드나무의 가지를 정리하고 있었다.

번시를 지나니 비가 기차 창문을 세게 두드리며 퍼붓기 시작했다. 과일나무들은 어디를 가나 꽃이 피어 있고, 산비탈에는 보랏빛 야생 진달래가 흩어져 있었다. 벽돌로 지은 오두막은 겉면이 붉은색과 금빛의 복을 비는 상징으로 장식되어 있었고 처마 아래에 깔끔하게 쌓아놓은 옥수수들이 있었다. 지붕에는 무척이나 많은 태양전지판이 있었는데 나는 그 풍경에 놀랐다. 단둥에 가까워질수록 골짜기 사이로 논이 보이고, 들판에는 포도 덩굴 같은 것들이 심어져 있었다.

그날은 노동절 휴일 전야였기 때문에 객차는 휴일을 보내러 고향으로 향하는 사람들로 가득 차 있었다. 엠마는 좌석 칸을 함께 쓰게 된 한 가족과 수다를 떨고 있었다. 그들은 지린에 살고 있는 중년 부부였는데, 단둥 근처에 있는 고향에서 한 달간 함께 지내려고 손자를 데리고 가는 중이었다. 그들은 자정부터 계속 여행을 하고 있었고, 겨우 일곱 살인 손자는 안절부절못하며 약간 흥분되어 있었다. 꼬마는 자동차 사진으로 가득 찬 사진첩을 보여주며 브릴리언스, 사브, 험머, 비엠더블유, 메르세데스 벤츠 등 책 속에 나오는 모든 자동차의 이름을 줄줄 외웠다. "나는 커서 자동차 파는 사람이 될 거예요." 객차에 타고 있던 또 다른 사람은 열일곱 시간 떨어진 헤이룽장에 살고 있는 조선족으로, 단둥 근처에 있는 친척 집에 가는 길이었다. 그는 우리에게 자기 가족들이 집에서는 한국어와 중국어 둘 다 쓴다고 했는데, 중국어를 쓰는 쪽이 분명히 더 편해 보였다.

우리가 곧 북한을 방문할 것이라는 엠마의 말에 약간 떨어져 있던 청년이 대화에 끼어들었다. 그는 우리가 이제까지 귀가 아프게 들었던 말을 되풀이하며 우리를 말리려고 했다. "북한은 매우 위험해요." 하긴 중국의 관점에서 보면, 북한은 한때 잠재적인 적대 세력에 대한 편리한 완충지대였는데, 이제는 깊은 골칫거리가 되었다. 지역 정세가 바뀌면서 중국도 북한 문제에 휘말리게 되었는데, 중국은 호전적인 북한이 제멋대로 하지 못하게 막는 데 여전히 중요한 역할을 하고 있다. 그러나 중국 정부가 (수세기에 걸친 전통을 고수하며) 북한을 '동생'처럼 대해왔지만, 북한은 자신들의 괴상한 길을 가겠다고 확고하게 주장하고 있다. 북한 문제 해결을 주도해나가며, 중국은 (외무성의 전 관리가 말했듯이) 어쩌면 자신들이 "올라타기 겁나는 호랑이 위에 타고 있다는 것"을 깨달았는지도 모른다.[96]

우리가 탄 기차는 정오가 약간 못 되어 단둥역으로 들어섰다. 역사 밖 광장에서는 마오쩌둥 동상이 얼어붙은 손을 높이 쳐든 채 도착하는 승객들을 맞이하고 있었다. 단둥은 항구도시의 분위기가 느껴졌다. 갑작스러운 찬 공기에서 바다 냄새가 어렴풋이 묻어났다.

켐프는 단둥에 도착하자 이렇게 적었다. "유감스럽게도, 어떤 종류의 다리도 없다. 정기 노선이 되려면 교각을 건설해야 하지만, 일본인들이 노선 완공을 위해 온갖 애를 다

써도 향후 2년 안에 준비될 것 같지는 않다." 켐프와 맥두걸로서는 압록강을 건너 조선으로 들어가려면 "형편없이 작고 붐비는 예인선"을 타야 했는데, 그들이 여행했을 당시 그 작은 예인선은 강 수면 위로 떠다니는 위협적인 얼음 덩어리 사이로 항로를 고르는 과업을 "감당하기에는 안타깝게도 힘들어" 보였다.[97]

그러나 켐프는 일본의 철도 건설 의지를 과소평가했다. 압록강을 건너는 다리는 켐프가 방문한 다음 해인 1911년에 사실상 개통되었다. 이로써 한반도 남단인 부산에서 프랑스의 항구도시 칼레까지 쭉 운행되는 철도망의 마지막 연결고리가 완성되었다. 오늘날, 이 다리는 압록강 '단교斷橋'로 알려져 있다. 한국전쟁 동안 미군의 폭격으로 산산이 부서져, 중국 쪽에서 강 중앙으로 들어가는 절반만 살아남아 뚝 끊겨버렸던 것이다. 이 다리는 단둥을 찾은 관광객들이 북한을 내다볼 수 있는 뛰어난 전망대가 되었다.

인터넷으로 예약한 호텔은 강둑에 서 있어 단교가 바로 정면으로 보이고, 중국과 북한을 연결하고 있는 중조우의교中朝友誼橋도 내려다보였다. 우리가 묵는 객실에서는 작은 유리 검문소가 잘 보였는데, 검문소에서는 중국 세관원이 신의주를 드나드는 차들을 확인했다. 북한의 국경도시 신의주는 압록강 먼 쪽에서 비가 와도 선명하게 보일 정도로 가까웠다. 국경 검문은 어느 모로 보나 매우 허술해 보였고, 5분에서 10분 간격으로 트럭의 물결이 끊이지 않고 다리 위로 지나갔다. 북한과 남한 사이의 긴장이 커지면 커질수록, 이 다리는 점점 더 북한 경제의 생명선이 되고 있다.

선양에서 단둥까지는 가는 데에만 기차로 대략 네 시간이 걸리는데, 캠프 시절에는 꼬박 1박 2일이 걸렸다. 그녀가 탄 기차 객실은 일본군 병사들로 가득 찼는데, 그들은 밥, 채소, '고기만두, 생선, 장아찌'가 칸칸이 담긴 찬합 도시락을 제공받았다.[98] (당시에는 안둥으로 알려졌던) 단둥 부근 압록강은 청일전쟁과 러일전쟁에서 일본이 승리를 굳히는 데 결정적이었던 격전지였기 때문에 도시 자체가 일본인 구역과 중국인 구역으로 나뉘었다. 일본 도시는 "중국 도시와는 아주 먼 곳에 위치하게 되었다."[99]

전쟁 이전의 도시 지도를 확인해보니, 우리가 묵고 있는 호텔이 일본 도시 한복판에, 한때 일본 소유의 제재소로 가득 찼던 지역 안에 네모반듯하게 서 있다는 것을 알 수 있다. 제국주의 당시 일본의 모습은 완전히 사라졌지만 단둥은 그때나 지금이나 전형적인 국경도시로, 그러한 곳에 이끌리는 정체불명의 떠돌이들이 어딜 가나 기묘하게 뒤섞여 있다. 20세기 초반에 이곳을 찾은 그러한 인물들로는, 강변의 여관에서 손님들을 접대했던 일본 게이샤 이주민부터 스위스계 러시아 사업가 율리 브리네르Yule Brynner(할리우드 영화배우 율 브리너의 조부)에 이르기까지 다양했다. 브리네르는 주로 블라디보스토크에서 활동한 사업가였는데, (캠프 시절) 수상쩍고 정치적으로 민감한 목재 사업을 하기 위해 이 지역을 방문했다.[100]

오늘날, 단둥을 구성하고 있는 인물들은 그 시절 못지않게 다양하고 흥미롭다. 우리 호텔에서 도로를 건너면 북한 소유의 식당이 하나 있는데, 북한 정부가 해외 근무를 위해 발탁한 전문적인 교육을 받은 아름다운 여종업원들이 일하고 있다. 이와 비슷한 북한 식당이 선양과 아주 멀리 방콕에까지도 있다. 흐르는 듯 유려한 연한 빛깔의 치마저고리를 입은 젊은 여성들은 (그들보다 한 세기 전 일본 게이샤처럼) 손님을 즐겁게 하는 음악적 기예와 매력을 기준으로 뽑혔는데, 북한의 경우에는 아마 정치적 신뢰도까지 더해졌을 것이다. 그들은 사람들을 상냥하게 맞이했고, 목소리에는 북한 여성들에게서 흔히 볼 수 있는 특유의 경쾌한 억양이 배어 있었다. 대체로 한산한 식당에서 불고기와 김치로 늦은 점심을 먹고 있는데, 푸른 셔츠를 입은 건장한 체격의 중년 사내들이 커튼이 쳐진 작은 방에서 식사를 하며 술을 마시고 있다가 나왔다. 옷깃에 단 배지로 보아 흥청망청 돈을 쓰고 있는 북한 간부임이 틀림없어 보였다.

압록강의 다리들 (샌디 모리스)

압록강을 건너는 다리는 캠프가 방문한 다음 해인
1911년에 사실상 개통되었다. 오늘날, 이 다리는
압록강 '단교斷橋'로 알려져 있다. 미군의 폭격으로
산산이 부서져, 중국 쪽에서 강 중앙으로 들어가는 절반만
살아남아 뚝 끊겨버렸던 것이다. 이 다리는 북한을
내다볼 수 있는 뛰어난 전망대가 되었다.

나중에 단둥의 한 택시 운전사는 못마땅한 투로 우리에게 말했다. "저 북한 관료들을 맨날 마주쳐요. 저 사람들은 돈도 많이 쓰고 최고급 호텔에 머물지만, 퉁명스럽고 쌀쌀맞아요." 곧 알게 되겠지만, 북한 관료 역시 이웃나라 중국인에 대해 때로는 그다지 좋은 감정을 품고 있지는 않았다.

점심을 거의 먹었을 무렵, 비는 그쳤지만 여전히 강 쪽에서 찬바람이 불어왔다. 탁한 물가에는 사람들이 낚시를 드리우거나 그저 맞은편 땅을 응시하며 앉아 있었다. 몇몇 곳에서는 사업 수완이 있는 현지인들이 매점을 설치해놓고 중국 여성 관광객을 상대로 한국의 치마저고리를 입혀 저 멀리 북한 풍경을 배경 삼아 사진을 찍어주고 있었다. 그러나 오늘은 손님이 거의 없어서 얇은 주름의 알록달록한 치마저고리가 시들어가는 꽃처럼 바람에 펄럭이고 있었다.

중조우의교 옆에는 갖은 풍상을 겪은 얼굴을 한 노인이 군복을 입고 서서 한국전쟁에서 받은 메달들을 자랑스럽게 쭉 벌여놓고 구걸을 하고 있었다. 도시 위 언덕에 서 있는 웅장한 기념관은 한국전쟁 동안 퍼부은 미군의 폭격으로 황폐화된 모습을 그대로 보여주고 있었다. 나는 갑자기, 어느 때보다도 서구인의 모습을 한 내 외모가 훨씬 더 심각하게 신경 쓰였다. 선양에서 만났던 일본인 관광객들처럼, 나는 바로 내 존재에 구현되어 있는 역사의 청산되지 않은 빚을 떠안고 있다.

강 옆 산책로를 따라 좀 더 거니는데, 어느 상냥한 부부가 말을 걸어왔다. 알고 보니 남한 사람들이었다. 그들은 선양에 살고 있지만 북한과의 무역에 종사하고 있다고 했다. 국경을 건너는 것이 허용되지 않기 때문에 주로 단둥을 거쳐서 무역을 하고 있었다.

남편이 말을 꺼냈다. "한국 젊은이들이 더 이상 통일에 관심이 없는 게 너무 안타까워요. 아마 한국전쟁에 대해서도 거의 들어보지 못했을 겁니다. 한국 젊은이들이 원하는 것이라고는 최신 소비기기뿐이죠. 제 사업이 통일을 위한 그 무엇인가에 이바지하기를 바라고 있습니다. 결국, 분단을 결정한 것은 우리 한국인들이 아니니까요. 우리에게 분단을 강요한 것은 바로 일본인과 미국인과 그 외의 사람들이니까요."

관광객과 밀수꾼

단둥의 중조우의교는 고립된 북한과 바깥 세계를 이어주는 주요 생명선일 테지만, 우리 객실의 전망 좋은 지점에서 압록강을 바라보고 유람선을 타려고 강둑을 따라 걸어보니 이 공식 관문을 통하지 않더라도 강을 건너거나 강 위로 다닐 수 있다는 것을 분명히 알 수 있었다.

강은 삶으로 가득하다. 중국 세관원의 친척으로 보이는 가족들이 공휴일을 맞아 국경 순찰선을 타고 소풍을 나왔다. 북한 쪽에서는 작은 나무배가 어업을 시작했다. 오리 떼는 움직이는 모래톱 주위로 갈라졌다 합쳐지는 압록강을 건너 하늘 위로 조용히 이동한다. 더 넓은 유역에는 검고 흔들거리는 나무배 두 척이 갑판에 빨래를 널어둔 채 조용히 정박해 있다.

강으로 소풍 갔다가 연분홍 꽃이 구릉지를 뒤덮고 있는 배나무 과수원 사이를 지나 단둥으로 돌아오는 길에 갑자기 택시 기사가 물었다.

"진짜 북한군 병사를 만나고 싶지 않으세요?"

"그야 물론이죠." 우리는 놀라움과 열망과 의심이 뒤섞인 마음으로 대답했다.

기사는 갑자기 주도로를 벗어나 진흙투성이 샛길로 들어섰다. 그곳에서는 두 젊은이가 우리를 기다리고 있었다. 그들은 중국과 한반도를 가르는 국경선이 좁은 시내보다도 더 좁은 지점으로 (돈을 받고) 우리를 안내할 예정이었다. 청년들은 논 사이로 난 길을 성큼성큼 걸어가면서 접경지역 오두막에 살고 있는 한 여인한테서 먹을 것을 살 수 있다고 알려주었다.

"먹을 것을 가지고 물가로 내려가 거기 서 있으세요. 그러면 그 여자가 나와서 '친구, 친구' 하고 북한 국경 수비대를 부를 겁니다. 그들이 항상 거기에 있는 것은 아니지만 행여나 운이 좋으면 북한군 병사가 음식을 가지러 반대편 강둑에 나타날 겁니다. 그때 원하신다면 그 사람들한테 몇 가지 물어볼 수 있어요."

이 말을 듣고 그 일이 마치 동물원의 동물에게 먹이를 주는 것처럼 느껴져 불편하기 시작하던 차에 국경의 좁은 개울에 도착했다. 과수원의 무성한 나무들 아래에 농가 한 채가 모습을 드러냈는데, 여인도 북한 병사도 보이지 않자 속으로는 안도했다. 눈에 보이는 것이라고는 북한 쪽으로 펼쳐진 넓고 빈, 쟁기질되어 있는 들판과 국경에 걸친 연못 위로 미끄러지듯 평온하게 헤엄치고 있는 백조 떼가 전부였다. 스무 살 동갑내기인 두 청년은 자신들이 밀수를 하러 정기적으로 국경을 넘나든다고 설명했다.

"저쪽 편 사람들은 여기를 건널 엄두를 내지 못하지만, 우리는 할 수 있죠. 우리만이 병사들과 거래를 합니다. 우리는 온갖 먹을 것을 가져와 저쪽 사람들한테 팔아요."

우리가 청년들에게 물었다. "한국어를 할 줄 알아요?"

"몇 마디 정도요. 하지만 그걸로 충분해요."

청년들은 관세를 물지 않는 이러한 밀수업으로 돈을 모

아 오토바이를 사려고 저축하고 있다고 설명했다.

둥근 바위들과 무성한 수풀 사이로 졸졸 흐르는 갈색 물을 바라보고 있으니 남한과 일본에서 만났던 탈북자들이 생각났다. 야밤을 틈타 낯선 땅으로 들어가기 위해 강을 건너다 자칫 발을 잘못 내딛어 차갑고 깊은 물속으로 빠지거나 어둠 속에서 국경 수비대의 탐조등과 총에 발각될까 마음 졸이던 끔찍한 경험에 대해 묘사하던 그들의 말이 떠올랐다. 하지만 탈북자들이 단둥 부근에서 국경을 넘으려고 시도하는 경우는 거의 없다. 그들이 주로 선호하는 지점은 훨씬 더 내륙으로 들어가, 강폭이 더 좁아지고 주민들의 인적도 드문 곳이다.

단둥에서는 국경을 건너는 일이 비일비재하다. 우리가 묵고 있는 호텔은 결혼식을 준비하고 있었는데, 순전히 중국식으로 차려입은 행복한 신랑 신부의 거대한 사진이 누구나 볼 수 있게 로비에 전시되어 있었다. 결혼식 날 아침, 호텔 직원은 바람을 넣은 두 개의 황금색 비닐 코끼리 등 위에 붉은 풍선 아치를 올려 정문을 장식했다. 폭죽을 터뜨리는 대포가 건물 앞에 설치되었는데, 대포 포구는 놀랍게도 압록강을 향해 있어 마치 북한과 전쟁을 하면 첫 포격을 발사할 기세로 보였다. 그러나 그 대포들은 금색 종이를 뿌리기 위해 기다리고 있는 것으로, 분홍색 보라색 풍선들로 지붕을 장식한 검은색 리무진이 도착하면 결혼식 행렬 위로 색종이를 발사할 것이었다.

무엇이든 거리낌 없이 도를 지나치게 준비한 것으로 보면 전형적인 중국식이었지만, 알고 보니 신부는 일본인이었다. 신랑 가족은 단둥 출신이지만, 대략 15년 동안 일본에서 살고 있다고 한다. 이것은 우리가 만주를 여행하면서 두 번째로 보게 된 중국인과 일본인의 결혼이었는데, 그저 우연인 것인지, 아니면 우리가 민간 차원의 인적 결연 형성이라는 좀 더 넓은 시류의 한 모습을 목도하고 있는 것인지 궁금했다.

1970년대에서 80년대까지 일본 시민 열세 명을 납치했다는 것을 북한 정부가 시인한 2002년 이후로, 조선민주주의인민공화국은 계속해서 일본 언론에 악마 같은 이미지로 도배되고 있다. 일본은 핵무기 개발을 시도한 북한에 꾸준히 제재를 가해왔고, 일본의 모든 공항에는 북한 방문을 "자발적으로 삼가라"는 것을 시민들에게 상기시키는 경고장이 걸려 있다. 이렇게 두려움과 혐오감이 팽배한 상황에서도 중국과 북한 사이 국경에서 결혼식을 치르려고 호텔에 당도한 중국인과 일본인 행렬이 유쾌하게 떠드는 소리를 들으니 놀랍고 다소 감동적이기까지 했다. 나는 그 신혼 부부가 잘 살기를 조용히 빌며 오랫동안 어수선한 이 지역에서 새로운 형태의 국제관계가 형성되기를 희망했다.

국경 통제

우리는 마침내 북한 여행사에서 나온 미스터 신과 연락이 닿았는데, 그는 우리의 북한 비자 문제를 정리하러 오늘 호텔로 찾아오겠다고 약속한 터였다. 며칠을 초조하게 기다리는 동안 나는 그의 모습을 반짝반짝 빛나는 정장에 당배지를 단 무서운 얼굴의 관리로 상상해왔는데, 더부룩한 머리칼이 헝클어져 있고 따뜻한 미소를 지닌 평상복 차림의 젊은이가 나타난 것을 보고는 적잖이 놀랐다. 그는 중국어는 유창하게 구사했지만 영어는 겨우 몇 마디밖에 하지 못했다. 뜻밖에도 우리에게 북한에서 즐겁게 체류하길 바란다는 말과 함께 '중국인 동료 미스터 찬'을 시켜 내일(평양으로 가는 출발일) 되돌려주겠다고 약속하며 우리의 여권을 가지고 떠났다.

켐프의 여정을 뒤따라가며 나는 민족국가의 변화하는 속성 때문에 지난 한 세기 동안 국경 단속이 어떻게 바뀌었는지 깨닫게 되었다. 자신이 쓴 글 여기저기에서 켐프는 세관 검사를 언급했지만, 여권이나 비자에 대해서는 아무런 말도 하지 않았다. 그 시절의 '여권'은 오늘날 모두에게 매우 익숙한 민족 정체성이 드러나는 중요한 표상과는 아주 다른 무엇인가를 의미했다.

내가 켐프의 여권 서류에 대해 알게 된 것은, 영국 외무성의 기록보관소에 정치 기밀서류로 분류되어 있다가 기밀이 풀린 파일을 통해서였다. "에밀리 켐프 양과 메리 맥두걸 양의 중국 여행"이라는 제목으로 호기심을 불러일으킨 이 파일의 존재를 처음으로 발견했을 때 예상치 못한 비밀을 우연히 찾아낸 것은 아닐까 생각했었다. 이 이야기에는 눈에 보이는 것 외에 다른 무엇인가가 있단 말인가? 이 평범한 여성 여행가들이 정말로 영국 스파이였단 말인가, 아니면 다른 누군가가 그들을 염탐하고 있었던 것일까? 진실은 더없이 평범한 것으로 밝혀졌지만, 그로부터 100년 뒤인 21세기 초 여행에 여전히 흥미로운 빛을 던지고 있다.

만주와 조선으로 여행한 지 2년째인 1912년 8월, 켐프와 맥두걸은 인도에서 카라코람산맥을 넘어 중국 극서 지방으로 들어가겠다는 또 다른 야심찬 모험에 착수했다. 그곳은 지형이 험준한데다, 정치적으로도 시끄러웠다. 가족의 걱정을 가라앉히려고 켐프와 맥두걸은 중국 쪽 국경도시인 카슈가르에 안전하게 도착하는 즉시 모두 무사하다는 사실을 확인시키는 차원에서 로치데일에 있는 에밀리의 언니 리디아와 오빠 조지에게 '양호'라는 말을 전보로 전하겠다고 약속했다.

리디아와 조지는 초조하게 기다리다가, 10월이 되어서야 카슈가르의 에밀리로부터 무슨 말인지 알 수 없는 뜻 모를 다섯 단어가 포함된 전보를 받았다. 1895년부터 의원으로 재직해오다 곧 상원으로 영전하는 것을 목전에 두고 있던 조지는 외무장관 에드워드 그레이 경과의 친분 관계를 이용해서 에밀리가 무사한지 알아보았다. 그 결과 일련의 완곡한 표현을 한 전보들이 외무성에서 인도 식민정부를 통해 카슈가르로 보내졌다. 그동안 외무성 관리들은 켐프와 맥두걸의 여행 서류를 확인했는데, 서류에는 다음과 같은 내용이 적혀 있었다. 두 여성이 런던 주재 중국 대사관으로부터 '여권'을 받기는 했지만 그들은 영국이 발행한 여행 서류를 아무것도 가지고 있지 않았다.

제1차세계대전 전에는 외국 여행을 하는 데 '여권'이 꼭 필요한 것은 아니었다. 그 시절 여권은 문제가 생겼을 경우 여행객을 보호하는 데 도움을 주었으면 좋겠다는 희망으로 적당한 고위 관리에게 받은 단순한 편지에 지나지 않았다. 켐프와 맥두걸의 편지는 ("켐프 양을 개인적으로 알고 있다"고 써준) 중국 대사로부터 받은 것이었다. 영어 번역을 곁

들여 한자로 쓴 그 통행증은 "도중에 있는 모든 중국 당국은 소지자가 이것을 제시할 경우 가로막거나 방해하지 않고 계속 갈 수 있도록 허용해야 한다"고 요청하고 있었다.[101] 특히 험난하거나 위험한 지역을 여행하는 유럽 여행객들이라면 자신들의 정부로부터도 유사한 편지를 받아내려고 하는 것이 일반적이었지만, (외무성이 못마땅한 투로 언급했듯이) 켐프와 맥두걸은 그렇게 하지 않았다. 한 관리가 지적했듯이, 그들이 그렇게 했더라면 "가지 말라는 충고를 들었을 것"이 뻔했다. 영국 외무성은 "카슈가르가 여성들에게 어울리는 관광지라고는 전혀 생각하지 않았기" 때문이다.[102]

하지만 밝혀졌듯이 두 사람 모두 무사했다. 켐프와 맥두걸은 (모험이 전혀 없었던 것은 아니지만) 별 탈 없이 카라코람산맥을 넘었고 켐프의 전보는 단지 전송 과정에서 꼬인 것이었다. 내 생각에 켐프는 그 모든 법석이 짜증스럽기도 하고 재미있기도 했을 것 같다. 그리고 만약 그녀가 뒤이은 기밀 서신들을 읽을 기회가 있었다면, 그 기밀 서신에서 드러나는 여성 여행객에 대한 영국 관료들의 시선에 웃음이 나는 동시에 화가 났을 것이다. 외무성은 켐프를 위해 이런 일을 떠맡는 것이 틀림없이 성가셨을 테고, 런던, 뉴델리, 카슈가르 사이에 주고받은 전보 비용을 변상받기 위해 그를 뒤쫓느라 거의 1년을 보내기에 이르렀다. 전보 비용은 8기니(현재 가치로 환산하면 약 150만 원—옮긴이)라는 막대한 금액이 들었을 것으로 추정된다. 그렇기 때문에, 인도 사무소의 존 슈버는 그렇게 어리석은 짓을 고상한 척 혐오하는 어조로 "로치데일 경이 지불해야만 한다. 만일 그가 여동생이 여정을 계속하게 내버려둔다면 그 결과도 받아들여야 한다"고 말했던 것이다.[103]

켐프와 맥두걸은 공동 여권이 없는 것이 성가시기는 했지만 상대적으로 그렇게 큰 불편을 겪지는 않았다. 만약 지금이었다면 끔찍한 일이 벌어질 것이다. 우리에게 여권은 신분증이요, 존재 증거요, 국가에 속한다는 증서이며, 그럼으로써 (적어도 이론적으로는) 국가가 그 시민들에게 제공하는 모든 권리가 보장되고, 필요한 상황에서 보호받을 수 있다는 것을 의미하기 때문이다.

그래서 다음 날 아침 가죽 재킷을 걸친 원기 왕성한 미스터 찬(자기를 재키라 부르라고 했다)이 평양으로 가는 기차표와 귀중한 서류들을 우리에게 다시 돌려주었을 때, 우리는 매우 안도했다. 여권에는 아직 북한 비자가 찍혀 있지 않았지만 기차에서 발급될 것이라고 미스터 찬에게 확답을 받았다. 엠마는 내일 우리와 헤어져 서울로 돌아가서 민족주의에 대한 남한 젊은이들의 태도에 대한 연구를 이어갈 것이다. 그 사이 샌디와 나는 평양으로 향할 예정이었다. 애정이 담뿍 담긴 작별 인사를 나눈 후 선양으로 돌아가는 북행 열차를 잡으러 엠마가 황급히 자리를 뜨자 재키 찬은 단둥역에서 샌디와 내가 출국 수속을 하도록 안내했다.

최근에 개축한 역은 널찍했고 대형 판유리와 멋진 대리석으로 번쩍거렸다. 역에는 '국제선 발착'을 위한 구역이 별도로 있었는데, 휴전선이 다시 열려서 단둥의 압록강 다리가 황해에서 대서양까지 뻗어 있는 위대한 철의 실크로드의 관문이 될 날을 고대하며 만들어놓은 것이 틀림없다. 그러나 아직 국제선 승객은 거의 없었고, 우리는 무기를 숨기지는 않았는지 엑스선 검사를 하고 해로운 바이러스가 없는지 흰 가운을 걸친 의료진에게 확인받기 위해 체온을 잰 후에 호화롭고 텅 빈 대합실 안 푹신한 인조가죽 의자에 앉아 탑승 시간이 될 때까지 쉬었다.

재키 찬은 정기적으로 중국인 관광객 그룹을 북한으로 데리고 들어가 하루나 사흘짜리 버스 여행을 시켜준다고 말해주었다. 상대적으로 저렴한 여행도 있었는데, 마오쩌둥 시대를 기억하는 중국인 관광객들은 조선민주주의인민공화국 방문이 불러일으키는 향수에서 고통과 희비가 교차하는 만족감을 얻는 것 같았다. 정말 북한이 위험하다고 우리에게 경고하는 사람이 있는 반면에, 자신들의 이웃에 대해 훨씬 편안하고 철학적인 견해를 가진 중국인도 있었다. 단둥의 한 택시 운전사가 우리에게 말했듯이, "북한은 정말로 가난한 나라예요. 하지만 그곳도 변할 겁니다. 당신도 알다시피 우리 역시 20여 년 전에는 그곳과 다를 바 없었잖아요."

어렸을 적 내가 탔던 장거리 유럽 열차와 매우 흡사해 보이는, 황록색과 감청색 객차를 갖춘 열차가 이미 승강장에 서 있었지만 열차에 올라탈 때까지는 한참을 기다려야 했다. 승객들은 마지막 통화를 하느라 분주했다. 북한 경계에 가면 휴대전화를 내놓아야 하기 때문이었다. 우리는 다시 여권을 제출해야 했는데, 이번에는 기차의 검표원에게 주었다. 그는 압록강 건너 북한 측 첫 기착지인 신의주에 도착하면 오랫동안 기다려온 비자를 갖추어 여권을 돌려주겠다고 약속했다. 마침내 우리는 배낭과 가방을 끌고 승차할 수 있게 되었다. 침대 네 개가 딸린 객실 칸을 찾아내고 보니 북한 사람 두 명이 이미 길게 누워 깊이 잠들어 있었다.

그때 굉장히 큰 소음과 함께 기차가 덜거덩거리더니 괴로울 정도로 서서히 역을 빠져나와 압록강 다리로 접어들었다.

CHAPTER 5

다리를 건너

: 신의주와 그 너머로

다른 세상

모든 것이 우리가 떠나왔던 것과는 기묘하게 대조적이다. 만주의 냉랭한 색채는 따뜻한 붉은 땅으로 바뀌었다. 봄이 왔다는 첫 징조가 그 황토를 통해 드러나기 시작했다. 이곳의 모든 이들은 도시와 시골을 가리지 않고 이제까지 익숙하게 봐왔던 푸른 옷 대신 흰옷을 입고 있다. 이곳은 쌀이 주식이기 때문에 시선이 향하는 곳마다 논이 펼쳐져 있다. 이전 풍경과 유일하게 닮은 모습은, 이곳에서도 일본 철도와 일본인 관리를 만주만큼 많이 볼 수 있다는 점이었는데, 일본의 존재는 이미 이 두 나라에 단단히 뿌리박은 것 같아 보인다.[104]

1910년 만주에서 조선으로 들어가며, 에밀리 켐프는 신세계로 들어가는 생생한 감정을 경험했다. 전에 몇 번이나 중국을 여행한 적이 있었지만 조선을 보는 것은 이번이 처음이었다. 조선 방문은 처음부터 난관에 봉착했다. 중국 친구들이 조선에서는 어디서든지 중국어가 통한다고 호쾌하게 장담했기 때문에, 켐프와 메리 맥두걸은 여정에 동반해줄 사람으로 중국인 안내인 미스터 차오를 고용했다.

20세기 초 조선의 모든 식자층은 한자를 읽을 수 있었던 것이 사실이지만, 여행객들은 자신들이 여정 중에 만나는 사람들은 대부분 식자층이 아니라는 사실을 곧 깨달았다. 게다가 같은 한자를 쓰지만 그것을 말로 구사할 때 한국어와 중국어의 차이는 영어와 러시아어만큼이나 서로 이해하기 어려울 정도로 동떨어져 있었고, 불운한 미스터 차오는 종잇조각에 쓰거나 길바닥 흙에 휘갈겨 쓴 필담으로나마 의사소통이 가능한 현지 학자나 관리를 찾느라 많은 시간을 허비했다. 설상가상으로 그들은 독일 지도를 바탕으로 여행 일정을 짰는데, 그 때문에 차오는 안내하는 데 더욱 어려움을 겪었다. 그 지도에는 지명들이 독일어 발음에 가깝게 바뀌어 있어서 한국어나 일본어, 혹은 중국어와 연관시켜서 유추할 수가 없었기 때문이다.

이러한 불리한 조건에도 불구하고, 선교사들과 영어를

할 줄 아는 조선인과 일본인, 몸짓 언어, 미스터 차오의 한자의 도움으로 켐프와 맥두걸은 어떻게든 여정을 이어갈 수 있었고, 풍부한 정보와 인상을 기록으로 남기며 현지인들과 대화에 직접 끼어들기도 했다. 언어 장벽을 뛰어넘어 얻게 된 사상의 교환으로 켐프는 조선에 대해 대체로 따뜻하고 긍정적인 이미지를 갖게 되었고, 이렇게 기록했다. "이곳 사람들은 천성적으로 평화로우며 근면한데, 현명한 통치를 받는다면 이상적인 국가가 될 것이다."[105]

"그레이트브리튼섬보다 약간 큰" 조선은 일본인 관리들에 의해 처음으로 인구조사가 실시되었다. (켐프도 주목했듯이) 인구조사 기록이 새로운 세금을 부과하는 데 쓰일 것을 우려해 많은 사람들이 인구조사를 피해 다녔기 때문에 수치가 정확한 것은 아니지만, 1910년에 인구가 대략 1200만 명에서 1300만 명에 이르렀을 것으로 추산하고 있다.[106] 참고로 외부 세계에서는 그 정확성을 의심하기도 했지만, 우리가 방문했을 당시 최신 인구조사에 따르면 조선민주주의인민공화국의 인구는 2400만 명(남한 인구의 거의 절반 수준)이었다. 조선에 대한 켐프의 여러 기록과 마찬가지로 첫 인구조사에 대한 켐프의 언급은 조선이 20세기 초반 무렵부터 이미 얼마나 군건하게 일본의 지배를 받고 있었는지 일깨워준다. 1910년 8월 조선과 일본의 정식 병합은 제국주의가 침투하는 긴 과정의 시작이라기보다는 정점이라고 할 수 있겠다.

단둥 정반대편 압록강변에 위치한 신의주는 작은 철도 도시이자 항구도시였다. 켐프가 방문했을 당시 더 깊숙한 내륙 삼림에서 압록강을 타고 떠내려 오는 목재를 가공할 목적으로 일본 회사들이 세운 제재소들이 재빠르게 들어서고 있었다. 거리는 격자 모양으로 닦이고 있었고, 많은 일본 관료와 이주민이 주로 거주하고 있던 도심에는 제국이 팽창되면서 일본 식민 기획자들이 동아시아 도처에 뿌려놓은 마을 이름이 틀림없는 사쿠라 마치(벚나무 마을), 야마토 마치(일본 마을), 아사히 마치(조일 마을) 들이 있었다.

기차가 신의주역에 가까워졌다. 우리는 중조우의교를 지날 때 아래를 내려다보았다. 강가에 조그맣게 보이는 사람들이 압록강 탁류에 멀리 드리운 기다란 낚시 그물을 확인하고 있었다. 기차는 새로운 궤도로 올려져 그 자리에서 현지의 급행열차에 연결되었기 때문에 우리는 나무들 사이로 신의주 중심지를 잠깐 동안만 훑어볼 수 있었다. 산뜻한 회양목 울타리와 꽃이 핀 라일락 나무들이 들어선 큰 광장이 있었고, 유려한 분홍 치마저고리를 입은 여성들이 1994년에 작고했지만 영원한 수령인 김일성의 거대한 동상 앞에 떼 지어 모여 있었다.

기차가 마침내 북한 쪽 압록강변에 도착하자 객차가 추가로 열차에 붙었고, 끝날 것 같지 않은 세관 검사와 여권 검사가 시작되었다. 그 바람에 우리가 묵었던 단둥 호텔이 거의 보일 정도로 가까운 신의주역에 정차한 기차 안에서 꼼짝없이 세 시간이나 갇혀 있었다. 같은 객실에 타고 있던 두 북한 사람이 잠에서 깨어나 널찍한 음식 보따리에서 꺼낸 건어물과 땅콩을 우리에게도 권했다. 켐프와 맥두걸처럼 우리도 언어 장벽을 느꼈다. 내가 할 수 있는 한국어라야 기껏해야 기본 문장이 고작이다. 그러나 알고 보니 두 남자 가운데 한 사람이 프랑스어를 약간 할 수 있었다. 그는 콩고에서 임무를 수행하다 집으로 가는 길이었다. 열대 기후에서 걸린 복통에 시달리느라 여행하는 대부분을 침대에서 깊은 잠에 빠져 보냈다고 했다. 그가 콩고에서 무엇을 하고 있었는지는 알 수 없었다.

오래 기다리다 보니 역에 걸려 있는 두 개의 커다란 붉은 간판을 읽고 기억할 수 있었다. 간판 하나에는 '21세기의 아들 김정일 수령 만세'라고 적혀 있었고, 다른 간판은 150일 전투에 충성을 다해 전념할 것을 시민들에게 권고하고 있었다. 이 150일 전투는 4월 20일에 시작되어 농장에서 일하거나 다른 형태의 노동을 하도록 전국에서 대규모로 사람들을 모집하는 대대적인 생산운동이다. 운동의 공식 목적은 "모든 경제 전선에 혁명적 성장을 가져오고", 그럼으로써 "김일성 수령 탄생 100주년이 되는 해인 2012년에 위대한 강성 국가로 가는 문을 활짝 여는 것"이었다.[107]

매우 젊고 다소 초조해 보이는 병사가 우리가 탄 객차 문 밖 승강장에서 차려 자세로 선 채 역에서 오가는 움직임을 감시하고 있었다. 한 지점에서 반짝거리는 도요타 크라운 새 차가 승강장 위로 들어오더니 운전사가 산더미처럼 쌓인 상자들을 트럭에서 기차로 옮기기 시작했는데, 그 가운데 몇 개는 파인애플로 가득 차 있었다. 파인애플의 소유주는 우리 객차로 올라타는 동안 그 어린 병사로부터 수차례 경례를 받았다.

1990년대 중반 북한에서는 공식적으로 '고난의 행군'으로 알려진 끔찍한 대기근이 전국을 휩쓸었는데, 이 시기에 원조 물품을 제공하러 북한을 방문한 사람에게 들었던 이야기가 생각났다. 신의주역에서 기다리는 동안 그는 승강장의 한 젊은 병사와 이야기를 나누었다고 했다.

그가 병사에게 물었다. "왜 군대에 왔나?"

"먹고 살 수 있는 유일한 길이라서요."

"나는 이곳에 식량을 원조하러 왔다네."

병사는 그를 안타깝게 바라보더니 대답했다고 했다. "왜 이렇게 늦게 왔나요?"

현지 열차가 우리 열차와 이어지자, 북한 승객들이 역 제일 끝단에 있는 계단에서 일시에 쏟아져 내려오며 속속 도착했다. 많은 사람들, 특히 여성들이 푸른색 또는 황록색의 커다란 짐 꾸러미를 등에 지고 있었는데 이는 여행하는 내내 모든 역에서 되풀이되는 광경이었다. 비료가 담긴 것으로 생각되는 커다란 자루를 지고 있는 사람들도 있었다. 어떤 이들은 텔레비전도 들어갈 만큼 커다란 상자들을 갖고 있었다. 그런가 하면, 오는 도중 어딘가에 내용물을 내렸는지 깔끔하게 접힌 빈 종이상자들을 갖고 있는 이도 있었다.

마침내 세관 및 출입국 관리소 직원들이 객실 문에 나타났다.

"휴대전화? 휴대전화?" 그들이 요구했다.

휴대전화가 없다고 자신 있게 대답하자 그들은 우리 짐을 대충대충 뒤지기 시작했다. 우리가 위험한 밀수품을 가지고 있지 않다는 것이 확인되자, 한 관리가 나타나더니 속지 사이에 끼워진 푸른 종이 전표가 달린 여권을 되돌려주었다.

마침내 우리의 북한 비자가 도착한 것이다.

기차가 마침내 북한 쪽 압록강변에 도착하자 객차가
추가로 열차에 붙었고, 끝날 것 같지 않은 세관 검사와
여권 검사가 시작되었다. 그 바람에 우리가 묵었던
단둥 호텔이 거의 보일 정도로 가까운 신의주역에
정차한 기차 안에서 꼼짝없이 세 시간이나 갇혀 있었다.

신의주 기차역 (샌디 모리스)

황토, 푸른 논

첫눈에 봐도 에밀리 켐프가 묘사한 조선의 모습과는 판이하게 다르긴 했지만, 우리는 정말로 다른 세상에 들어왔다. 켐프는 최초로 사회주의 이상향 건설을 시도했던 러시아혁명이 일어나기 7년 전에 조선을 방문했다. 샌디와 나는, 20세기 역사에서 그토록 거대하게 끓어올랐지만 결국에는 무너진 혁명적 사회주의 실험이 마지막으로 기괴하게 존속되는 것을 목도하고 있다. 그러나 드디어 기차가 역을 빠져나와 을씨년스럽고 황량한 신의주 공업지역을 통과해 남쪽의 평양으로 삑삑거리며 향하자 켐프가 묘사했던 황토빛 벌판이 눈에 들어왔다. 길 양쪽으로 황소가 쟁기를 끌며 고랑을 따라 밭을 일구고 있고, 농부들은 추위를 피해 비닐하우스에 보호해왔던 연녹색의 벼 포기를 모내기하고 있었다.

아마도 그 옛날과 별로 달라진 점이 없는 것 같다.

사람들은 철길을 따라 오리와 거위 떼를 몰았고, 관개수로를 열어 논에 물을 대거나, 밀레의 〈씨 뿌리는 사람〉을 연상시키듯 팔을 휘저어 비료를 땅에 뿌리고 있었다. 이곳에서 트랙터는 상대적으로 찾아보기 힘들다. 어디를 가나 산들은 거의 민둥산이거나 일부는 꽃이 핀 작은 딸기나무 숲으로 덮여 있었다. 이는 몇 년 동안 겪은 절망적인 에너지

부족으로 황폐화된 풍경이었다. 그저 여기저기 눈에 띄는 진녹색의 소나무들만이 숲을 다시 살리려는 최근의 노력을 보여주고 있다. 흰색 해오라기들이 논에 자리를 잡고 있고, 어느 지점에서는 놀랍게도 큰 뿔이 달린 사슴 한 마리가 쟁기질 된 밭을 가로질러 뛰어갔다.

1990년대의 기근은 이미 지나간 과거이고, 작년엔 수확이 좋았다고들 하지만, 들판에 있는 사람들은 어둡고도 금욕적인 표정이었다. 사람들은 대부분 몸집이 작고 가냘팠으며, 젊은 사람들은 몇 년간 이어진 굶주림 때문에 발육이 부진해 키가 크지 못했다. 아이들은 어른들 옆에서 모내기를 거들며 일하고 있었다. 나는 논둑에서 빵 한 덩어리를 정신없이 먹어치우고 있는 수척한 얼굴의 어린 소년을 보았다. 길에서 조금 아래로 내려간 곳에서는 밝은 노란색 카디건을 걸친 한 여인이 기차를 향해 유쾌하게 손을 흔들었다. 반면 근처의 어떤 남자는 자전거를 타고 가다 넘어졌는지 철길 옆 흙먼지 길에 나뒹굴고 있는 바퀴와 핸들을 그러모아 힘겹게 다시 맞추고 있었다.

태양은 밝게 빛나고 있었고, 여인들은 밖으로 나와 논 사이로 반짝거리는 시내에서 빨래를 하고 있었다. 식민지 시절 빨래는 캠프를 비롯하여 조선을 찾는 많은 외국인 방문객들이 관심을 갖는 주제였다. 캠프는 커즌 경 같은 이전의 영국 여행가들이 전한 조선의 부정적 이미지를 열심히 반박했다.

나는 조선인들을 향해 그토록 자주 더럽다는 비난이 가해진 것에 매우 놀랐는데, 대체로 그들은 거의 모든 유럽 민족들에 견줄 만하기 때문이다. 조선인들의 세탁 용구는 참으로 원시적이지만, 이들은 많은 시간과 수고를 들여 옷을 하얗게 잘 빤다. 옷은 물에 푹 담갔다가 접어 빨래판 위에 올려놓고 평평한 빨래방망이로 일정한 시간 동안 빠르게 두드린다. 빨래방망이 소리는 하루 종일, 그리고 매일 거리에서 들려오는데, 지팡이를 울타리에 대고 끌고 갈 때 나는 소리와도 닮았다.[108]

빨래방망이로 옷을 두드리는 풍습은 사실상 사라진 것 같지만, 수돗물이 귀한 북한 농촌에서는 그리 멀지 않은 과거에 남한에서 그랬듯이 여인들이 여전히 강변 빨래터의 빨랫돌에 열심히 빨래를 비벼 빤다. 1970년대 초반 남한을 처음 방문했을 때, 인천 근처의 작은 섬(현재 인천국제공항이 있는 곳)에 머무른 적이 있었는데, 당시 그곳은 덜거덕거리는 디젤 발전기에서 전기를 생산해서 두 시간 동안 몇 개의 건물에만 공급하고 있었고, 빨래는 여전히 시냇가에서

하고 있었다. 그 당시 빨래를 하려는 나의 측은한 노력을 미덥지 못하게 지켜보다가 급기야 빨래를 낚아채서는 제대로 하는 법을 알려주었던 시골 아낙네들의 눈길이 생생히 기억난다. 오늘날 첨단을 달리는 남한에서 그러한 장면은 상상이 안 될 것 같지만, 바로 40년 전만 해도 남한도 북한과 마찬가지로 가난한 나라였다. 경제적 격차가 벌어지면서 정치적 분단이 강화된 것은 불과 20세기의 사반세기 동안 일어난 일이다.

대체로 의복과 특히 모자는 조선을 찾은 초기 서구 방문객들을 사로잡았다. 전 세계 나라들 가운데 조선은 아마도 유교적 관념이 사회질서에 가장 크게 영향을 미치는 나라였고, 사회적 신분이 의복에 분명하게 드러났다. 여성은 치마저고리(긴 치마와 짧은 상의), 남성은 바지저고리(헐렁한 바지와 짧은 상의)라는 기본 패턴은 대부분의 사회 집단에서 동일하지만, 색감과 디자인과 옷감은 계급, 직능, 남편의 지위에 따라 결정되며 놀랄 정도로 다양했다. 평민은 흰옷을 입었다. 오늘날 볼 수 있는 나일론 색동저고리는 다시 만들어진 전통이다. 쓰개 역시 복잡한 사회질서에서 착용자의 지위를 규정했다. 이에 대해 켐프는 이렇게 말했다. "나는 조선의 쓰개에 대한 책이 쓰여졌다는 사실이 이해가 된다. 조선에는 그토록 다양한 쓰개가 있기 때문이다." 켐프를 가

아이들은 어른들 옆에서 모내기를 거들며 일하고 있었다.
길에서 조금 아래로 내려간 곳에서는 밝은 노란색 카디건을
걸친 한 여인이 기차를 향해 유쾌하게 손을 흔들었다.
반면 근처의 어떤 남자는 자전거를 타고 가다 넘어졌는지
철길 옆 흙먼지 길에 나뒹굴고 있는 바퀴와 핸들을 그러모아
힘겹게 다시 맞추고 있었다.

기차에서 바라본 평양 풍경 (샌디 모리스)

장 매혹시켰던 것은 여인들이 상중喪中에 쓰는 쓰개였는데, 이것은 "뒤집힌 꽃처럼 생겼고, 뻣뻣한 무명으로 만든 긴 소복에 곁들여 착용했다." 그리고 특히 평양 지역 여인들이 착용했던 것으로 훨씬 큰 쓰개가 있었는데 이것은 "앞으로 는 머리를 뒤덮고 뒤로는 무릎까지 늘어졌다."[109]

제국주의, 근대화, 전쟁, 사회적 변혁으로 (설령 그것들이 신분 사이에 존재했던 사회적 불화까지 휩쓸어가지는 않았더라 도) 낡은 의복 예식은 모두 사라졌다. 오늘날 북한 의복의 주된 색조는 어딜 가나 흔히 볼 수 있는 군복 색깔인 황갈 색인데, 남자들 대부분이 병역을 완수하는 7, 8년 동안 군 복을 입고 지내야 하고, 들판에서 일하는 농부들이 입는 작업복에도 같은 색이 반복되기 때문이다. 그러나 칙칙한 단색은 분홍색, 빨간색, 푸른색 운동복의 밝고 튀는 색조 로 상쇄되는데, 이 옷들은 중국에서 대량으로 수입되고 특 히 어린아이들 사이에서 인기가 좋다.

동반객들

열차가 북한의 북서 평원을 가로질러 나아가는 동안 우 리 옆 칸에 평양의 한 국제기관에서 일하는 매력적인 남아시아 여인이 타고 있다는 것을 알게 되었고, 점심을 먹으러 그녀와 함께 흔들거리는 열차의 복도를 따라 내려가게 되었다. 식당차는 떠들고 마시며 카드를 하는 사람들로 혼잡했다. 한쪽 구석에는 중년 부부와 10대인 딸이 조용히 앉아 음식을 만지작거리고 있었다. 딸의 얼굴은 창백했고 심하게 아파 보였다. 이따금 불 꺼진 기차가 마찬가지로 불 꺼진 터널로 들어서면 완전한 암흑 속에 잠기곤 했다.

우리는 소고깃국, 계란, 생선전, 김치, 밥 들이 나오는 넉넉한 점심 세트를 나누어 먹었다. 커피도 나왔지만, 차가운 데다 캔에 담긴 것이었다. 여종업원에게 따뜻한 커피를 마실 수 있는지 묻자 여러 번 상의하고 나서 캔을 가져가더니 대략 15분이나 지나서 도로 가져왔는데, 이번에는 약간 미지근한 정도였다.

이 남아시아 여인은 평양에서의 삶을 사랑했다. 유엔과 다른 국제기관에서 일하는 대부분의 직원들처럼 외국인 전용 지역에서 살고 있지만, 대개는 도심을 자유롭게 돌아다닐 수 있다고 한다. 그녀 말에 의하면 자기가 가장 좋아하는 장소 가운데 하나는 일요 통일시장인데 그곳에서는 온갖 종류의 채소를 살 수 있다고 한다. 처음에는 조심스러웠지만, 조심스러움이 가시고 나자 그녀는 북한 동료들과 우정을 쌓게 되었고, 심지어 그들을 식사에 초대하기까지 했다고 한다. 이것은 대단한 성과였다. 국제기관의 일부 직원들은 한국어 이름이 외우기 어렵다는 이유로 자신들의 북한 운전사를 이름 대신 번호로 부르기도 한다니 말이다.

모든 외국인 거주민들이 평양에서 이렇게 열정적으로 살지는 않았다. 열차 칸에서 만난 사람으로는 중국인 사내도 있었는데, 그는 마치 만주 청나라 왕궁에 있는 사극 세트에서 걸어 나오기라도 한 것처럼, 온 세계를 호령하듯 빛나는 둥근 얼굴에 어깨가 딱 벌어진 사업가였다. 그는 4년 동안 북한에 체류하고 있었는데, 북한 동료들이 보지 않을 때는 우리에게 윙크를 하며 찡그렸다. 그리고는 불만스럽게 말했다. "평양이요! 4년이나요!" 그는 북한 음식을 좋아하지 않으며 집에서는 손수 중국 음식을 해 먹는다고 했다.

같은 칸의 북한 남자는 이러한 폄하를 못 들은 것 같았지만, 중국 사업가가 식당을 비운 사이 자기가 중국에 사는 동안 겪었던 체험을 똑같이 솔직하게 밝혔다. 바지와 멋진 폴로 셔츠를 걸친 평상복 차림에 셔츠 깃에는 조그만 당 배지를 조심스럽게 꽂은 그는 외교관 가문 출신으로, 외국에서 오래 살았기 때문에 영어를 빼어나게 구사했다. 그는 베이징에 주재하고 있었지만, 10대인 아들은 가정부와 함께 평양에 남겨두어 북한 학교에 다니게 했다. 아들이 어떻게 지내는지 묻자 그는 절망적으로 눈망울을 굴리며 말했다. "애들이란 게 어떤지 잘 아시잖아요. 컴퓨터 게임하는 데 온통 시간을 보낸답니다! 어떻게 하면 좋을지 모르겠어요. 그렇지만 그 녀석을 중국에 있는 학교에 보내고 싶지는 않답니다. 중국 아이들은 버릇이 없어요. 그건 바로 중국이 실시하고 있는 한 자녀 정책 때문에 그렇게 양육되어서랍니다. 중국 부모들이 자식을 망쳐놓는다니까요."

그는 또한 중국의 남녀 관계에 적응하기가 무척 힘들었다고 했다. "중국 여자들은 아주 거만해요. 남자에게 요리까지 시킨답니다."

폴로 셔츠를 걸친 남자는 경제 협상을 이끄는 일을 하며 아시아는 물론 유럽에도 많이 다녔다고 했다. 그것은 힘든 업무였다. 북한에 대한 바깥 세계의 경제 제재와 일반적으로 퍼져 있는 불신으로 국제 무역과 금융 거래에 필수적인 신용장을 받아들이는 나라가 거의 없었기 때문이다. 그래도 그는 외국을 구경하는 기회를 누릴 수 있었다.

"말레이시아는 좋았지만 싱가포르는 별로였어요. 금연, 이것은 금지, 저것도 금지 등등 법규가 너무 많아요." (이러한 사회 비판은 내 싱가포르 친구들과 나누기 위해 마음속으로 아껴두는데, 그 친구들은 내 생각에 그러한 빈정거림을 즐길 것 같다.) 그는 덧붙여 말했다. "하지만 일본에는 가본 적이 없어요. 역사상 너무 많은 문제가 있지요. 일본과 관계는 아주 안 좋기만 하죠."

밖에서는, 봄 하늘에 구름이 모여들고 있었다. 150일 전투가 절정인 한 마을 밖에는 붉은 깃발이 나부끼고 있었다. 압록강에서 유람선을 타는 동안 보았던 것과 같은 마을들을 기차에서 좀 더 자세히 볼 기회가 있었다. 북한의 마을에는 마음을 깊이 건드리는 무엇인가가 있다. 그곳에서는 평등한 이상향을 향한 꿈이 폐허가 된 모습을 볼 수 있다. 회색 기와를 얹은 하얀 소형주택들은 모두 똑같아 보였고, 마을 흰 담 안에 옹기종기 모여 있었다. 유일하게 두드러지는 건물은 마을회관과 높은 회반죽 첨탑이었다. 첨탑 꼭대기에는 영원한 붉은 불길 모형이 달려 있었다. 이것들은 위대한 수령의 영혼이 아직 함께한다는 것을 북한 주민에게 다시 확신시키기 위해 김일성 사망 3주년에 건립되기 시작한 영생탑이다. 김일성 사망 3주년은 기근이 최악에 달했던 1997년이었다. 1997년 북한 사람들은 다시 확신해야 할 것들이 정말로 많이 필요했다.

남자와 여자 들이 쟁기질을 한 밭 사이로 오가며 기다랗게 채소를 심고 있었고, 양배추 고랑들을 봄 양파로 교체하고 있었다. 우리는 창밖으로 지나치는 풍경을 바라보면서 잠시 동안 침묵을 지키며 앉아 있었다.

폴로 셔츠를 입은 사내가 약간 가라앉은 어조로 불쑥 말을 꺼냈다. "사실, 이 나라에서 농사는 매우 고되죠. 당신도 보시다시피 농기계도 없으니 시골에서 살아가기란 정말 고단합니다."

나는 그의 말에 적당한 대답을 생각해내려고 애썼지만 대답할 수가 없었다.

독재국가 둘러보기

만주와 조선으로 출발하기 전, 켐프는 자신이 가는 길에 '대단한 위험'이 도사리고 있을 것이라는 경고를 받았다. 그 가운데는 "호랑이, 산적, 마적(러시아와 중국 접경지대에 출몰하던 무장 강도), 최하층 계층인 일본 깡패" 같은 위험에 대한 암울한 언급도 있었다.[110] 특히 조선의 시골 지역은 "일본 부랑자들 때문에 매우 위험하다"고들 했지만 켐프는 덧붙였다. "우리는 그런 것은 전혀 보지 못했고, 우리가 판단하는 한 어느 곳에서나 질서가 잘 잡혀 있었다."[111]

오스트레일리아를 떠나기 전, 그곳 친구와 일본의 친구들에게 북한을 방문할 계획이라고 했더니 부러움("늘 거기에 가보고 싶었어")에서 이해할 수 없음("북한에? 뭣 하러?"), 노골적인 비난("그건 단지 선전 여행이 될 거야. 북한 정권을 지지하는 데 도움을 주고 있잖아. 그들은 그곳 삶이 어떤지에 대해 완전히 허상을 보여줄 거야")에 이르기까지 다양한 반응을 보였다. 그 가운데서도 여러 차례 들어왔던 이 마지막 말 때문에 나는 여행의 윤리에 대해 곰곰이 생각해보게 되었다. 즐기는 여행이나 깨달음을 찾아 나서는 순례에 윤리적 경계가 있을까? 물론 여행가들은 옷을 입거나 가방을 매는 것처럼 자신들만의 윤리를 지니고 있다. 해서는 안 될 일들이 분명히 있기는 하지만, 찾아가서는 안 될 곳이나 언급해서는 안 될 사람이 있단 말인가?

켐프와 맥두걸은 언어 장벽과 부족한 교통수단, 당혹스러운 지도 때문에 여행이 쉽지 않았다. 그러나 그들은 자기가 좋아하는 곳에 가는 데 상대적으로 제약이 없었다. 나중에, 경찰 통제권이 훨씬 더 확립되고 서구인들의 의심이 점차 커지던 일제 식민지시대에는 그들도 여행하는 데 좀 더 제약을 받았을 것이다.[112] 그러나 그들은 오늘날 북한을 찾아오는 대부분의 외국 방문객들만큼 이동하는 데 제약을 받지는 않았다. 조선민주주의인민공화국은 자국 내 여행과 국경을 넘는 여행 모두를 특별하게 통제하고 감시하려고 애쓰는 나라다. 단둥에서 평양까지 오는 기차에서 우리는 가이드를 동반하지 않았지만, 외국인과 북한 엘리트 계층만이 이용하는 기차에 갇혀 있다 보니 현지인들과는 만나기 어려웠다. 평양에서는 도착하자마자 북한에 머무르는 동안 깨어 있는 시간 대부분을 우리와 함께할 가이드를 만나기로 되어 있었다. 가이드를 붙이는 목적은 물론 외국 방문객들에게 가이드 비용을 받아 외화를 벌어들이는 것이기도 하지만, 탐탁지 않은 광경은 못 보게 막고 북한 체제의 장점들만 납득시키기 위해서였다.

그러나 북한 같은 나라에서는 아무리 통제하고 주의 깊게 안내한다고 해도 숨길 수 없는 것들이 있다. 기차나 차창 밖 또는 좁은 뒷골목을 내려가다가 스쳐 지나가며 마주하는 풍경들이나 우연한 만남이 그렇다. 말쑥한 치마와 블라우스 차림으로 커다란 유리판을 뒤에 싣고(이곳에서는 유리창이 진귀한 사치품이다) 울퉁불퉁한 시골길을 따라 조심스럽게 균형을 잡으며 자전거를 타고 가는 여인, 고속도로에서 차를 멈춰 세우고 서류를 보여달라고 요구하는 코흘리개 어린 병사에게 험악한 욕설을 퍼붓는 운전사, 두 중년 여성이 열어젖힌 두 개의 커다란 옥수수 자루를 자세히 들여다보고 있는 길가 여병사 들을 볼 수 있다. 저 여병사는 의심스러운 짐 보따리를 확인하고 있는 중일까, 아니면 세 사람이 작당해 작은 밀거래를 하고 있는 것일까?

우리 눈앞에서 실제 광경이 펼쳐질 때, 북한 밖에서 얻어들은 정보가 전체 그림의 빠진 부분을 채우는 데 도움이 될 수 있다. 1960년대에, 원래는 거의 대부분이 한반도 남부 지방 출신으로 일본에 살고 있던 수만 명의 재일조선인들이, ('탐탁지 않은' 소수민족의 규모를 줄이길 원했던) 일본 측과 (전략적으로 유리한 선전 공세를 바라고 있던) 북한 측 사이에 맺은 협정으로 북한에 재정착했다.[113] 이러한 이주자들과 일본에 있는 그들의 가족은 물론이거니와 탈북자와 북한을 여행한 중국인 여행객 및 그 밖의 사람들이 북한을 외부 세계에 알리거나 반대로 외부 세계를 북한에 알리는 경로들이다.

북한에 친척이 있는 친구들과 나눈 대화를 통해서, 기차 창문 밖으로 획획 지나가는 풍경을 보고 상상의 나래를 펴는 데 도움이 되는 단편적인 정보들을 얻게 되었다. 150일 전투는, 잡초가 포장도로를 뚫고 나오는 것처럼, 혼란스러운 불법 시장경제가 계획경제의 표면을 계속해서 뚫고 나오는 나라에서 사회주의 질서를 다시 세우려는 노력의 일환일 뿐이었다.

우리 같은 관광객 눈에는 잘 띄지 않지만, 뒷골목에는 작은 좌판이 어수선하게 늘어섰다 당국에 의해 철거되고 금세 새로운 형태로 다시 나타나기를 반복한다. 신발, 청량음료, 중국에서 수입한 전기제품 들과 같은 물건들을 공공연히 펼쳐놓을 수 없으니, 여성들은 팔려는 물품들을 광고하는 종잇조각을 지닌 채 길 옆에 앉아 있었다. 종잇조각은 경찰관이 날카로운 시선으로 갑자기 다가와도 재빨리 숨길 수 있으니까. 심지어 북한의 무허가 민간사업자가 꽁꽁 얼어붙은 강을 건너 중국에서 밀수차를 끌고 온다는 이야기를 탈북자나 다른 사람들로부터 전해 들은 적이 있다. 세계에서 국가 통제가 가장 심한 경제가 살아남으려고 애쓰면 애쓸수록, 아이러니하게도 언제든지 현금화가 가능한 달러가 모든 것에 만사형통인 열쇠가 되고 있다. (탈북자들의 진술에 따르면) 병원 진료를 받거나 당 간부가 되는 것도 달러를 쓰면 쉬워진다고 한다.

당장이라도 폭발할 것 같은 북한 경제의 모순은 피할 수 없다. 북한 정부는 자본주의 도입을 통한 경제의 근대화를 선언하고 싶어 하지만, 근대화로 초래되는 소비주의는 억누르려고 애쓰고 있다. 국가 보조금과 유명무실해진 국가 분배체계가 기본 품목의 값을 매우 싸게 유지하고 있는 동안에 다른 소비재들은 값이 치솟고 있는 탓에 얼마 되지 않는 현금 수입으로 살아가는 평범한 사람들은 삶이 점점 힘겨워지고 있다. 한편 정부는 일련의 규제로 암거래를 계속 억제하고 있다. 합법적인 농업 시장의 거래 품목에 대해 가격을 통제한 것이라든지, 40세 이하의 여성들이 장사를 하지 못하게 금지했다가 나중에 50세 이하의 모든 여성으로 확대 적용한 것을 예로 들 수 있다.

지방 도시에 위치한 역으로 들어가면서, 우리가 탄 기차는 5, 6층짜리 아파트 단지를 지나쳤다. 아파트 건물은 대부분 분홍색이나 연한 페퍼민트 연두색으로 칠해져 있었다. 아파트에는 발코니가 있었는데 그 가운데에는 방한용으로 폴리에틸렌 비닐을 둘러놓은 곳도 있었다. 아파트 단지 안의 땅은 놀리는 곳 없이 밭으로 가꿔서 채소가 자라고 있었다. 건물 밖에서는 소달구지에서 짚단 더미를 땅바닥으로 내리고 있었다. 샌디와 나는 건물 내부는 볼 수 없지만 아파트 안 일상생활에 대해서는 들어본 적이 있기 때문에 아파트 단지를 지나치면서 기억난 이야기들을 건물에 투사해보았다. 건물 안에는 움직일 수 있는 엘리베이터가 없을 것이기 때문에, 만일 수도꼭지가 고장 나서 물을 양동이에 담아 위층으로 나르거나 창문을 통해 밧줄로 들어 올릴 경우(실제로 그럴 경우가 많다) 꼭대기 쪽에 가깝게 살기보다는 1층 가까이 사는 편이 훨씬 나을 것이다. 취사는 아파트를 가득 채울 정도로 연기가 많이 나는 장작난로나 연탄난로를 이용하는 것 같았다.

우리는 북한 북동쪽 지역은 돌아보지 않을 예정인데, 그곳은 가장 가난한 지역이고 동시에 매우 심하게 폐쇄된 지역이기도 하다. 또한 북한의 강제노동수용소 가운데 가장 악명이 높은 요덕수용소가 있는 곳이기도 하다. 공식적으로는 관리소15로 알려진 요덕은, 마을과 농장과 광산이 들어선 시골에 있는 일반적인 의미의 '수용소'가 아니라 정치범을 처벌하기 위한 다른 수용소와 마찬가지로 전기 담장으로 둘러싸여 엄중한 감시가 이루어지고 있다.[114] 이러한 수용소에서는 자기 생명에 위협을 느끼는 사람들이 다른 이들의 생사를 쥐락펴락하는 절대적인 힘을 갖게 되었을 때 벌어지는 온갖 극단적인 폭력이 난무한다. 수감자들은 그러한 폭력에 고스란히 노출되어 고문, 공개처형, 성폭력과 심리적 학대를 당한다. 말할 필요도 없이 수용소 근처의 어느 곳에도 우리의 접근은 허용되지 않을 것이다.

우리는 그러한 곳이 존재한다는 것을 알고 있다. 우리 가이드들이 얼마나 알고 있는가는 별개의 문제이다. 수용소에서 살아남은 사람들의 증언을 보면 북한의 많은 중간 계층 엘리트들은 불행하게도 자신이나 직계가족이 그곳에 가게 되지 않는 한 수용소의 존재 자체에 대해 모르고 있는 것으로 드러난다.[115] 가이드들이 소개하는 풍경을 바라볼 때면 익히 들어 알고 있는 지식들이 머릿속에 맴돌게 될 테지만, 입 밖으로 내어 말하지는 않을 것이다.

이러한 것들을 알고도 우리가 이 나라에 있어야만 하는 것일까?

현대 국가들은 모두 우호적인 모습을 외부에 보여주기

위해 관광을 활용한다. 켐프가 조선을 방문했을 때에도 일본 정부는 외국 방문객이 제국을 둘러보며 일본 식민주의의 '근대화 작업'으로 달성된 "한반도의 괄목할 만한 문화 발전"을 목격하도록 장려하기 위해 팸플릿, 광고, 사진, 영화 등의 수단을 동원하여 세심하고도 효율적인 선전을 재빠르게 펼쳤다.[116] 이와 병행하여 일본이 심혈을 기울여 뽑은 조선인 집단의 일본 여행도 있었는데, 조선보다 훨씬 강력한 이웃 국가 일본의 통치를 받는 것이 조선에 어떤 이득이 있는지를 설득하기 위해서 기획된 것이었다. (미국 제국주의 팽창을 열렬히 옹호하며) 일본 제국주의를 칭송해 마지않던 시어도어 루스벨트Theodore Roosevelt 전 미국 대통령은 이에 대해 다음과 같이 열심히 설명했다.

조선인 유람단은 일본을 방문하여 그곳의 선진 농업, 산업, 교육 체계 들을 공부하기 위해 구성되었다. 일본 방문은 대개 국가나 지역 전시회를 둘러볼 수 있도록 일정을 짰다. (…) 일본인은 조선에 자국민의 언어, 문화, 산업을 소개하려고 애쓰고 있으며, 조선인에게 자국의 새로운 통치자들의 최첨단 문명을 소개하기 위한 매우 실질적인 조치를 취하고 있다.[117]

루스벨트는 자기가 직접 목격한 것이 아니라 초대 조선 식민지 총독이었던 데라우치 마사타케가 쓴 에세이를 읽고 그 책을 바탕으로 말한 것이긴 하지만, 조선을 직접 둘러본 서양인들 중에도 일본 식민 지배의 장점에 설득당한 사람이 있었다. 그 가운데 한 사람이 켐프가 조선을 방문하기 2년 전에 일본 고위 관료의 안내로 평양과 서울을 둘러본 영국군 장교 허버트 오스틴이다. 약간 놀랍게도 오스틴은 평양에서 감옥 두 군데를 둘러보았는데, 일본인 죄수가 수감된 감옥은 "깨끗하고 환기가 잘 되며 바람이 잘 통한다"고 묘사했다. 조선인 죄수들이 수감된 나머지 한 감옥에는 "대략 한 평 겨우 넘는 작은 방에 25명에서 30명 정도 되는 죄수들이 밀집해 있었다"[118]고 했다. 그는 두 번째 감옥이 마음에 걸렸지만 조선에서 급속히 팽창하고 있는 일본의 지배력에 대해 조심스럽게 낙관하며 여행에서 돌아왔다. "전체 한민족이 일본에게 매우 심하고 부당한 대우를 받아왔다고 의심할 여지가 별로 없다"고 썼다. 그러면서도 "조선은 자국의 정사를 처리할 능력이 없으며", 일본은 성공적인 식민지화의 기술을 재빨리 습득해나가고 있다고 결론지었다. 오스틴은 일단 이러한 기술들이 좀 더 세련되게 연마된다면 "조선은 욱일의 왕관에서 밝게 빛나는 보석이 될 운명"이라고 예견했다.[119]

그러나 몇몇 외국 방문객은 식민 질서의 훨씬 더 어두운 측면을 감지했다. 언론인 프레더릭 맥켄지는 이미 1908년 무렵 일본에서 성장하고 있던 군부 세력에 대한 우려를 표명하며, 이렇게 되면 "조선에서의 통치가 한층 가혹해지고, 만주 침략이 꾸준히 늘 것이며, 중국의 내정에 점점 더 간섭하여, 결국에는 그 최후가 어찌 될지 누구도 알 수 없는 어마어마한 갈등에 휩싸이게 될 것"이라고 예언적으로 경고했다.[120] 1910년 한일병합 이후, 특히 1919년 식민 지배에 항거하여 일어난 3·1운동 이후에, 일본 당국이 재판 없이 사람들을 감옥에 가두고 수많은 정치범들을 고문하는 식으로 대응하면서 맥켄지의 비판은 한층 거세졌다.[121] 켐프는 비판의 소리를 높이지는 않았지만 조선을 여행하는 동안 식민 지배자들에 대해 복잡하고도 비판적인 견해를 품게 되었다. 그러나 조선이 국민의 동의 없이 식민지가 되었다는 이유로, 혹은 식민 당국이 죄수들을 고문하기 때문에 조선을 방문해서는 안 된다고, 누구도 이 외국인들을 말렸던 것 같지는 않다.

내가 1970년대에 남한을 처음으로 방문했을 때, 남한은 독재자 박정희의 통치 아래 있었고, 많은 정치적 반대자를 감옥에 비참하게 가두어두고 있었다.[122] 1970년대에 남한의 정치범들이 수용되어 있던 감옥은 오늘날 북한 감옥과 비숫하게, 넓지 않다. (이승만 초대 대통령 시절인 1950년대에 오히려 더 넓었다.) 어떤 면에서 오늘날 북한에 대한 나의 감정은 박정희 시절의 남한을 처음 방문했을 때 느꼈던 감정과 크게 다르지 않다. 그것은 바로 정권의 본성에 느끼는 절망감과 좁은 공간에 갇혀서도 인간성을 잃지 않은 채 어떻게든 살아내고 있는 평범한 사람들에 대한 깊은 존경심이다.

사람들이 자신의 정치적 신념 때문에 고문당하고 살해당하는 나라의 땅을 밟아야 하는가 밟지 말아야 하는가를 묻는 질문에 대한 절대적인 답은 있을 수 없다. 하지만 열린 눈과 마음으로 여행하다 보면 내 여행이 독재를 에워싸고 있는 벽에 균열을 내고, 외부 세계와 소통을 차단하고 정치 변화를 가로막는 쌍방의 비인간화를 무너뜨리는 데 도움이 되리라 믿는다. 만일 우리가 문을 닫아버린다면, 소통이 불가능하다며 일부 국가들을 상종하지 않으려 한다면, 갈라진 틈 사이로라도 엿보려고 시도조차 않는다면, 가장 억압적인 사회를 에워싼 복잡한 문제와 모순 들을 볼 수 없게 될 것이다. 그러고 나면 우리는 너무도 쉽사리 마음속 이미지로 '불량 국가'를 만들어내고, 그러한 사회의 매우 복잡한 문제들에 대해 안이하고도 단순한, 거의 틀림없이 잘못된 해결책들을 생각해내게 될 것이다.

땅거미가 내려앉을 무렵 평양 교외로 들어섰다. 누나가 돌보고 있는 가운데 어린 소년이 철로 옆 좁은 인도에서 비틀거리며 자전거 타는 법을 배우고 있었다. 경비원 한 사람이 기차 복도를 따라 내려오더니 객실 창문 커튼을 갑자기 쳐버린다. 물론 이러한 행동은 우리의 호기심을 부추길 뿐이었다. 밖에 무엇이 있기에 우리에게 감추려 드는 것일까. 우리는 커튼 주위로 조심스럽게 엿보려고 애썼지만 높다란 회색 아파트 단지 숲과 평양의 가장 인상적이고 상징적 랜드마크인 미완공 피라미드형 호텔의 윤곽선만 눈에 들어올 뿐, 다른 것은 볼 수 없었다.

두 가이드인 미스 리와 미스터 류가 평양역 승강장에서 우리를 마중 나와 기다리고 있었다. 양장점에서 맞춘 세련된 분홍색 정장과 하이힐을 신은 미스 리는 쾌활하고 당찼다. 미스터 류는 나이가 좀 들어 보였고 좀 더 조용해 보였으며, 길고 점잖고 약간 우울한 얼굴에 흰머리가 희끗희끗했다. 역은 넓고 그다지 밝지 않았으며, 거대한 헛간처럼 소리가 울렸다. 의자, 대기실, 매점이나 상점은 하나도 없이 대개 칙칙한 색깔 옷을 입고 등에는 짐을 진 엄청난 인파로 붐비고 있었다.

출구로 향하는 동안 미스 리가 우리에게 기차표를 달라고 했다.

기차표? 철렁하는 느낌이 들며, 기차에서 검표원에게 준 것까지는 생각이 나는데 다시 돌려받은 기억이 전혀 없다는 것을 깨달았다. 여권과 비자 걱정에 사로잡혀 티켓에 관한 것은 완전히 까먹고 있었던 것이다. 샌디와 가이드들이 티켓을 찾으러 객차로 황급히 되돌아간 사이 나는 출입구 근처에 서서 어둠이 짙어가는 가운데 사람들이 역에서 점차 빠져나가는 것을 지켜보고 있었다. 기차표를 찾으러 간 일행은 결국 빈손으로 돌아왔지만, 검표대에 있던 젊은 여성은 별로 신경 쓰지 않는 것 같았다. 어디에서 왔느냐고 묻고는 역 문을 지나는 우리에게 미소를 지으며 손까지 흔들었다. 안도의 한숨을 내쉰 미스 리는 우리가 이제까지 기차표를 잃어버린 첫 외국인 관광객이라고 말해주었고, 그 주 내내 가이드들과 운전기사 미스터 김은 기차표를 잃어버린 일을 화제로 농담을 주고받았다.

호텔은 역에서 차로 얼마 걸리지 않았다. 떠오르는 붉은 태양을 배경으로 김일성과 김정일의 사진이 커다란 로비를 내려다보고 있었다. 왼쪽으로는 접수대가 있었고, 그 너머로는 식당과 놀랄 만큼 큰 기념품 가게가 있었는데, 치마저고리, 공예품, 미키마우스가 장식된 지갑(북한에서는 미키마우스가 매우 크다) 외에도 식료품을 팔고 있었다. 널찍한 계단 위에는 서점이 있었다. 우리가 묵는 방은 광장을 내려다보고 있었는데, 저 멀리 피스타치오 아이스크림 색으로 칠해진 신문사 사옥도 보였다. 건물 꼭대기에는 커다란 붉은 간판이 세워져 있었다.

오늘 아침 이후로 내 한국어가 좀 늘었다. 별 노력 없이도 바로 간판을 읽을 수 있게 되었다. 거기에는 "21세기의 태양 김정일 장군 만세!"라고 쓰여 있었다.

CHAPTER 6

시간의 흐름 뒤바꾸기

일정표

에밀리 켐프는 여행기에서, 공간이 시간에 우선하도록 서술했다. 지리에 맞추어 연표를 재구성한 것이다. 첫 번째 저서인 『중국의 얼굴』은 별개의 두 여정을 한데 엮은 것이다. 하나는 켐프가 선교사였던 언니 제시와 함께 타이위안에 머물렀던 1893년에서 1894년 사이의 여정이고, 다른 하나는 제시와 가족이 살해되고 나서 몇 년 뒤인 1907년에서 1908년 사이의 여행이다.

그러나 책에서 묘사하는 장면들이 켐프가 1890년대 초에 본 것인지, 그보다 10여 년 뒤에 본 것인지 거의 구분하지 못할 정도로 켐프는 두 여정을 녹여냈다. 또한 켐프는 만주와 조선 여행을 자세히 풀어내면서 실제 시간 순서보다는 장소의 논리에 따라, 실에 엮인 구슬처럼 사건들을 다시 꿰맞추며 첸산 방문 같은 사건들을 바꾸었다.

산업혁명 시대의 영향을 받아 시간표를 열심히 읽고 계획을 짰던 켐프는, 여정의 필요성에 따라 시간을 짜 맞추고 가다듬었으며 다른 리듬에 맞춰 움직이는 사람들의 삶을 경이롭게 관찰했다. 만주에서는 "사람들이 매우 모호한 시간관념을 갖고 있어서 역에서 몇 시간이고 기다리는 데 익숙해 있으며" 심지어 한양에 있는 일본 은행원들조차 "시간이 전혀 중요하지 않은 듯" 분통이 터질 정도로 굼뜨게 업무를 처리한다고 적었다.[123] 켐프는 자신의 빠른 템포에 맞추어 일을 진행하기를 바랐는데, 그러다가 금강산에서 큰 재앙을 겪을 뻔했다. 한 친구가 평했듯이 켐프는 "불굴의 의지를 갖고 있었다. 하려고 마음먹은 것은 어떠한 경고에도, 어떠한 반대를 무릅쓰고라도 해내고야 말았다."[124]

켐프의 여정을 재구성해보려면 마찬가지로 시간을 억누르고 재배치해야만 한다. 켐프가 방문했던 장소들은 여전히 존재하지만 그 장소들 사이의 연결고리가 완전히 단절된 경우도 있다. 예를 들면, 켐프와 메리 맥두걸이 부산에서 배로 출발했던 여정 가운데 원산에서 금강산까지 가는 길은 이제는 오로지 북쪽에서만 접근할 수 있기 때문에, 우리는 미스 리, 미스터 류, 운전기사 미스터 김과 함께,

평양에서 우회해서 원산으로 가는 길을 택할 수밖에 없었다. 하지만 나는 평양, 서울, 부산을 지나간 켐프의 길을 더듬은 뒤에, 말과 상상력을 동원해서 켐프의 여정을 설명해보려고 한다. 그 말과 상상력은 끊어진 연결고리를 한 세기 전 존재했던 풍경과 닮은 그 무엇인가로 이어줄 것이다.

시간의 흐름

냉전의 종식을 찾아가는 이 순례길에서, 많은 시간층이 중복된 사이로 내가 움직이고 있다는 것을 자각하고 있다. 켐프가 살았던 세상은 새롭게 등장한 근대적인 것들이 마구 격동하던 시기였다. 발전이 낡은 것들을 영원히 쓸어가고 새로운 것의 물꼬를 트고 있었다. 켐프는 근대적인 발전이 끝없이 이어지면서 세상을 온통 물들이는 것을 한탄했지만, 켐프 자신도 시간에 대한 철저한 근대적 의식에 사로잡혀 있었다. 어디를 가나 켐프는 과거의 기념물들을 시간의 손길에 의해 "희미해진" "상처 입은" "파괴된" 것으로 묘사했다.

오늘날 북한에서는 발전의 힘을 믿는 근대적 신념과 시간을 통제하려는 열망이, 가장 극단적이고도 모순적으로 표출된다. 마르크스 레닌주의에서 기이하게 출발하여 김일성에 의해 북한의 공식 이념으로 탄생한 주체사상은 "사람이 모든 것의 주인이며 모든 것을 결정한다"고 가르친다. 이말은 물질적 발전의 힘이 영원히 앞으로 나아간다는 것을 의미하지만, 동시에 북한 같은 약소국도 순전히 인간의 결단력과 의지로 역사의 예정된 단계들을 뛰어넘어 세계의 선봉이 될 수 있음을 의미하기도 한다. 많은 혁명 체제와 마찬가지로 북한은 자체 달력인 주체력을 갖고 있는데, 이 연력에서는 김일성이 탄생한 1912년이 원년이 된다. 그러나 이 주체력은 혁명의 순간에 시작한 것이 아니라, 20세기 말 북한이 최악의 기근을 겪고 있던 1997년에 소급하여 도입되었다. 그리고 결국에는 역사를 도약하려는 시도 때문에, 북한은 출구를 찾을 수 없고 출구가 보이지 않는 기묘한 시간 왜곡에 갇혀버리고 말았다.

주체사상이라는 커다란 암초 주위로 동북아시아 역사의 시간이 흘러간다. 중국 중심의 세계에서 일본 중심의 세계로 서서히 바뀌었다가, 이제 다시 중국 중심으로 되돌아가는 변화가 그러하다. 현재의 관점에서 지난 세기를 살펴보면, 현재의 전망들이 때로는 놀라워 보인다. 한국에 그토록 긴 역사적 그늘을 드리운 일본의 식민 지배는 공식적으로는 사람의 반생에 해당하는 35년이나 지속되었다. 그러나 사실상 한국에 대한 일본의 지배는 거의 두 배나 더 지속되었다. 한반도의 분단은 거의 사람의 일생에 해당하는 60년 동안이나 지속되고 있고, 북한의 붕괴가 임박했다고 지난 20여 년 동안 줄기차게 예측했지만 북한 체제는 여전히 완강히 버티고 있다. 심지어 지금조차도, 변화가 임박했다는 징후가 보이고 있지만 북한의 종말을 예측하는 것은 불가능하다.

한편 나는 매일매일 위기의식에 사로잡혀 있는 지역을 여행한다. 한순간 북한 정부는 칼을 휘두르며 전쟁을 벌이겠다고 위협하다가도 다음 순간에는 화해의 손길을 내밀고 있다. 어느 순간에는 북한과 남한이 폐쇄된 국경을 다시 여는 일에 관해 깊이 협상을 진행하다가도 다음 순간 신랄함과 상호 비방이 난무하는 가운데 대화가 결렬되어왔다.

그리고 이 모든 표면의 흐름 저 아래로, 각 주기가 3억 2000년 동안 지속된다고 하는, 탄생, 지속, 쇠락, 소멸이 순환되는 훨씬 오래된 시간 감각의 주기가 감지할 수 없게 서서히 흐르고 있다. 불교 순례객들의 시각에서 보면 헤아릴 수 없이 긴 이 억겁의 시간에서 인간 각자의 삶이란 감지할 수 없는 찰나에 불과하다고 한다. 적어도 중국, 한국, 일본에 널리 퍼진 이러한 시각에서 보면 "거대한 홍수가 만상을 잠기게 하여 광대무변의 물을 제외하면 아무것도 보이지 않게 될 때에 바로 억겁이 끝나듯이" 순례의 목적지는 "금

강산이라는 순환 고리"를 갖춘 각 세계가 무량수불인 아미타불의 빛으로 가득 찬 곳이 될 것이다.[125]

CHAPTER 7

▶━━━━◆◆◆◆━━━━◀

새로운 예루살렘

: 평양

평양의 물지게꾼

한국은 철조망과 지뢰, 그리고 현대전에서 쓰는 끔찍한 무기들뿐만 아니라 언어로도 갈라진 반도이다. 남한과 북한 지역방언의 오래된 차이가 이념에 의해 더욱 뚜렷해졌다. '헬리콥터' '케이블카' 등등 1945년 분단 이후에 유입된 외래어들은 남북 양측에서 다르게 번역되었다. 내가 "일 없습니다"라고 하면 운전기사 미스터 김은 번쩍거리는 금니를 드러내며 씩 웃는다. 이 말이 북한에서는 정중하며 "별일 아닙니다"라는 의미로 통하지만, 남한에서는 "상관하지마"라는 뜻으로 쓰인다. 적대관계에 있는 양측 정부가 한글 글자를 로마자로 바꾸는 데 각기 다른 체계를 개발하는 바람에 남한과 북한 양쪽 지명이 모두 포함된 영문 책을 쓰는 사람(나도 포함된다)에게는 끝없는 문제가 발생한다.

그중에서 가장 골칫거리는 남북이 각각 정한 국가 이름도 서로 다르다는 사실이다.

냉전 시대에 독일이 분단되어 있었을 때, 양쪽 나라는 적어도 자신들을 독일이라는 이름으로 불렀다. 그러나 한반도에서는, 냉전으로 그어진 분단선 양측의 체제가 제각기 역사적 기원이 다른 이름을 물려받았다. 북한은 14세기 이후의 역사 대부분에서 한반도에 존재했던 나라의 이름을 사용해 '조선민주주의인민공화국'(북한은 조선을 Choson으로, 남한은 Joseon으로 영문 표기한다)이 되었다. (에밀리 켐프는 조선을 의미에 맞게 좀 더 정확하게 '상쾌한 아침의 나라'로 번역했지만, 흔히 영어로는 '고요한 아침의 나라'로 번역된다.) 남한은 1897년부터 1910년 사이에 근대국가로 한반도에 존재했던 대한제국에 의해 잠시나마 되살아난, 한국을 가리키는 또 다른 옛 용어인 '한韓'을 넣어 '대한민국'이 되었다. 공통의 이름을 찾는 일은 통일로 가는 길을 막고 있는 많은 방해물 가운데 하나에 지나지 않는다.

명칭 문제는 또한 좀 더 미묘한 다른 영향을 미치고 있다. 한국인뿐만 아니라 이웃인 중국인과 일본인마저 1945년 이후 한반도의 두 분단국과 그 국민들을 각기 자기 식으로 다르게 불러왔다. 중국에서는 북한 사람을 '차오

시엔런'으로 남한 사람을 '한궈런'으로 부르고, 일본에서는 북한 사람을 '조센진'으로 남한 사람을 '간코쿠진'으로 부른다. 일본인들은 한일병합을 기억할 때 '간코쿠 헤이고'라는 용어를 쓰는데, 이 말은 대체로 (그리고 애매하게) 한국과의 '통합' 또는 '흡수'를 의미하지만, 이 구절에서 '한국'이라는 용어는 오늘날 '남한'을 의미하는 단어다.

한일병합이 이루어진 지 100년이 다 되어가면서 일본과 그 이웃인 간코쿠(남한)가 협력하여 이 사건을 기억하는 적절한 방식을 두고 일본 언론에서는 많은 논쟁이 촉발되었다. 그러나 이러한 논쟁으로 일본인들의 기억에 드리워진 기이한 어둠이 더욱 깊어지기도 했다. 이는 한반도 북쪽에서 일어난 제국주의 팽창에 대한 기억들을 희미하게 만드는 어둠이다. '불량 국가' 북한에 대한 뉴스거리와 함께 김일성 광장에서의 군사행진을 지켜보며, 그곳이 한때 일본이 운영하던 전화교환국 사무소와 조선은행 헤이조(일본 식민지시대 평양의 명칭) 사무소가 있던 장소였다는 사실을 생각해내는 일본인은 거의 없다. 일본 언론은 일본과 그 이웃인 북한이 병합의 기억을 함께 기념하리라고는 거의 생각지 않는다. 시간이 지날수록 일본의 한반도 내 식민 지배는 남한을 식민지로 삼았던 것으로 기억되는 반면 북한에 대한 식민 지배의 역사는 불편하게도 점차 잊히고 있다.

에밀리 켐프와 메리 맥두걸은 이른 오후에 평양에 도착했고, 두 사람을 마중 나와 기다리고 있던 조선인 기독교 선교사가 마련해놓은 비단 가마에 올라탔다. 그들은 "크고 멋진 붉은색 벽돌의 새 막사들"과 평양역 주위로 급속히 성장하고 있던 "일본인 교외 지역"을 보았다. 통역관 미스터 차오와 조선인 선교사가 뒤따라 걸어오며 조용히 한자로 대화를 이어가는 동안, 두 여자는 갖가지 생소한 음식을 팔고 있는 가게들이 즐비한 길거리 사이사이를 가마를 타고 누볐다. "마른 오징어가 줄지어 걸려 있었고, 현지인들이 즐겨 먹는 것으로 보이는 음식도 있었고, 멋지게 배치해놓은 줄에 온갖 종류의 생선을 건조해서 걸어놨는데, 가게를 꾸미는 것은 물론 손님들의 편의를 위해서 그렇게 해놓았다."[126] 켐프는 이러한 뒷골목의 이국적인 북적거림이 즐거웠지만, (하얼빈에서 그랬던 것처럼) 도시의 전면에 근대적인 건물이 꾸준히 퍼지고 있는 모습을 보고서는 탄식했다. 평양에 대해서는 이렇게 적고 있다. "가장 역겹고 가장 공격적인 형태로 서 있는 유럽식 건물이 모든 곳을 훼손하고 있는 것을 보니 안타깝기 그지없다."[127]

동북아시아에 끼친 서구의 영향에 대한 켐프의 이중적 태도는 아시아 대륙에서 일본의 영향력에 대한 이중적 태도에도 그대로 드러난다. 사회의식을 갖춘 산업혁명 선구자의 자녀로서 켐프는 외국인 침략자들이 만주와 조선에 도입한 현대의학, 위생학, 교육 등을 전폭적으로 환영했다. 그러나 이국적 풍경, 소리, 아시아의 자연적 정서를 즐기는 여행가로서는 근대적인 것으로 탈바꿈하며 전통이 점차 사라져가고 있음을 탄식했다.

평양 거리에서 그녀의 관심을 끌었던 광경은 바로 물지게를 짊어진 풍경이었는데, 당시만 해도 도시에서도 여전히 강에서 물을 길어오고 있었기 때문이다. 대개 물지게를 지는 힘든 일을 여성들이 했던 다른 지방과 달리 평양에서는 물 긷는 일은 주로 남자들의 몫이었다. 그들은 소중한 물독을 등에 지었다. 그러나 1910년 무렵 이미 사실상 도시를 지배하고 있던 일본 당국은, 평양 중심부를 관통하며 능라도를 품고 흐르는 넓은 대동강 둑에 새로운 급수장을 막 완공했다. 급수장은 평양 관광의 백미였다. 켐프는 그곳을 방문했을 때 생각에 잠겨 이렇게 썼다. "고풍스러운 저 물건, 물지게는 머잖아 추억으로 남겠지만 훌륭한 상수도 시설의 편리함은 주민들을 변화시킬 것이 분명하다."[128]

급수장은 도시를 식민지로 철저히 개조하는 작업의 일부였을 뿐이었고, 식민 지배의 잔재는 오늘날 평양 중심지 어디에서나 여전히 눈에 띈다. 켐프보다 거의 20여 년 앞서 선교사 제임스 게일이 평양을 방문했을 때만 해도, 옛 도시는 여전히 높은 성벽에 둘러싸여 있었다. 역사시대 전 까마득한 먼 옛날 평양 주위 지역은 한반도와 중국 왕조 사이에 활발한 상호작용이 일어나던 장소였고, 숲으로 뒤덮인 채 대동강을 굽어보고 있는 모란봉 위에는 거의 천년 동안 중국의 반半신화적 인물인 기자箕子의 묘로 공경받아온 오래된 기념물이 서 있다. 중국어로는 '지주Jizu'로 알려진 기자는 기원전 1000년에 중국 상나라로부터 한반도로 도망쳐 와서 평양 이북 지역을 통치했다고 전해진다.[129] 1890년대 초 게일이 평양을 지날 때, 언덕 남쪽에는 스스로를 기자의 후손이라고 주장하는 양반들이 살고 있었던 반면, 언덕 북쪽에는 불교 사찰의 '거점'이 있었는데, 사찰이 자리 잡고 있는 곳의 풍수의 아름다움과 힘을 보면 한반도에서 "불교 세력이 한때 맹위를 떨쳤다고 생각하게 된다."[130]

그러나 1894년 평양에는 재앙이 닥쳤다. 불행하게도 압록강을 향해 북진하는 일본군과 그에 맞서는 청나라군이 지나가는 길목에 자리 잡고 있던 평양은, 1894년에서 1895년까지 치러진 청일전쟁에서 가장 치열한 격전지가 되었다. 전투가 끝난 후 게일은 평양에 대해 이렇게 적었다.

평양은 시체로 가득 찼고, 주민들은 모두 흩어져 어디로 갔는지 알 수 없었기 때문에 한때 혼잡했던 거리는 쥐 죽은 듯이 고요했다. 야밤을 틈타 아내와 세 자식을 데리고 도망친 한 조선인은 성벽을 넘어 화를 면했다. 그는 어느 정도 재력가였지만 당연히 모든 것을 잃어버리고 말았다. 세 자식이 무사한 것만으로도 천만다행이라고 했다. 검은 눈의 어린 소녀는 그날 밤 평생 잊지 못할 광경을 두 귀로 듣고 두 눈으로 목격했다. 무라타 소총과 전쟁터에서 늘 들리는 끔찍한 무기들의 포화 말이다.[131]

청일전쟁에서 승리한 이후, 일본이 점차 조선을 지배하면서부터 파괴된 도시에 근대적인 건물들이 들어서게 되었다. 켐프가 본, 평양역 주변에 생겨나고 있는 '일본인 교외 지역'은 만주국의 '새로운 수도'라는 일본의 야심찬 실험을 미리 구현해보는 도시계획의 일부였다. 데이샤바 도리(일본어로 '역 거리')라는 이름의 직선대로가 철도역에서부터 대동강까지 놓였고, 미국 도시처럼 격자형으로 설계된 상점, 사무실, 도매점으로 가득 찬 새로운 도시가 3만 6000명가량의 옛 조선 주민과 더불어 6000명 정도의 일본인 이주민들을 수용했다.[132]

그러나 이 새로운 평양은 오래된 지역들을 세심하게 보존하면서 만들어졌다. 식민 지배자들의 관점에서 보면, 한국사에서 기자의 역할은 한반도가 역사적으로 중국에 종속되었고 그럼으로써 문화적 독창성이 결여되었다는 증거였다. 기자의 묘는 조선인의 독립 주장에 직면한 일본에 새로운 식민사관을 상징하는 중요한 전시물이 되었고, 20세기 전반기에 평양을 찾는 대부분의 외국 여행객이 방문하는 명소였다. 켐프는 숲으로 뒤덮인 모란봉 비탈길을 올라 울창한 소나무로 둘러싸인 묘소를 보았다. 묘역은 "단단히 닫혀 차단되어 있었지만" 켐프와 맥두걸은 동물과 사람 형상 석상 행렬이 죽 둘러싼 사이로 봉분을 엿볼 수 있었다. 대개의 관광객과 마찬가지로 그들도 반짝이는 강물과 들판과 그 너머 산들이 내려다보이는 모란봉에서 바라본 숨이 멎을 듯 아름다운 전망에 사로잡혔다. 그러나 켐프가 안타까워하며 지적했듯이, 그 역사가 기자시대까지 거슬러 올라간다는 전설을 품은 평양 성벽은 이제 "허물어지고 있다." 켐프는 비꼬듯이 덧붙였다. 이 시기는 "토마스 쿡이 직접 인솔한 최초의 단체 여행이 도래한 시대이다!"[133]

3년 후, 조선의 새로운 식민 지배자들은 기자의 묘역 가까운 산에 초가지붕을 가파르게 얹은 커다란 목재 전시관을 건설하기 시작했다. 이것은 평양의 신사神社가 될 곳으로, 점점 늘어나는 평양 거주 일본인은 물론이고, 특히 조선인들마저도 일본의 고대 태양 여신 아마테라스 오미카미의 후손으로 저 멀리 도쿄에 있는 일본 천황에게 경의를 표하게 될 것이었다. 말할 것도 없이 신사의 흔적은 오늘날 평양 어디에도 남아 있지 않다.

조선을 여행하면 할수록 캠프는 식민지 근대화의 어두운 면을 점점 더 인식하게 되었다. 그것은 점차로 진행되는 근대화에 따라 어쩔 수 없이 옛것이 밀려나는 것을 넘어서는 차원의 문화적 폭력이었다. 조선과 정식 병합이 이루어지기 전인 이 마지막 몇 달 동안조차도 일본 정부는 자신들은 조선 왕의 동의 아래 주둔하는 것이고, 보호정치일 뿐이라고 주장하며 전면적인 식민지화 계획을 계속 부인했다. 그러나 캠프는 이렇게 적었다.

자신들의 보호정치를 가능한 한 유화적으로 하려고 애쓰기는커녕, 일본은 너무나 자주 그 반대로 하고 있다. 여러 면에서 그들은 조선을 이롭게 하는 원대한 정책을 펴고 있지만, 그것들을 아주 추악한 방식으로 추진하고 있다. 그들이 조선인의 가장 소중한 바람들을 짓밟고 피정복민처럼 취급하는 한 병합 계획을 부인해봐야 아무 소용이 없다.[134]

침묵의 소리

　모란봉을 방문했을 때 켐프의 넋을 빼앗은 평양의 경치는, 오늘날 모든 외국 관광객들이 찾는 명소인 주체사상탑에서 보면 훨씬 더 근사하게 볼 수 있다. 기자는 외세와 식민 지배를 연상시키는 것들과 함께 구시대의 유물이 되었고 그 묘소는 파괴되었다. 주체사상이 다른 어떤 것보다도 매우 국수적이기 때문이다. 스테인드글라스로 만든 불꽃을 얹은 초고층 백색 탑 정상에서는 도시의 사방이 내려다보이고, 한밤중에도 도심을 고요히 흐르는 대동강 초록빛 물이 보인다.

　평양의 드넓은 대로와 광장은, 삽과 쓰레받기와 빗자루로 시민의 의무를 수행하는 운동복 차림의 수많은 주민들에 의해 먼지 하나 없이 깨끗하게 유지된다. 이따금 트럭이나 버스가 덜컹거리며 지나갈 뿐 보행자가 대부분이다. 검은 옷이나 군복을 걸친 남자들, 단정한 치마와 블라우스를 입은 여성들, 교복이나 운동복을 입은 아이들 등등 평양 주민은 장거리를 걷는 데 익숙한 사람들 특유의 걸음걸이로 움직인다. 서두르지 않은 채 머리는 높이 쳐들고 팔은 경쾌하게 휘두르며 걷는다. 대동강변을 따라 잔디와 나무들이 말끔하게 정돈되어 있는 공원에서 시민들은 낚시를 하거나, 담배를 피우거나, 나무 그늘에 앉아 책을 읽는다. 진달래가 활짝 피어 있고, 봄의 연둣빛 물이 한창 오른 버드나무 가지는 수면 위로 살랑거린다.

평양의 확 트인 공간에는 기묘한 울림이 있다. 시끄러운 군악대 소리와 정오와 자정에 옥상에서 울리는 음산한 전자벨 소리를 제외하고는 깊은 정적이 흐른다. 트럭이나 버스가 나타나기도 전에 저 멀리서 다가오는 소리가 들리며, 또 시야에서 사라진 후에도 엔진 돌아가는 깊은 소리가 한참 동안이나 울려 퍼진다. 그도 그럴 것이 인구가 300만 명이 넘는 평양에는 오늘날 다른 모든 도시에 스며들어 있는 소리, 배경처럼 깔리는 끝없이 윙윙거리는 자동차 소리가 별로 없기 때문이다.

10대 초반에 처음으로 대도시에서 살게 되었을 때, 나는 한밤중에 깨어 거대도시가 내는 매우 냉혹하고 끝없이 으르렁거리는 소리에 두려움을 느끼면서 귀를 기울였다. 이제는 도시의 그 소음이 너무도 익숙해져서 (대부분의 사람들처럼) 더 이상 들리지는 않지만, 평양에서는 이상하게도 그 소리가 잘 들리지 않는 것을 의식하게 된다.

아침 식사를 하러 내려간 널찍한 호텔 식당은 하얀 리넨 테이블보와 크리스털 샹들리에로 장식되어 있었으며, 메뉴판은 없고 고객에게 최선을 다하고 싶어하는 약간 수줍어하는 여종업원이 있었다. 어느 것이 좋을지 좀 묻고 한참

평양의 보행자들 (샌디 모리스)

검은 옷이나 군복을 걸친 남자들, 단정한 치마와
블라우스를 입은 여성들, 교복이나 운동복을 입은
아이들 등등 평양 주민은 장거리를 걷는 데 익숙한
사람들 특유의 걸음걸이로 움직인다. 서두르지 않은 채
머리는 높이 쳐들고 팔은 경쾌하게 휘두르며 걷는다.

기다린 후에야 많은 양의 빵과 계란 부침, 마시기 좋게 적당히 따뜻한 커피가 나왔다. 옆 테이블에는 쇠약할 정도로 나이 든 할머니부터 작은 아이에 이르는 대가족이 한국어와 일본어를 섞어가며 대화를 하고 있었다. 이 호텔은, 오랫동안 잃어버린 친척들을 만나러 일본과 심지어 미국에서 북한을 찾아온 한국인 가족들이 자주 이용한다고 우리 가이드가 귀띔해주었다. 나중에는 호텔 계단에서 그 가족을 보았다. 할머니는 지팡이에 몸을 기댄 채 비틀거리며 서 있었다. 얼굴에서는 눈물이 하염없이 흘러내리고 있었다.

미스터 류는 일찌감치 일어나 우리를 만나려고 로비에서 기다리는 동안 그날 구사할 문장들을 다듬고 있었다. 그는 함께 일하는 여성 동료보다 나이가 많았지만 (우리가 알아낸 바로는) 이 일에는 신참이었다. 군복무를 마친 뒤 가이드가 되기 전 몇 년 동안은 연구원으로 일했다고 한다. 그는 미스 리만큼 영어를 잘 구사하지는 못하지만, 결의만큼은 경험 부족을 메우고도 남았다. 틈틈이 남는 시간마다 안내 사항을 외우고 문장을 다듬었고, 그래서 설령 다른 말에서 막히더라도 "위대한 수령 김일성 동지의 영도 아래" 같은 영어 구절은 입에서 술술 흘러나왔다.

"저는 군대가 좋았습니다. 정말로 고되긴 했지만 재미있었지요. 군대에 있다 보면 자신이 중요한 사람인 것처럼 생각된답니다."

하지만 그는 정말 군인 타입인 것처럼 보이진 않는다. 오히려 군인이 되기 전 잠시 몸담았다고 하는 학교 선생님처럼 보였다. 검은 정장은 호리호리한 그의 체격에 헐렁하게 걸려 있었고, 내 생각엔 그가 삶에서 진정으로 사랑하는 존재는 지갑에 늘 사진을 지니고 다니는 아내와 어린 딸인 것 같았다. 대동강변을 지나는 동안 더벅머리로 뒤덮인 작고 동그란 얼굴의 조그만 딸 사진을 약간 수줍은 듯 우리에게 보여줄 때, 잠시 동안 그의 눈에서는 슬픈 기색이 가시고 아버지로서 느끼는 순수한 기쁨의 미소와 빛이 떠올랐다.

오늘날 평양은 두 번째로 파괴된 뒤 다시 재건한 모습인데, 두 번째 파괴는 첫 번째보다 그 규모가 훨씬 거대했다. 일본 국민 대부분이 청일전쟁 동안 평양을 유린한 것을 잊어버렸듯이 미국인, 영국인, 호주인, 그 외에 다른 나라 사람들 대부분은 한국전쟁 동안 평양을 말살한 사실을 망각해버렸다.

북한 정부는 그것을 그다지 상기시키지는 않는다. 전쟁의 기억은 도시 어디에서나 드러나지만, 회자되는 이야기는 영웅적 항거나 빛나는 승리에 관한 것들뿐이다. 평양 중심지에 있는 조국해방전쟁승리기념관에서는 쾌활한 젊은 여성 병사가 "우리 군대가 미국의 대규모 육군사단을 일거에 섬멸시킨" 대전 대전투와 "위대한 수령의 영도 아래 인민군 전위대의 불타는 투지로 조선 민족을 괴멸시키려는 적들의 음모를 철저히 분쇄했던" 철령 전투를 묘사하는 거대한 입체 모형을 자랑스럽게 보여주었다. 안내서에 소개된 자질구레한 수치까지 일일이 열거하더니, 중심에 회전 연단이 있는 원형 전시실의 전체 벽을 뒤덮고 있는 대전 전투화가 "높이는 15미터, 둘레는 132미터, 직경은 42미터이며, 여기서 그림까지는 13.5미터다. 이 그림 하나에 우리 화가들이 100만 명 이상의 사람들을 그려 넣었다"고 쉬지 않고 알려주었다. 잠시 한숨 돌린 후에는 "저로 말할 것 같으면 끊임없이 그림 속 사람을 세어왔지만 아직까지도 완전히 다 세지는 못했다"고 고백했다. 그녀의 설명에 따르면 승리의 조국해방전쟁은 1950년 6월 25일에 시작되었다.

미 제국주의 침략자들이 38선을 넘어 남쪽에서 쳐들어오자, 위대한 수령께서는 반격을 가함으로써 적의 도전을 분쇄하라고 우리 병사들에게 명령하셨습니다. 그리고 이 전쟁을 맞이하여 위대한 수령께서는 한 달 안에 남조선 전체를 해방시킬 것을 명령하셨습니다. 그러나 우리 병사들은 무기가 충분치 않았고, 미 침략자들은 미국 본토와 지중해함대, 태평양함대로부터 파병한 대규모 증원군으로 평양을 비롯한 북조선 일부 지역을 잠시 점령하기도 했습니다. 그래서 위대한 원수 김일성 수령께서는 병사들에게 북쪽으로 잠시 퇴각할 것을 명령했습니다. 하지만 미 제국주의자들이 압록강 위 중국의 일부 지역에 폭격을 가했기 때문에 중국이 지원군을 보내주어 우리 인민군과 함께 새로이 반격을 시작했고 미국인들을 38선 아래로 몰아낼 수 있었습니다.

멜로드라마 조의 음악과 철책 위로 낮게 날아가는 적기를 묘사하는 불빛과 대공포의 포격 소리의 도움으로 생생하게 살아난 철령 전투 입체 모형은 아이들에게 매우 인기가 있다고 했다.

그러나 사람들이 겪은 고난에 대한 일상적인 이야기들은 귀에 거슬리는 이러한 공적 이야기와 잘 들어맞지 않는다. 북한에서는 전쟁의 희생자가 즉시 승자로 뒤바뀌었다. 오스트레일리아를 떠나기 직전에 찾아본 자료에 의하면 수치상으로 대전 전투화의 규모 못지않게 엄청난 폭탄을 쏟아부은 날들에 대한 기록을 이틀간의 평양 생활에서 찾아보았지만 별 성과가 없었다. 1952년 7월 11일, 미국, 영국, 호주, 남한의 전투기들이 1254회 출격하여 2만 3000갤런의 네

이팝탄을 평양과 그 주민들에게 쏟아부었고, 출격 횟수가 1403회가 되던 1952년 8월 29일에는 대략 6000명의 평양 시민이 사망했다.[135] 며칠 뒤 평양 폭격이 끝나자, 미 사령부는 공격 명분을 정당화하기 위해 도시에는 주민들이 별로 없었다고 결론지었다. 그 당시, 도시 건물 80퍼센트가 잿더미로 변해버렸다.[136]

기념관을 나오며 미스터 류는 슬픈 기색도 없이 지나가는 말로 자신의 두 할아버지와 할머니 한 분도 한국전쟁에서 돌아가셨다고 했다. 이곳에서는 그런 이야기가 흔했다.

화학물질로 뒤덮인 폐허에서 일어난 새로운 도시는 콘크리트, 석조, 대리석으로 표현된 혁명적 도전이었다. 평양은 주체사상의 살아 있는 구현물이 되었다. 건물은 훨씬 웅장해야 했고, 여흥은 좀 더 호사스러워야 했고, 문화는 다른 나라 수도들이 제공할 수 있는 것 이상으로 격상되어야 했다. 높이가 170미터에 달하는 주체사상탑은 닮은 꼴인 워싱턴 기념비보다도 70센티미터가 높다. 일본 제국주의에 맞선 조선의 영웅적 저항을 기념해 건설한 개선문은 세계에서 가장 큰 승전문이다. (세심하게 미리 조사한 결실을 보여주며) 미스터 류는 프랑스 개선문은 높이가 50미터가 채 안 되고 너비는 고작 45미터밖에 안 되는 데 비해, 평양의 개선문은 높이가 60미터에 폭이 50미터나 된다고 설명해주었다.

그러나 제아무리 북한 지도자들이 식민지 도시의 모든 흔적들을 지우겠다는 결심을 발표했더라도 20세기 초 일본 근대주의자들이 깔아놓았던 격자도로는 사실상 주체사상의 수도에 훌륭한 기초를 제공했고, 그 윤곽은 그 뒤로 넓게 확장한 도로와 현 도시의 사회주의적 신고전주의 분위기에서도 여전히 볼 수 있다. '인민군로'로 불렀다가, '버드나무로'로, 지금은 '영광로'로[137] 이름을 바꾼 역 도로는 여전히 역에서 도심까지 활처럼 곧게 뻗어 있다. 야마토 마치(일본 마을)의 일본 상업지구를 한때 갈라놓았던 주도로는 1950년대에 곧게 확장되었고, '스탈린로'라는 새로운 이름이 주어졌다. 오늘날 그곳은 제국주의를 무찌른 것을 기념하는 개선문과 마찬가지로 '승리로'로 이름이 바뀌었다.

일본인들이 건설한 급수장이 있었던 대동강의 능라도에는, 북한의 놀라운 아리랑 매스게임이 펼쳐지는 능라도 5·1경기장이 들어서 있다. 그러나 모란봉은 켐프가 방문했던 당시처럼 여전히 인기 있는 나들이 장소이다. 반면에 북한의 지배 권력인 노동당 설립을 기념하기 위해 건설한 기념관은 미심쩍게도 식민지시대의 건물을 차지하고 있었는데, 도쿄의 다이어트 빌딩과 그 분신인 만주국의 사라진 수도 신징의 주의회 건물과 흡사해 보였다. 그리고 적어도 최근까지 북한 인민군 전몰기념비는 일본 식민지 정부가 1894년 평양 전투에서 전사한 자국 병사들을 기념한 바로 그 자리에 서 있었다. '영광스러운 전사자들'의 국적과 정략은 바뀌었지만, 그들을 추모하는 의식은 여전히 비슷한 데가 많다.

인민대학습당

평양에 사는 것은 덕행에 대한 보답이다. 수도에 거주하는 것은 성공을 증명하는 궁극적 지표인데, (다른 어느 도시보다도) 평양은 사회적·정치적 상류층을 위해 마련된 도시이기 때문이다. 도시로 진입하는 도로에는 초소들이 있는데, 탐탁지 않은 시골 빈민들이 들어오지 못하도록 철저히 지키고 있다. 널찍한 중심가에 접해 있는 아파트 단지들은 겉으로는 산뜻하고 근대적인 모습을 하고 있다. 이 모습을 캠프가 보았더라면 끔찍해했을 것이다. 그래도 주체사상탑 꼭대기에서 내려다보면 좀 더 오래된 아파트 단지들이 어떻게 부실한 회색 지붕의 단층 소형주택들을 에워싸고 가두어 한 구역을 형성하고 있는지 볼 수 있다. 거대도시 한복

판에 숨겨진 마을들이 드러나는 것이다.

인민대학습당은 평양이 이상향으로 품고 있는 비전을 그 어떤 건물보다도 강력하게 구현하고 있다. 20세기 초 현재의 인민대학습당이 서 있는 도심의 완만한 구릉지는 한때 평양 가톨릭교회와 감리교 감독교회 선교구가 차지하고 있었는데, 후자는 켐프가 "멀리서도 보이고, 들을 수 있는" 종탑이 있는 커다랗고 멋진 교회가 포함된 "미국식" 건물 단지로 묘사한 바 있다.[138] 두 교회는 모두 한국전쟁 때 완전히 허물어졌고,[139] 그곳에는 이제 층층이 얹힌 청록색 타일 지붕과 흰 대리석 기둥을 갖춘 신전통주의 양식의 웅장한 건물이 들어서 있다. 1982년에 완공된 인민대학습당은 북한의 국립도서관일 뿐 아니라 연구센터이자 성인교육의 산실이며 지식을 널리 퍼뜨리는 본산지이다.

한쪽으로는 베르사유 궁전에 버금갈 정도로 드넓게 포장된 공간이 펼쳐져 있는데 작은 언덕 사이로 휘어진 소나무 주위를 돌며 놀랄 정도로 맑은 물살이 분수, 폭포, 연못을 이루어 돌로 포장된 도로 위로 흐르고 있었다. 목과 흰 셔츠의 소맷부리 주위에 붉은 스카프를 두르고 푸른색 반바지를 걷어 올린 선발대 제복을 입은 소년들이 흐르는 물살 한가운데에 솟아오른 둥근 바위 위에서 까르륵거리며 위태위태하게 균형을 잡고 있었다. 엄마들은 아장아장 걷는 아기들을 데리고 광장으로 소풍을 나왔고, 한 엄마는 분수대 물에 적신 헝겊으로 어린 딸의 끈적거리는 손가락을 닦아주고 있었다.

근처에서는 회색 정장을 걸친 신랑과 금박 꽃무늬로 장식된 분홍 치마저고리를 걸친 신부가 웃으며 가위바위보를 하는 모습을 사진사가 가장 좋은 각도를 골라가며 사진에 담고 있었다. 참석한 하객은 별로 없는 것 같았지만 지나던 행인이 멈춰 서서 미소를 지으며 신랑 신부에게 축복을 빌고 손을 흔들어주었다.

북한에서는 아직까지 전통 방식인 중매결혼이 많은데, 중매장이가 양쪽 집안이 정치적으로, 사회적으로 잘 맞는지 확인하는 것을 도와준다. 우리의 가이드인 미스터 류는 자신은 군대 상관이 중매해주었다고 알려주었다. 그러나 아시아의 다른 지역에서와 마찬가지로 이곳에서도 중매결혼이라고 해서 사랑이 없지는 않다. 미스터 류는 동료 가이드와 운전기사가 안 들을 때 자기가 아내를 사랑하게 된 사연을 말해주겠다고 약속했다.

분수 앞에서 포즈를 취하고 있는 신부를 바라보는 동안 샌디가 미스 리에게 말했다. "치마저고리가 참 예쁘네요." 그러자 미스 리가 뜻밖에 의미심장한 미소를 지으며 덧붙였다. "그렇죠. 또 약혼과 결혼 사이에 작은 사고라도 생기면 매우 유용하기까지 하죠."

소리가 크게 울리고 회색과 분홍색 대리석으로 이루어진 인민대학습당 현관에는 백두산 소벽 앞에 고故 김일성의 거대한 흰 조각상이 랴오양의 거대한 금불상만큼이나 위압적이고 무표정한 모습으로 저 멀리를 응시하며 앉아있었다. 우리는 국제교환부에서 나온 한 사서의 안내로 건물 주위를 둘러보았는데, 그는 지치지도 않고 숫자를 끝없이 열거했다. "이 홀을 짓는 데 사용된 돌은 전국 아홉 개도에서 왔답니다. 인민대학습당은 열 개의 건물과 100개의 방으로 구성되어 있고 3000만 권이 넘는 장서를 보유하고 있습니다……."

이상은 훌륭해 보였다. 도서관은 뛰어난 학자들을 직원으로 채용하는데, 그들은 연구를 진행하며 난해한 주제들에 대한 도서관 이용객의 질문에 언제라도 답하기 위해 대기하고 있다. 컴퓨터가 열 지어 가득 찬 커다란 방에서는 도서관 이용자들이 북한이 자체개발한 광명망을 사용해 자료를 조사하고 있었다.

"현재로는 네트워크가 국내에 한정되어 있지만, 머잖아 인터넷과 연결할 것입니다." 가이드는 우리에게 장담했다.

그러나 북한이 인터넷 혁명의 영향권에서 벗어난 채 가

장 고립되어 있는 사이에, 남한은 전 세계에서 디지털 연결이 가장 잘 되는 나라가 되었다. 그리고 사실상 기술서들을 제외한 인민대학습관의 외서 대부분은 외국 음반, 시디, 영화 다수가 그렇듯이 일반 사용자들에게는 접근이 제한되어 있다. 그럼에도 불구하고 문이 완전히 닫혀 있지는 않다. 노래방 노래 실력이 대단함을 입증한 미스 리는 〈Nostalgia〉〈Climb Every Mountain〉〈Edelweiss〉〈My Hearts Will Go On〉같이 북한의 표준 애창곡을 뛰어넘는 다양한 레퍼토리를 갖고 있다. 영어 연수 기간에는 영화 〈사운드오브뮤직Sound of Music〉과 〈타이타닉Titanic〉 시청이 필수였다고 했다.

그녀는 또 말해주기를, 자신이 현재 휴대전화를 사기 위해 열심히 돈을 모으고 있다고 했다. 이제는 북한에서도 휴대전화를 구입할 수 있게 된 데다 매우 제한된 국내 네트워크에만 접속할 수 있다 하더라도 분명히 신분의 상징이기 때문이었다.

평양에서 보낸 일요일

켐프가 방문했던 감리교 감독교회는 종루의 종소리가 평양 도심에 울려 퍼지는 것이 인상적이었는데, 당시 도시 전체에 급속히 뻗어나가고 있던 교회 조직의 일부에 불과했다. 1910년 4만 명에 이르는 평양 인구 가운데 8000명가량이 기독교인이었고, 그 덕분에 켐프와 맥두걸은 평양에 머무는 동안 (비록 감리교 감독교회의 경우에는 설교가 시작되기 전에 조용히 빠져나왔지만) 일요일마다 이 교회 저 교회를 돌아다니며 행복하게 보낼 수 있었다.[140]

평양에 처음으로 도착한 서양 선교사들은 따뜻한 환대를 받지는 못했다. 스코틀랜드 목사 로버트 토마스는 성경이 가득 든 트렁크를 가지고 제너럴셔먼호를 타고 1866년에 평양에 들어오려고 시도했다. 제너럴셔먼호는 영국 무역회사가 빌린 미국 선박이었는데, '은자의 왕국'을 설득하여 교역의 문을 열게 하려는 대담한 시도를 했다. 그러나 배가 좌초되자 겁에 질린 선원이 근처에 모여 있던 조선 군중을 향해 대포를 발사했고, 이에 노한 군중이 배에 불을 질러 탑승자 전원이 죽는 끔찍한 재앙이 벌어지고 말았다. '미 제국주의 침략선 제너럴셔먼호에 의한 도발 행위'에 반대하는 조선인의 저항은 북한의 역사적 상상 속에서 여전히 크게 부각되어 있다. 대동강변에 이를 기리는 거대한 석조기념물이 있으며, 그 옆에는 제너럴셔먼호를 상징하듯 1968년 북한이 나포한 미국 정탐선 푸에블로호USS Pueblo가 전시되어 있다.

그러나 처음의 적대감이 사라진 뒤, 20세기 첫 10년 동안 원산과 평양 등 북쪽 도시에 있는 교회들은 갑작스러운 개종 붐을 경험했다. 아마도 전쟁의 소용돌이와 점점 잠식해 들어오는 식민주의에 대한 반응이었을 것이다. 조선 전통 양식으로 지은 감리교 감독교회는 멋스러우면서 소박한 모습이었는데, 1000명 정도의 신자들을 수용하기에 충분했지만, 켐프와 맥두걸이 그곳에서 예배를 볼 무렵에는 신자가 넘칠 정도로 자주 꽉 찼고, 새로운 신자들이 밀려들면서 그들을 맞이하기 위해 주변 지역에 교회를 39개나 새로 세워야 했다. 1910년 무렵 평양은 이미 선교사 사회에서 '동양의 예루살렘'이라는 명성을 얻고 있었다.

중앙 교회에서 켐프와 맥두걸은 묘하게도 오늘날의 150일 전투와도 같은 열성과 에너지를 갖고 있던 조선인 목회자인 길 목사를 만났다. "신자들이 점차 심드렁해지는 것 같으면 그는 새벽 4시에 모이는 매일 기도회를 시작했는데, 기도회에는 무려 600명에서 700명 정도가 참석했다. 그 결과 커다란 부흥이 일어났고, 신자들은 앞으로 3000일 동안 다른 누구보다도 열성적으로 그리스도에 대해 배우겠다고 약속했다."[141]

켐프와 맥두걸은 여신도들의 성경 공부반이 막 시작하고 있었을 때 중앙 교회에 도착했는데, 켐프는 여신도들을 보고 마음을 빼앗겼다. 남성의 눈길을 피하려고 커다란 모자를 쓴 평양 여성들도 있었고, 마치 "즐거운 나비 떼"처럼 보였던 어린아이들도 있었다. (켐프는 기록하기를) "앞으로는 허리춤에 보자기에 싼 책을 매달고, 뒤로는 갖가지 색동옷을 입은 어린아이들을 업은 흰옷 차림의 여인들 수백 명의 모습보다 더 근사한 광경은 어디에서도 찾아볼 수 없을 것이다."[142]

이 묘사는 좀 더 살펴볼 필요가 있다. 평양 중앙 교회 집회에 참석했던 흰옷 차림의 여인들 가운데 장로교회 장로 강동욱의 딸인 강반석이라는 젊은 여신도가 있었을까?[143] 1910년 강반석은 열여덟 살이었을 것이다. 2년 후 그녀는 조선민주주의인민공화국의 영원한 통치자가 될 첫째 아들 김성주(성인이 된 후 김일성으로 개명한다)를 낳는다.

이미 없어진 감리교회와 가톨릭교회 터 근처에 있는 거대한 김일성 동상을 의무적으로 순례한 뒤, 나비 같은 어린 아기를 등에 업고 기도하던 20대 초반 흰옷 차림의 젊은 여인 이미지를 그 거대한 동상에 포개고 싶은 마음을 억누를 수 없었다.

김일성의 생모가 자란 평양 외곽 마을인 칠골은 나중에 (수령이 된) 아들이 어머니를 추모하여 헌정한 야외 기념관

수줍은 표정의 조선 처녀 (에밀리 켐프)

켐프와 맥두걸은 여신도들의 성경 공부반이
막 시작하고 있었을 때 중앙 교회에 도착했는데,
켐프는 여신도들을 보고 마음을 빼앗겼다.
남성의 눈길을 피하려고 커다란 모자를 쓴 평양
여성들도 있었고, 마치 "즐거운 나비 떼"처럼 보였던
어린아이들도 있었다.

인 '칠골혁명사적지'로 바뀌었다. 주체사상에 사로잡힌 나라의 혁명 유적지치고는 좀 의외로, 칠골에는 1992년에 지은 교회가 있었는데, 강반석이 다녔다는 교회의 모형이라고 전해진다.[144] 아마도 강반석이 다녔던 원래 교회는 평양 교회 출신 신자가 넘쳐나는 신도들을 수용하기 위해 세운 수십 개의 작은 장로교회 가운데 하나였을 것이다.

칠골 교회는 평양에 있는 개신교 교회 가운데 하나이다. 시내 중심에 좀 더 가까이 있는 봉수 교회는 칠골 교회와 마찬가지로 수수한 양식으로 지어졌고 국수 공장의 부속 건물인데, 이곳에서는 해외 기독교 구호단체들이 보내준 밀가루로 학생들이 먹을 음식을 만들고 있다. 적어도 특별한 행사 때에는, 김일성종합대학 학생들로 이루어진 성가대가 예배에서 찬송가를 부른다. 평양은 또한 가톨릭교회와 러시아정교회, 이란 대사관이 있던 자리에 모스크도 있다고 자랑한다.

공공연한 무신론 국가의 심장부에 종교 건물이라는 이 기묘한 존재는, 도저히 대답을 기대할 수 없을 것 같은 온갖 질문들을 자아낸다. 분명히 평범한 북한 사람들은 자기 종교를 선택할 자유가 없다. 성경을 불법으로 소지하고 있다 걸리면 참수형을 면치 못할 것이다. 그렇다면, 도대체 칠골 교회, 봉수 교회, 가톨릭교회에 다니는 북한 사람은 누구란 말인가? 왜 김일성은 혁명사적지 한가운데에 어머니의 교회를 기꺼이 열성적으로 재건한 것일까? 김일성종합대학 학생들은 기독교 찬송가를 부르는 동안 무슨 생각을 할까?

북한을 여행하면 할수록, 우리가 '신앙'이라고 부르는 묘하고도 쉽게 정의하기 어려운 현상에 나는 점점 더 흥미를 느끼면서도 당혹스러워졌다.

영생의 학

아름다운 풍경. 황석민은 아름다운 풍경을 응시하며 서서 깊은 사념에 빠져 있다. 안쪽 무대에 불이 켜지고 무지개가 걸린 하늘에서 선녀들이 내려와 무대에 선다. 가여운 어린 소녀 순이가 나타나 '아버지!'를 부른다.

[합창]

오 금강산, 금강산아 노래하여라

너를 두고 내려온 전설은 얼마더냐!

아버지를 애타게 찾는 저 모습

아 금강산아, 이것도 전설이냐?

조선민주주의인민공화국에는 전설이 풍성하다. 1973년에 초연한 혁명가극 〈금강산의 노래〉에서 선녀들의 합창은 일본 제국주의의 만행에 유린당한 한 가족의 이야기를 풀어낸다. 가족들에게 대나무 피리 연주를 들려주기를 즐기던 아버지 황석민은 아내와 어린 딸을 금강산에 남겨두고 만주에서 제국주의 세력과 싸우는 김일성 수령의 영웅적 빨치산에 합류한 뒤 혁명가 작곡가로 성공한다. 사악한 일본 지주의 수탈로 오랫동안 황폐화된 금강산은 해방된 뒤에 꽃으로 만발한 사회주의 천국으로 탈바꿈한다. (금강산을 '미래의 극동 휴양지'로 개발하려는 일본의 구상은 탐욕스러운 제국주의자를 바라보는 북한의 시각과 잘 맞지 않고, 이 이야기에는 빠져 있다.)

　　이 가극은 멜로드라마를 좋아하는 모든 이들이 마음에 들 만한 결말로 끝을 맺는데, 이제는 어엿하게 아름다운 숙녀로 자란 순이가 수도로 여행하는 데 뽑히고, 고향 마을의 오페라 무대에서 노래를 하게 된다. 실제 공연은 (오래전에 사라진 일본 신사 터에 세워진) 평양 모란봉 극장 무대에서 펼쳐진다. 스타를 꿈꾸며, 떨리는 마음으로 유명한 오페라 작곡가의 지휘 아래 리허설을 하게 된 순이. 순이가 꼭 쥐고 있던 대나무 피리를 작곡가가 갑자기 알아본다. 그것은 바로 오래전 자신이 젊었을 때, 사랑하는 가족들과 이별

하기 전에 직접 불어주었던 바로 그 피리였다. 그랬다. 순이는 바로 오래전에 헤어졌던 그의 딸이었다.

극 속의 극은 모든 출연진이 우리의 태양이신 김일성의 영광을 구가하는 것으로 끝맺는다.

버드나무가 비치는 물살을 가르며 백조들이 헤엄쳐 다니는 해자에 둘러싸인 금수산 태양궁전은 평양 도심 북쪽에 위치해 있다. 켐프는 여행 중에 조선의 우거진 산에서 꿩을 자주 보았는데, 우리는 금수산에서 잘 손질된 잔디를 가로지르며 걸어 다니는 밝은 깃털의 수컷 꿩을 처음으로 보게 되었다.

이곳을 방문할 기회가 생긴 것은 생각지도 않은 영광이었다. 최근까지만 해도 이 궁전은 국가의 공식 귀빈을 제외한 모든 외국인에게 출입이 금지되어 있었다. 갈색 대리석 벽을 갖춘 대기실은 특별 사무실의 로비처럼 보였다. 아마도 예전에는 그랬을 것인데, 이곳은 바로 김일성의 거처이자 그와 주요 당 지도부가 국정을 운영하던 집무실로서 북한 정계의 심장이었기 때문이다.

두건을 쓴 여인들 무리가 우리와 함께 안쪽 방으로 들어갈 차례를 기다리고 있었는데, 알고 보니 이란 대사관에서 나온 사람들이었다. 꽤 오래 기다려야 했기 때문에 시간을 보낼 요량으로 나는 로비 한쪽 조그만 탁자 위에 있던 영어 기관지 《코리아 투데이Korea Today》를 읽었다. 잡지에는 북한 당국의 주체사상 보완책으로 김정일이 도입한 정책인 선군정치의 요점이 알기 쉽게 잘 정리되어 있었다. '선군정치'론의 핵심 원칙은 "군대는 군부, 국가, 국민을 의미하며 온 나라가 하나의 요새로 완전히 바뀌었다는 점"이라고 설명해놓았다. 지면을 넘기다 "머리핀 생산 증가에 대하여"라는 기사를 막 읽기 시작하려던 참에 우리가 영묘에 들어갈 차례가 되었다.

안으로 들어가기 전에 우리는 지갑을 제외한 모든 소지품을 제출해야 했다. 카메라와 담배는 특히 엄격히 금지되었고, 몸에 직접 소지한 것이 없는지 확인하는 몸수색을 했다. 초록색 합성 세제가 신발에 묻은 바깥 세계의 이물질을 제거해주었고, 우리는 해자를 건너 그 너머 공간으로 이어지는 매우 기다란 복도를 따라 조용히 미끄러지는 무빙워크에 올라섰다. 그 순간 남한의 경주에 있는 아름다운 사찰 불국사가 생각났는데, 그곳에도 한때 안쪽의 성스러운 공간을 덧없는 이 세상으로부터 갈라놓았던 거대한 해자가 있다.

이곳 평양 금수산 태양궁전은 우리가 이동하는 벽들 사이에 영생의 상징인 학이 새겨진 대리석 소벽이 쭉 이어져 있었다. 북한에서는 위대한 영도자 김일성이 사망한 1994년 7월 8일에 하늘에서 학 떼가 내려와 그의 궁전 지붕과 벽에 모여들었다는 전설이 있다.

우리의 가이드인 미스 리는 당시 어린아이였지만 아직도 그 암울한 날을 생생히 기억한다고 했다. "엄마가 뉴스를 틀고 무슨 일이 일어났는지 들었을 때, 저는 막 점심을 먹은 후였죠. 너무 어려서 무슨 일인지 제대로 알 수는 없었지요. 거리로 나가 사람들 대열에 합류했던 것은 기억나요. 사람들이 너무 많아서 잠시 동안 부모님을 놓치는 바람에 겁이 났어요. 거의 3년 동안, 기념일 무렵 며칠 동안은 아무도 웃지 않았어요. 그때에 웃는 아이들은 부모님께 혼이 났지요."

해방 이후 거의 40년 동안 북한 사람들은 다른 지도자를 알지 못했다. 김일성은 혁명의 영웅이자, 국가 이념의 중심이요, 예술과 문학의 주요 주제였고, 자녀들에게 사랑스러운 미소를 보내는 것으로 끝없이 묘사되는 국가의 아버지였다. 심장마비로 인한 그의 급작스러운 사망은 사회주의 국가들이 붕괴되고 북한이 역사상 가장 심각한 경제위기에 직면해 있던 때에 일어났다. 그가 사라지면서 북한의 중심부에는 어지럽고도 끔찍한 공백이 생겼다. 사람들은 진심으로 깊이 슬퍼했다. 그러나 슬픔의 원인은 여러 가지가 뒤섞여 있었다.

복도 너머에는 전시장이 있었는데, 황금빛 태양이 수놓인 검은 벨벳 치마저고리를 걸친 여성 안내원들이 지키고 있었다. 떠오르는 태양을 배경으로 죽은 지도자의 거대한 동상이 전시장 한편에 자리 잡고 있었다.

다음 방으로 들어가니 검은 옷을 입은 안내원이 내세에 대한 영어 설명을 갖춘 오디오 세트를 사람들에게 건네주었다. 방에는 이란 사람들뿐 아니라 다른 외국인도 몇 있었는데, 그들은 질서정연한 많은 북한 방문객 틈에 섞여 전시장 사이로 조용히 움직였다.

테이프에서는 두드러지는 북한식 영어 억양이 섞인 남성의 음성이 깊고도 극적인 리듬조로 흘러나왔다.

이곳은 바로 위대한 수령께서 위엄 있게 누워 계신 곳입니다. 그분은 인류의 아들이셨습니다. 수령께서는 인민을 위해 부단히 애쓰셨고 자신의 목숨까지 바쳤습니다. (…)
위대한 수령은 세상에 행복과 빛을 가져오라고 하늘에서 보내신 우리의 태양이십니다. (…)
이 방의 벽에 새겨진 부조를 보십시오. 울고 있는 사람들을 보십시오. 남녀노소 가리지 않고 모두 울고 있습니다. 그분께서 가셨기 때문에 모두 마음이 찢어질 정도로 아픈 것입니다. (…)

하지만 그분의 아들인 친애하는 영도자 김정일 장군이 위대한 김일성 수령께서 영원히 우리와 함께하신다는 것을 보여주시기 위해 이곳을 건설하셨습니다.

외국인들은 서로 눈을 마주치지 않으려고 오디오 세트를 귀에 바싹 눌러쓴 채 풀 죽은 표정으로 방을 이리저리 둘러본다.

이제 드디어 영묘 중심부에 다다랐지만, 그 안으로 들어가기 전에 한 번 더 세척하는 절차를 거쳐야 했다. 우리는 공기 청소기에서 나오는 바람이 옷과 몸에 있는 불순물을 날려버리는 관문을 통과했다. 방 한가운데에는 유리관이 놓여 있었고, 그 부근에는 사람들이 길게 늘어서 자기 차례를 기다리고 있었다. 우리는 줄에 가서 섰고, 유리관 앞에서 두셋씩 짝을 지어 묵념하기 위해 앞으로 나아갔다. 나는 방에서 다른 이들의 얼굴을 지켜보았다. 몇몇 북한 여성들은 눈물을 훔쳤지만 대부분의 사람들은 표정을 읽기가 어려웠다.

유리관 안의 인물은 정장을 입은 채 한국 전통 양식의 베개에 머리가 뉘어져 있었다. 더 이상 기념비적이거나 거대하지 않은, 얼굴에 희미한 노년의 기색이 드러난 그는 마치 잠자고 있는 것처럼 보였다.

그 너머 전시관에는 영원한 수령이 타던 기차 객실과 메르세데스 벤츠, 그리고 오래된 과거의 우방국들인 알바니아, 루마니아, 유고슬라비아, 불가리아, 소련 등으로부터 받은 청동과 금으로 된 각종 기념패로 가득 찬 유리관이 있었다. 작고한 지도자에게 수여된 다른 상들은 더욱 놀라웠다. 세계지적재산권기구와 국제적십자위원회로부터 받은 메달들도 있었는데, 김일성이 이탈리아 마젠타의 명예시민이라는 것을 입증하는 족자와 산마리노 사회당 설립 기념주화 등과 나란히 전시되어 있었다.

나중에 다른 관광단의 가이드들과 저녁을 먹는 자리에서 (나보다 직설적인 질문을 잘하는) 샌디가 그들 가운데 한 사람에게 질문을 던졌다. "당신 나라에서는 사람들이 죽으면 어떻게 된다고 생각하나요?"

그러자 그 북한 사람은 곰곰이 생각하며 대답했다. "사람마다 다르지요. 어떤 사람들은 화장해주길 원하고, 매장을 바라는 사람도 있답니다. 누군가는 또 다른 생명으로 환생하기를 원하지요. 아닙니다, 농담입니다. (…) 하지만 또 모르죠. 누군가 죽으면, 그와 비슷한 누군가가 태어날지요." 하지만 그 모든 것이 김일성의 영원성과는 매우 다르다고 그는 주장했다. "그분은 영원히 우리와 함께 계시죠."

금수산 태양궁전 한가운데 유리관에 영원히 잠들어 있는 인물을 떠올리며 나는 갑작스레 슬퍼졌다. 마치 캠프가 얼핏 보았던 나비 같던 그 모든 아이들이 지는 햇살 사이로 날아올라 다가올 겨울 눈보라 속으로 사라지는 것처럼 느껴졌다.

CHAPTER 8

분단의 슬픈 현실

: 개성, 도라산, 그리고 휴전선

통일 기념비

에밀리 켐프에게 평양에서 한양으로 가는 기차 여행은 특별할 것이 없었다. 켐프는 여행 중에 감기에 걸려 고생했다. 아마도 기차가 사리원과 개성을 거쳐 한양을 향해 남쪽으로 달리고 있는 동안 평양 체류기를 쓰느라 바빴을 것이다. 켐프가 조선을 찾기 몇 년 전 중국 여행 중이었을 때 켐프의 친구이자 스승이었던 스코틀랜드 신학자 마커스 도즈(켐프가 자신의 첫 저서를 헌정한 인물이기도 하다)는 "매일 거르지 말고 꼭 일기를 써서 미지의 중국에 대해 간접적으로라도 체험하길 원하는 독자들과 출판사를 실망시키지 말라"고 간곡히 권고했다.[145] 켐프는 1910년 6월 초 무렵 만주, 조선, 러시아령 투르키스탄 여행을 마치고 영국의 고향으로 돌아갔고 8월 말 무렵 여행기를 탈고했는데, 이것을 보면 그녀가 도즈의 지시를 따른 것이 틀림없다.

당시 중국 접경지 신의주에서 한양까지 이르는 312마일 (502킬로미터)의 여정은 대략 기차로 열 시간에서 열두 시간 정도 걸렸고 비용은 일등석이 15.6엔, 이등석이 10.92엔이었다.[146] 평양은 신의주와 한양의 거의 정확한 중간 지점이었고 켐프와 메리 맥두걸은 오후에 평양역에서 기차를 타서 한밤중에 한양에 도착했다. 그녀의 여행기에는 이 여정에 대해서는 아무것도 언급되어 있지 않다.

하지만 그녀의 발자취를 되밟으려는 사람에게, 이곳은 넘을 수 없는 장벽으로 길이 막혀 있는 곳이다. 그 벽은 바로 '비무장지대'다. 고故 김대중 대통령이 추진한 '햇볕정책'은 그 장벽에 일련의 돌파구를 만들었다. 1998년 남한의 대기업 현대는 금강산 관광을 시행할 수 있는 허가를 받아냈다. 처음에는 해상 유람선으로 시작했지만 2003년부터는 버스로 육로 관광도 가능해졌다. 그 당시 북한과 남한은, 서울 외곽에서 자동차로 한 시간 거리인 휴전선 바로 북쪽에 위치한 개성 주위에 대규모 합작 산업단지를 건설하는 문제를 심도 있게 협상하고 있었다. 서울과 개성을 잇는 도로가 다시 연결되어 남한의 관리자들과 기술자들이 개성 공단으로 드나들 수 있게 되었고, 2009년 무렵에는 4만 명

이 넘는 북한 노동자들이 개성공단에서 일을 할 수 있게
되었다. 그리고 2007년에는 많은 국민이 기뻐하는 가운데
마침내 한국전쟁 이후 처음으로 기차가 비무장지대를 건넜
고, 한반도 최남단에서 유럽의 서해안까지 줄곧 달리는 철
의 실크로드를 재건한다는 원대한 꿈을 열었다.

그러나 경계가 삼엄한 국경에 인접한 이 좁은 틈 안에서
는 오로지 매우 제한된 움직임만 허용된다. 금강산을 찾
는 남한 관광객들은 현대아산 금강산 관광지의 4성급 호텔
과 패밀리마트 편의점 들을 에워싸고 있는 높다란 초록색
플라스틱 철조망 안에 단단히 갇혀 있다. 개성공단에서 근
무하는 남한 사람들도 마찬가지로 자기 구역에 갇혀 있다.
2007년부터 남북한 관계가 악화되면서 철책선의 틈새는
넓어지기는커녕 새로운 장애물에 의해 막혀버렸다. 남한 관
광객 박왕자 피격 사건으로 남한은 금강산 관광을 중단했
고, 북한은 개성공단을 드나드는 움직임을 점점 엄격하게
통제했다.

5월의 어느 화창한 봄날 아침, 평양에서 남쪽으로 출발
하며 우리는 냉전의 마지막 분단선을 건널 수 있는 방법이
전혀 없다는 것을 알게 되었다.

우리는 국립 관광국에서 마련해준 반짝이는 검은색 도

요타 사륜구동차를 타고 남쪽으로 갔다. 도요타 사륜구동은 북한 상류층이 매우 선호하는 차다. 샌디와 나는 도요타를 탔을 때 과도하게 특별대우를 받는 것 같아 불편한 기분이 들었는데, 켐프와 맥두걸도 가마를 타고 평양에 도착했을 때 똑같은 기분이 들었을지 궁금하다.

길 한쪽으로 러시아정교회 교회의 빛나는 둥근 지붕 꼭대기 황금 십자가가 휙 스쳐가는 것을 보았다. 넓은 통일로를 따라 내려가는 동안 도시 남쪽 관문에 걸쳐 있는 거대한 기념물이 점차 멀리서 보이기 시작했다. 30미터 높이로 흰 돌을 쌓아올려 만든 그 기념물은 도로 양쪽에서 극적으로 서로에게 기대고 있는 치마저고리 차림의 두 여성을 나타내고 있는데 손으로는 한반도 지도로 장식된 현판을 높이 치켜들고 있었다. 지도에 나타난 한반도의 모습은 휴전선이 표시되어 있지 않은 하나의 땅이다.

기념물에 가까워지자 미스 리는 그 의미에 대해 약간 준비해온 설명을 시작했다. 그녀의 설명에 의하면 두 여성은 손을 맞잡고 있는 남한과 북한을 나타내고, 지도와 기념물에 새겨진 글씨는 김일성이 선포한 통일의 3대 비전을 기념한 것이라고 했다.

"1971년에 우리 수령께서는 자주, 평화통일, 국민대통합이라는 통일의 3대 원칙을 맨 먼저 발표했습니다. 이 원칙들은 전국을 평화적으로 통합하기 위한 구체적 계획으로 광범위하게 체계화되었죠."

그녀는 말하길, 그 계획은 처음에는 대연방 안에서 양측이 각자 자본주의와 사회주의 방식을 유지하는 것을 허용하다가 결국에는 두 나라를 완전히 합병하는 점진적 통합을 위한 것이었다고 했다. 기저에 깔린 철학은 근본적으로 다를 테지만, 구체적 내용은 김대중 대통령의 햇볕정책과 그리 동떨어져 보이진 않는다. 햇볕정책 역시 극적인 통일보다는 점진적으로 합치는 쪽을 강조했다. 그러나 북한 정권의 입장에서는 남북한의 모든 관계 개선은 북측이 주창한 결과임을 드러내는 것이 특히 중요했다.

"우리의 위대한 김일성 수령께서는 1994년 서울을 방문하겠다는 역사적 결단을 하셨습니다. 결단을 확인하는 법령에 막 서명을 하셨지만, 바로 그다음 날 가슴 아프게도 갑자기 서거하셨지요. 그 후 남한 지도자 김대중이 2000년에 우리나라를 방문하러 와서 김정일 지도자를 만났습니다. 남한의 차기 대통령 노무현 또한 2006년 우리나라를 방문하였죠. 하지만 남한의 새 대통령 이명박이 선출된 이후로 관계는 매우 악화되었습니다. 남한 국민은 북에 있는 형제자매들과 더불어 통일을 열망하고 있습니다. 그러나 이명박 대통령은 오로지 미국인들의 말만 듣지요."

"독일 같은 다른 나라들은 통일을 이루었잖아요."

샌디의 말에 미스 리가 재빨리 대꾸했다. "독일은 경우가 완전히 다르죠." 서독이 붕괴해가는 동독을 사실상 떠맡은 사례를 북한의 지도층은 생각조차 하기 싫어할 것이다.

우리의 가이드들은 세계에 대해, 특히 미국 대통령 버락 오바마에 대한 우리의 견해에 지대한 관심이 있었다.

"그는 매우 인기 있지 않나요? 특히 유럽에서요." 미스 리가 먼저 말을 꺼냈다.

우리도 오바마에 대해 관심이 많다고 고백하자 미스 리가 말했다. "지난 미국 대선에서 두 후보는 매우 달랐어요. 다른 후보인 매케인은 노련하지만, 오바마는 세상 물정을 너무 몰라요. 오바마는 연설은 잘하지만 일을 추진해나가는 데는 꽝이에요."

남으로 가는 길

평양 남쪽으로는 상대적으로 평지가 이어져서 드넓은 사과 과수원과 배 과수원을 볼 수 있었는데, 나무에는 꽃들이 만개해 있었다. 우리는 150일 전투의 소임을 다하기 위해 붉은 깃발로 꾸며진 들판으로 향하고 있는 사람들의 행렬을 지켜보았다.

우리는 가이드에게 물어보았다. "당신들도 저 운동에 참여할 건가요?"

미스터 류가 대답했다. "그야 물론이죠. 작년에 저도 시골로 일하러 갔었죠."

"농장에서 일하는 것은 어떤가요?"

"좋아요. 대개 일하러 시골로 내려갈 때는 줄곧 차를 타고 가죠. 하지만 운동을 시작하면 농가의 가족들과 같이 지내며 모두가 함께 일을 해요."

북한에서 제대로 된 유일한 고속도로인 평양에서 개성으로 가는 도로는 넓고 잘 닦여 있으며 으스스할 정도로 한산하다. 다른 도로들은 걷거나, 자전거를 타거나, 손수레를 밀거나, 등이나 머리에 커다란 짐을 지고 가거나, 또는 일을 하다 길가에 앉아 쉬거나, 어쨌든 사람들로 가득 찼다. 그러나 이 길은 자동차 운전자들을 위한 도로가 아니라 전략적 목적에서 건설된 고속도로이다. 우리 차처럼 검고 반들거리는 자동차가 아주 이따금씩 지나갈 뿐 몇몇 군용 트럭을 제외하고는 사실상 차량 통행이 거의 없다. 어느 지점에 이르니 길 한쪽에서 병사 두 명이 어슬렁거리고 있는 것이 눈에 띄었는데, 한 사람은 스스럼없는 태도로 다른 동료의 목에 팔을 두르고 있었다.

우리는 오래된 도시 사리원읍을 지나갔다. 그곳은 평양

과는 달리 아파트 단지들과 더불어 여기저기 산재한 회색 지붕의 단층 주택들이 주로 있었다. 그 너머에는 매점이 딸린 길가 휴게소가 하나 있었는데, 몇 안 되는 지나가는 사람들에게 어포와 배를 팔았다. 우리는 커피를 한잔 마시려고 멈춰 섰다가 두 가이드와 운전기사에게 약간 압도당한 듯이 보이는 한 일본인 관광객을 만났다. 그는 30대 후반의 남성이었는데 알고 보니 대학에 다시 진학하려고 회사를 그만두었다고 했다.

내가 그에게 물었다. "북한에는 무슨 일로 오셨나요?"

"정말로 어떤지 그냥 보고 싶어서요."

나는 그의 조용한 호기심과 결단력을 높이 산다.

남쪽으로 가는 도로는 북한에서 가장 좋고 텅 빈 도로일 뿐 아니라, 경비가 가장 삼엄했고 매우 꼼꼼하게 청소되어 있었다. 개성으로부터 15킬로미터, 30킬로미터, 50킬로미터 지점에 각각 군사 검문소가 있었고, 도로 청소원들은 구역을 나누어 쓰레기 한 점, 길가로 튀어나온 나뭇가지와 거슬리는 잡초들마저 말끔히 치웠다. 청소원들 중 일부는 표준 복장인 주황색 민소매 재킷을 걸친 어른들이었지만, 밝은색 운동복을 입은 어린아이들도 많았는데, 아마도 인근 학교에서 차출당한 것으로 보였다.

어느 면에서는 북한 학생들도 남한 학생들과 크게 다르

지 않은 것 같았다. 여학생들은 절도 있게 쓰레받기를 들고 빗자루질을 하고 있는 반면에, 많은 남학생들은 어른들의 눈길을 피해 길 옆 제방 꼭대기에 앉아 지나가는 모든 차들에게 미친 듯이 손을 흔들고 있었다.

국경도시에 가까워질수록 지평선에는 산들이 다시 나타났다. 이 산들도 역시 황폐화된 바위투성이 민둥산이었다. 드문드문 나타나는 관목들 위로 짙은 소나무가 가끔 솟아 있을 뿐이다. 개성은 보통의 북한 사람들에게는 출입금지 구역이다. 이곳에 오려면 특별 허가증이 필요하다.

내가 미스터 류에게 물어보았다.

"개성 사람들은 평양에 갈 수 있나요?"

"네. 시민증과 갈 수 있다는 여행 허가증만 얻을 수 있다면요."

미스터 류가 이미 우리에게 설명해주었듯이 시민증은 열일곱 살이 되면 성인이 되었다는 의식의 일환으로 북한 주민들에게 발행된다고 한다. 그러나 여행 허가증은 또 다른 문제인데, 내가 북한 밖에서 들은 바에 의하면, 원활히 발급받기 위해서는 흔히 현찰이 필요한 일이었다.

우리는 넓고 얕은 강 위로 놓인 다리를 건너 다소 칙칙한 분홍색 아파트 단지가 양쪽에 늘어선 중심가로 들어섰다. 아파트 단지들은 도시 저 멀리 언덕에 서 있는 김일성 수령의 거대한 동상을 향해 개성을 반으로 나누고 있었다. 많은 샛길에는 짙은 적갈색 벽돌과 회색 기와로 지은 낡은 소형주택들이 줄지어 있었다. 진녹색 시냇물이 도로 옆으로 흐르고 있었고, 여인들은 얕은 곳에 웅크리고 앉아 빨래를 하고 있었다. 자전거와 소달구지들이 혼잡한 골목길 사이로 다니고 있었다. 우리는 땔감을 지느라 허리가 굽은 할머니와 앞 바구니에 아기를 태우고 위태위태하게 균형을 잡으며 자전거를 타고 가는 아기 엄마를 지나쳤다. 확 꺾인 모퉁이를 돌자 남학생이 깡충거리며 길을 내려오다가 우리 차를 지나치더니 손으로 만든 종이 가면으로 갑자기 우스꽝스럽게 웃고 있는 괴물로 잠시 변신했다.

왕과 지관

개성은 한반도의 가장 오래된 도시 가운데 하나로서, 10세기에서 14세기까지 한반도를 통치한 고려 왕국의 수도였다. 도시를 에워싸고 있는 구릉지에는 고려 왕과 귀족의 무덤인 신비스러운 고분 언덕이 여기저기 흩어져 있다. 그 가운데 가장 인상적인 것은 바로 공민왕의 무덤이다.

봉분이 위치한 비탈에는 주변 산에서 대부분 사라져버려 더는 볼 수 없는 신록의 숲이 무늬를 이루고 있었다. 위를 향하고 있는 기다란 돌계단은 목조 오두막을 지나고 라일락과 라벤더 관목 사이로 들어갔다가 평평한 풀밭으로 이어진다. 그 너머 키 큰 참나무와 너도밤나무 가지들 사이로 바람이 불어온다. 평평한 풀밭에는 두 봉분이 서 있는데, 불교 경전에 나오는 장면을 새겨 넣은 화강암 담장으로 둘러싸여 있다. 이 봉분들은 공민왕과 그가 무척이나 총애한 왕비 노국 공주의 묘로서, 두 무덤은 사이에 난 내부 통로에 의해 영원히 연결되어 있다(는 말이 있다).

무덤 주위로는 양과 호랑이 석상들과 호위대의 석상이 일렬로 늘어서 있다. 샌디가 스케치북을 들고 햇빛에 달궈진 화강암 위에 앉아 골짜기 맞은편의 높은 원뿔형 산을 바라보고 있는 동안 미스터 류는 공민왕과 지관地官에 얽힌 유명한 전설을 이야기해주었다.

봉건시대에는 사람이 죽으면 지관이……, 지관을 아시나요? 묏자리를 잡고는 했답니다. 왕비가 죽자 공민왕은 유명한 지관들을 불러 왕비의 묏자리를 고르도록 했습니다. 하지만 그들이 고른 묏자리가 마음에 들지 않으면 지관을 죽였습니다. 네, 그것도 그 자리에서 당장이요! 어느 날 무덤으로 쓸 완벽한 터를 발견했다는 말을 듣자 왕은 그 자리를 직접 보기 위해 올라갔습니다. 그 당시 공민왕은 수행하여 함께 온 신하들에게 무덤터가 마음에 들지 않으면 손수건을 꺼낼 테니 지관을 죽이라고 일러두었습니다. 말하자면 손수건이 지관을 죽이라는 신호가 될 것이었습니다.

이윽고 공민왕은 무덤터에 올라 맞은편의 가파른 산을 건너다보았습니다. 그곳이 무덤터로는 더할 나위 없이 완벽한 곳임을 알고는 너무 기뻐서 흥분한 왕은 약속을 잊고는 손수건을 꺼내 이마에 맺힌 땀을 닦았습니다. 그러자 신하들은 왕이 손수건을 흔드는 것으로 생각했습니다. 다음에 어떻게 되었을지는 짐작이 가시죠?

우리는 당연히 짐작할 수 있다. 지관은 그 자리에서 죽임을 당했다. 무덤터에서 내려와 자신의 실수를 깨달은 왕은 "아차!" 하고 외쳤다고 한다. 이것이 바로 고분 맞은편 원뿔형 산에 붙은 이름, 아차산의 기원이라고 한다. 미스터 류는 '아차'의 의미가 상황상 매우 부적절해보일 때 하는 말이라고 알려주었다.

한국의 모든 역사가 그렇듯이, 또한 다른 지역의 많은 역사도 그렇듯이, 공민왕의 삶과 죽음에 관해서는 여러 가지 설이 있다. 왕의 사랑하는 아내가 몽골인이었다거나, 비록 불운한 지관의 죽음에 대한 복수는 아니더라도 왕 자신 또

개성을 에워싸고 있는 구릉지에는 고려 왕과 귀족의 무덤인
신비스러운 고분 언덕이 여기저기 흩어져 있다. 그 가운데
가장 인상적인 것은 바로 공민왕의 무덤이다. 무덤 주위로는
양과 호랑이 석상들과 호위대의 석상이 일렬로 늘어서 있다.

공민왕의 무덤 (샌디 모리스)

한 살해되었다는 사실이 미스터 류의 이야기에는 빠져 있다. 일설에 따르면 그의 실책은 자신의 책사 자리에 근본을 알 수 없는 승려 신돈을 발탁함으로써 강력한 귀족들을 소외시켰다는 점이다. 노국 공주에 대한 왕의 사랑이라는 낭만적인 이야기 역시 공민왕을 "학자이자, 화가이자, 서예가인 동시에 왕실의 미소년과 남색을 즐긴 것으로 유명한" 왕으로 묘사하는 최근의 연구로 복잡해졌다.[147] 그러나 이것은 어느 면에서는, 1950년대에 영원히 갇혀 있는 것 같은 북한에서는 토론이 불가능한 주제였다. 민주주의인민공화국에서 동성애는 공식적으로 존재하지 않는다.

세계에서 가장 높은 깃대

개성에서 판문점 소읍까지 논 사이로 달리는 동안, 우리는 이사를 하고 있는 한 가족을 지나쳤다. 그들의 운송수단은 트랙터였는데, 찬장, 식탁, 유리와 창틀을 고스란히 갖춘 두 개의 창문 등 살림살이를 가득 실은 커다란 수레를 트랙터가 끌고 있었다. 다른 농부들은 켐프가 방문한 시절에 훨씬 두드러지게 볼 수 있었던 나무로 만든 운반기구인 '지게'에 짐을 잔뜩 진 채 비포장도로 옆을 걷고 있었다.

비무장지대에 가까워지면서 우리는, 어딘가 모르게 아르

데코 양식의 분위기가 나는 두 채의 낮은 콘크리트 건물 앞 주차장에 도착했다. 한 건물은 엽서와 안내서, 구색을 맞춘 밝은색 지갑과 부채를 팔고 있는 기념품 가게였다. 벽에는 그림이 한 점 걸려 있었는데 사지 않고는 배길 수 없었다. 캔버스에 선명한 초록과 푸른 공단 실로 세심하게 수를 놓은 그 그림은 금강산이 바다와 만나는 곳을 묘사하고 있다.

다른 건물에는 비무장지대의 거대한 입체 모형이 있었다. 모형은 4킬로미터 폭의 이 비무장지대 양쪽을 따라 가설된 높은 전기 철책선, 휴전협정 회담이 열렸던 건물 단지, 북한의 남방한계선에 서 있는 (세계에서 가장 큰) 거대한 깃발, 구름 낀 지평선 저 멀리 펼쳐진 다가갈 수 없는 남한의 푸른 산들을 보여주고 있다. 이곳에서부터는 군사호송대가 우리 일행과 동반하게 될 것이다.

다람쥐 한 마리가 건물 측벽을 타고 쏜살같이 내려왔다. 전기 철책선 입구 너머로 들어갈 때 샌디는 나뭇가지에 앉아 있는 올빼미 한 쌍을 보았다. 전체 구역의 대부분이 한반도의 중심을 가르고 있는 이 비무장지대에는 거의 반세기 동안 사람이 살지 않았다. 아이러니하게도, 냉전의 침전된 모든 찌꺼기들이 굳어버리게 된 이 봉인된 지역은 지구상에서 가장 오염되지 않은 깨끗한 온대기후 지역으로 남을 수 있었고, 그 덕분에 이곳에는 붉은관두루미, 흑곰, 어쩌면 살아남은 마지막 한국호랑이까지 포함하여 멸종 위기에 놓인 동물들이 서식하는 것으로 추측된다.

판문점은 겉으로 보기에는 사람들의 일상적인 활동이 계속되는 비무장지대 안에 위치한 한 지점이다. 북한 군대의 호송을 받으며 남북한 사이에 그어진 휴전선을 향해 달려가는 동안, 우리는 농부들이 태연한 모습으로 일하는 논을 지나쳤다. 그 풍경이 마치 초현실적인 것처럼 느껴졌다. 고무장화를 신고 흰 머릿수건으로 머리를 동여맨 채 질퍽거리는 논에 모를 심고 있는 한 여인을 지켜보면서, 나는 그녀가 누구인지, 역사가 지리를 꼼짝 못하게 하는 이곳에서 이렇게 살아가는 기분이 어떤지 궁금해졌다.

남북한 사이의 휴전협정은 미국이 주도하는 연합군 한국 사령부를 대표하는 윌리엄 해리슨 장군과 조선민주주의인민공화국을 대표하는 남일 장군에 의해 1953년 7월 27일, 이곳에서 조인되었다. 당시 휴전에 반대한 남한 정부는 서류에 서명하는 것을 거부했고, 다양한 전쟁 당사국들 사이에는 어떤 평화조약도 조인되지 않았다. 연합군 사령부 소속 병사 5만여 명, 중공군 약 50만 명, 300만 명 이상의 남한과 북한 사람들이 전쟁 동안 사망한 것으로 추산되며, 3년 전 전쟁이 발발했던 때와 거의 다름없는 자리에 국경선이 그대로 놓이게 된 채로 꼼짝할 수 없는 상태로 전쟁은 끝이 났다.

제1차세계대전의 가장 치열한 전투조차도 이렇게 헛된 엄청난 대량살육에 견줄 수 없을 것이다.

휴전협정이 조인된 건물 앞에서 차 밖으로 나오자마자 제일 먼저 떠오른 생각은 '이곳이 얼마나 평온해 보이는가'였다. 길을 따라 내려오는 동안 어디서나 그랬듯이, 이곳에도 라일락이 한창이다. 고요한 오후에 햇살이 가득했다. 대기는 맑고 정적이 흘렀다. 휴전협정 기념관은 단순한 흰색 건물로 스카우트 전시관과 매우 흡사했고, 문 위에는 나무에 새긴 비둘기가 있었다. 패배한 미국인들은 막사나 바다에 떠 있는 배에서 휴전협정에 서명하기를 원했지만, 영예롭게 승리한 북조선 사람들이 위엄을 갖춰 조인식을 시행할 것을 주장했고, 그런 목적으로 이 기념관을 겨우 나흘만에 완성했다고 북한 가이드들은 아주 자랑스럽게 알려주었다.

"그것을 본 미군 병사들은 자기 눈을 믿을 수 없어서 건물이 진짜인지 보려고 벽을 자꾸 찔러보았죠."

바깥에는 거칠게 잘라낸 커다란 화강암 덩어리가 있었는데, 1994년 7월 7일 김일성의 마지막 서명이 새겨져 있었다.

그 서명은 통일 회담을 위해 남한을 방문할 계획을 발표한 서류에서 복사한 것이라고 한다. 미스 리가 김일성의 통일 구상에 얽힌 이야기와 마지막 서명을 한 다음 날 그의 갑작스러운 죽음으로 통일 구상이 물거품이 된 사연을 다시 들려주고 있는데 커다란 흑백 나비가 그녀의 머리 위에서 훨훨 날아다니더니 휴전선 쪽으로 사라졌다. 남북한 관계가 꽁꽁 얼어붙은 이 순간에 우리 가이드들이 남한을 방문하려던 김일성의 못 이룬 꿈 이야기를 그렇게 열심히 강조하는 것이 못내 궁금했다.

남한과 북한이 만나는 경계선에서, 우리는 공동경비구역 내 푸른색 건물인 군사정전위 회의실 사이에 표시된 군사분계선과 그 너머로 겨우 100미터 떨어져 있을 뿐이지만 전혀 다가갈 수 없는 휴전선 남측에 있는 커다란 현대식 건물이 내다보이는 계단 층계 위에 섰다. 그 건물은 반짝반짝 빛나는 유리와 대리석으로 지어져 있었다.

대리석만큼이나 엄격해 보이는 표정을 한 병사들이 건물 옆에 서 있거나 배정된 구역 사이로 마치 시계 태엽처럼 행진했다. 북한 병사들은 황록색 군복과 납작한 군모를 착용했다. 남한 병사들은 검은색 철모와 검은 안경을 착용했다. 맞은편 건물에는 휴전선을 바라보기 위한 널찍한 발코니가 있었지만 사람들은 없는 것 같았다.

"왜 남측에는 관광객이 없나요?"

미스 리가 대답해주었다. "예전에는 이곳에 오곤 했지만, 지금은 주로 저기 깃발 너머 다른 전망대로 간답니다."

그녀는 오른쪽 지점을 막연히 손으로 가리켰다. 손끝을 따라 고개를 돌리니 세계에서 가장 높은 깃대 꼭대기에 따가운 봄바람을 맞으며 매달려 있는 커다란 인공기가 저 멀리 흐릿하게 시야에 들어왔다. 뱀처럼 굽이진 휴전선이 기묘하게도 비틀려 있어 마치 깃발이 남쪽에 있는 것처럼 보였다.

"어디요?" 나는 눈을 크게 뜨며 물었다.

"저기 깃발 뒤에, 숲 위쪽이요. 자기네들은 보이지 않은 채, 우리를 내려다볼 수 있는 전망대가 있답니다."

나는 미스 리가 손가락으로 가리키는 방향을 따라가려고 애썼지만 숲으로 우거진 언덕의 희미한 윤곽선만 알아볼 수 있었다. 그래서 앞으로의 여정에서는 깃대에 매달린 인공기를 등대로 삼기로 했다. 국경선 남쪽으로는 켐프의 여정을 따라가기로 선택했듯이 남북을 잇는 데 이 기념물을 활용할 작정이다.

이제 우리는 북한과 남한 사이 휴전선에 정확하게 걸쳐 있는 군사정전위 회의실 건물들 가운데 하나로 걸어 내려왔다. 그 자체가 경계선인, 눈에 잘 띄지 않는 기다란 나무들보 근처에 있는 갈색 플라스틱 의자에 앉아 거울로 된 유리창을 바라보았다. 틀림없이 어떤 드러나지 않는 눈길이 그 창을 통해 우리를 감시하고 있을 것이었다.

창 위로는 한국전쟁에서 남한을 위해 싸웠던 전 세계 모든 참전국의 국기가 액자에 넣어 전시되어 있었다. 제일 꼭대기에는 미국, 유엔, 남한의 국기가, 그 아래에는 (알파벳순으로) 오스트레일리아, 벨기에, 캐나다, 콜롬비아, 에티오피아, 프랑스, 그리스, 네덜란드, 뉴질랜드, 필리핀, 남아프리카공화국, 태국, 터키, 영국이 있었다.

우리는 그것들을 조용히 하나하나 읽었다. 이 끝나지 않은 전쟁에 그토록 대규모로 관여했던 다른 나라들이 이제는 전쟁의 종말에는 전혀 관심이 없어 보이는 것이 이상하다. 머잖아, 언젠가는, 틀림없이 냉전의 이 마지막 장벽은 허물어질 것이다. 양측에 집결하고 있는 세력들이 단지 너무 큰 것뿐이다. 소비자본주의가 급격히 발전하고 있는 동북아시아 다른 국가들과 계획경제로 인한 빈곤에 허덕이는 북한 사이에 벌어진 격차는 너무 커서 유지되기가 힘들다. 북한 체제 내에서의 마찰과 갈등은 시간이 지날수록 더욱 분명해질 것이다.

그 장벽이 어떻게 붕괴될 것인가는 여전히 예측할 수 없지만 북한의 붕괴는 전 세계에 엄청난 파장을 불러올 것이다. 무력 충돌로 장벽이 붕괴된다면 전 세계에 벗어날 수 없는 재앙이 될 것이다. 남한이 대규모로 북한을 흡수할 경우에는 중국을 대단히 놀라게 만들어 동북아의 두 이웃나라 사이에, 또 중국과 미국 사이에 커다란 갈등을 불러일으킬 것이다. 반대로, 요즘 들어 자신감 넘치는 중국의 지원을 등에 업고 북한에서 정권 교체가 이루어진다면 중국에 대한 전 세계의 우려가 커질 것이다. 1910년 켐프가 이 38선을 원만히 넘어갔을 때에 그랬던 것처럼 동북아시아는 그 미래가 갈등이나 화합 어느 방향으로도 기울 수 있는 분수령에 서 있다. 한쪽 세력이 지배하게 될지, 여러 세력이 협력하게 될지 기로에 서 있다. 어느 쪽으로 기울어질지는 이 휴전선에서 결정될 것이다.

건물 바깥에는 병사들이 경계 근무를 바꾸며 먼지투성이 땅을 밟는 군화 소리가 들린다. 그때 저 멀리 어디에선가 천둥처럼 희미하게 울리는 소리가 들려왔다. 대포 사격 훈련 소리였는데 너무 멀어서 어느 방향에서 들려오는지 누가 사격을 하고 있는 것인지 분간할 수는 없었다.

텅 빈 역

정확히 일주일 뒤, 나는 휴전선의 남측, 미스 리가 가리 켰던 숲으로 우거진 언덕에 서서 세상에서 가장 큰 깃대를 굽어보고 있었다. 깃대에는 여전히 인공기가 얌전하게 걸려 있었다. 그 사이 날씨가 급변하여 폭우가 세차게 퍼붓더니 굵은 빗방울에 가려 깃대가 거의 보이지 않게 되었다. 비무 장지대 사이로 흐르는 임진강과 남쪽에서 개성공단 지대로 달리는 주도로 위로 안개가 소용돌이친다.

만약 차를 타고 곧장 갔더라면 휴전선의 공동경비구역 군사정전위 회의실에서 지금 내가 서 있는 지점까지는 고 작해야 10분밖에 안 걸렸을 것이다. 그러나 사실, 나는 이 곳에 오기 위해 800킬로미터를 자동차와 기차로 하얼빈으 로 되돌아가는 여정을 거친 후, 하얼빈에서 그 정도 거리를 다시 비행기로 날아왔다. 그리고 오늘 아침에 동반 승객들 과 함께 버스에 올라타 남한 쪽 비무장지대 관측소인 이곳 에 온 것이다.

관광단의 다른 관광객 대부분은 한 학기는 상하이에서, 또 다른 학기는 서울에서, 마지막 학기는 싱가포르에서 실 시되는 경영 수업 과정에 있는 학생들이었다. 그들은 생기 발랄하고 열성적인 무리로, 버스 안에는 간간이 한국어와 중국어가 섞인 인도식 영어와 싱가포르식 영어의 경쾌하고도 세계화된 억양이 울려 퍼졌다. 우리의 가이드인 미스 윤은 북한 쪽 가이드였던 미스 리와 거의 정확히 비슷한 연배였지만, 검은 바지와 오렌지색 스웨터를 걸친 훨씬 더 편한 옷차림이었고, 흠잡을 데 없이 영국식 영어를 구사하던 미스 리와 달리 미스 윤의 억양은 완벽하게 미국식이었다.

"여러분은 한국전쟁이 언제 일어났는지 아시나요?" 미스 윤이 물었지만 관광객들은 묵묵부답이었다. 모든 사람들이 한국전쟁에 대해 들었지만 대부분은 날짜와 자세한 내용은 알지 못한다. 미스 윤이 설명을 시작했다.

"제2차세계대전이 끝나면서 한국은 나뉘어졌습니다. 독일도 역시 둘로 나뉘었지만, 독일과 한국 사이에는 커다란 차이점이 있습니다. 그게 무엇인지 아십니까?"

다들 모르겠다는 듯이 고개를 흔들었다.

"독일은 전쟁을 일으켰다가 패배했으니 바로 그 이유로 분리되었던 거죠. 하지만 한국은 전쟁을 일으킨 적이 없으니 패하지도 않았죠. 한국은 오로지 일본의 식민지일 뿐이었습니다. 그런데 왜 일본이 아니라 한국이 분단된 거죠?" 그 질문은 굉장히 웅변적인 것 같았다. 미스 윤은 말을 계속 이어갔다.

일본 정부의 잔재를 청산하기 위해 소련은 북쪽에, 미국은 남쪽에 각기 군대를 주둔시켰습니다. 우리나라는 정부를 구성하는 데 3년이 걸렸죠. 한국에서는 사람들이 좌익과 우익 두 파로 갈렸는데, 정부를 어떻게 구성할지에 대해 의견 합일을 볼 수 없었습니다. 남한이 먼저 선거를 했고, 북한은 그다음에 선거를 치렀지요. 남한에서는 미국에서 교육받은 이승만 박사가 대통령으로 선출되었고, 북한에서는 소련이 자신들의 꼭두각시로 김일성을 내세웠습니다. 처음에 김일성은 정말로 꼭두각시에 불과한 것 같았지만 곧 권력을 장악하여 자율적으로 결정해나가기 시작했고 결국에는 남한을 공격하기로 결정했습니다. 당시 남한은 매우 취약했습니다. 식민지시대에 일본인들이 북쪽에서는 군수공장을 발전시켰지만, 남한은 경작지로 유지했기 때문에 스스로 방어할 능력이 없었어요. 그래서 겨우 사흘 만에 북한은 부산을 제외한 남한의 모든 곳을 점령했습니다. 그래서 미국이 남한을 도우러 왔지만 중국도 북한을 지원하는 데 합류했습니다. 1953년 양측은 서로 지쳐서 정전하기로 합의했습니다. 그때가 바로 휴전협정에 조인했을 때였습니다. 그것은 평화조약이 아니지요. 엄밀히 말하자면 우리는 여전히 전쟁 중이랍니다. 무려 60년 동안이나 대치 상태에 있는 거지요.

남한 쪽에서 비무장지대를 둘러보는 일정의 정점은 북한

이 남침하려고 파놓은 땅굴 관광이다. 땅굴 입구로 가는 버스에서 미스 윤은 자신은 60년 동안 지속된 냉전이 시작된 지 30년도 넘어서 태어났기 때문에 "살면서 실제로 어떠한 위험도 느껴본 적이 없습니다. 간첩을 남파하거나 우리 지도자들을 암살하려고 시도하는 등 가끔 북한이 공격을 감행하기는 하지만 실제로 위험을 느낀 적은 한 번도 없습니다. 때로는 북한이 삐라를 뿌립니다. 수백만 장을 뿌려대는데 다음과 같이 쓰여 있습니다. '북한으로 오십시오! 멋진 삶이 기다리고 있습니다!' 제가 학교에 다닐 적에는 그 삐라들을 없애버리게 모아서 가져오라는 말을 듣곤 했습니다. 삐라를 많이 모아 가면 상으로 공책이나 연필 같은 것을 받았답니다"라고 말했다.

우리가 방문했던 땅굴은 북한 사람들이 베트남전쟁 동안 베트콩들이 만들었던 지하 연락망을 본뜬 것이 분명한 네 개의 땅굴 가운데 하나였다. 미스 윤의 말에 의하면 남한에게 발각되자 북한은 그것이 폐광이라고 둘러댔다고 한다. 입구를 지키고 있는 남한 병사는 얼굴이 좀 더 동그스름하고 온화했고 안경을 썼지만 거의 북한 경비병만큼 젊고 초조해 보였다. 그러고 보니 북한을 돌아다니는 동안에는 안경 낀 병사를 한 사람도 보지 못했다는 생각이 갑자기 들었다.

땅굴 입구 근처에는 남한에서 세운 통일 기념물이 있다. 이것은 평양 남쪽 외곽에 있던 거대한 건축물에 비하면 훨씬 수수한 규모다. 은빛 금속으로 만든 아치 아래에 분단된 한반도의 지도가 새겨진 갈라진 지구를 두 남성과 두 여성이 하나로 합치려 애쓰고 있는 형상의 구조물이다.

어디를 둘러보아도 재스민과 등나무로 가득 찬 울창한 숲이 있었다. 짙은 솔방울과 연둣빛 참나무에서 빗방울이 똑똑 떨어진다. 판문점 쪽을 바라보며 서 있는 동안 흰색 해오라기 한 마리가 임진강 남측의 울창한 삼림에서 점차 몸을 드러내더니 휴전선 너머 북쪽으로 서서히 날아갔다.

우리 여정의 마지막 기착지는 도라산역이었다. 이 역은 한때 평양을 경유하여 서울에서 신의주를 잇던 철길 위에 서 있는데, 이 노선은 켐프가 남쪽으로 나아가며 조선을 여행했던 길을 따라 펼쳐진 노선이기도 하다. 오늘은 한국인과 외국인 관광객 무리의 음성이 반짝거리는 새 유리창과 철골로 지어진 역사 지붕에 울려 퍼지는데, 마치 철골조 지붕을 끊임없이 때리는 빗소리와 경쟁이라도 하는 것 같다. 안에는 매표소가 있고, 벽에는 현란한 색조의 근사한 지도가 높이 걸려 있는데, 한반도를 구불거리며 나아가다 국경을 넘어 중국으로 들어갔다 다시 시베리아로, 우랄산맥을 넘어 서쪽 러시아로, 그 너머부터는 나뉘어서 북쪽으로는 상트페테르부르크, 남쪽으로는 리스본, 중앙으로는 런던으로 구불거리며 지나가는 가느다란 붉은색 철로가 표시되어 있다.

오로지 딱 한 가지만 없다. 그것은 바로 기차다.

2007년 국경선 너머로 철길이 열린 후에는 이 노선을 따라 화물 열차가 정기적으로 개성공단으로 물자를 들여오고 내보낼 것으로 기대했고, 평양까지 가는 온전한 노선과 그 너머까지도 선로가 점차 다시 연결되리라는 기대감이 높았다. 그러나 오늘날에는 그러한 기대들이 완전히 멈춰버렸다. 도라산은 다시 노선의 종착지가 되었다.

남한의 평화활동가들은 역에 부스를 세워놓고, 희망의 메시지가 담긴 천 조각들을 전시하고 있었는데, 관광객들도 동참하도록 권유하고 있었다. 그러나 미스 윤에게 통일에 대해 어찌 생각하는지 묻자 조심스러운 대답이 돌아왔다.

"저도 통일을 바라고 있지만 그렇게 금방 닥칠 것 같지는 않아요. 사실, 저는 김정일이 죽기를 기다리고 있어요." 그녀는 웃더니 덧붙였다.

"그가 죽으면, 상황이 바뀔 거라고 생각해요. 그러나 아마도 굉장한 혼란이 일겠죠. 혼란이 심하면 어쩌나 그것이 염려돼요. 그리고 아시겠지만 이곳의 많은 젊은이들은 북한을 짐처럼 생각하기만 해요. 그들은 전혀 신경 쓰지 않죠. 북한을 원조하기 위해 세금을 내야 하는 것을 원하지 않아요. 그러니 실제로는 통일에 관심이 없는 거죠."

국경에서 서울을 향해 남쪽으로 내려가면서 펼쳐지는 초록빛 풍경에 놀랐다. 단지 몇 킬로미터 떨어진 저쪽 산들은 나무라고는 거의 없는 민둥산인데 이곳은 무성한 숲으로 뒤덮여 있다. 거대한 고압전선 철탑이 풍경을 가로질러 나아가고, 수도를 향해 복잡하게 얽혀 있는 고속도로를 따라 차량 행렬이 꾸준하게 이어졌다. 그러나 북한과 비슷하게 들판은 기묘하게도 텅 빈 것 같아 보였다. 트랙터 한 대가 물이 가득한 논바닥을 갈고 있었고, 여기저기에 검은 비닐이 채소밭이나 인삼밭을 뒤덮고 있었다. 단조로운 흰색과 회색 주택들로 이루어진 북한의 촌락과 달리 남한의 마을은 한국의 전통양식에서 그럴싸한 초원의 농장에 이르기까지, 흔히는 지붕 위로 불쑥 내밀고 있는 빨간 벽돌 뾰족탑까지 갖추고, 모든 것이 풍요롭게 혼재되어 있다.

우리가 가는 길은, 고요하고 진흙투성이인 넓은 임진강을 건너 남쪽 제방을 따라 달리다 높다란 철책선으로 분리되고 만다. 일정한 간격을 두고 경계 초소가 있는데, 진짜 병사가 주둔해 있는 곳도 있고 두꺼운 마분지를 오려 세워

둔 경우도 있는데, 있을지도 모르는 북한의 침입에 대비한 방어선치고는 기묘해 보였다.

켐프는 이렇게 말했다. "베네치아와 달리 한양은 어두워진 후에 도착해서는 안 된다." 내가 보기엔 비가 차창을 때리듯 쏟아지는 음산한 봄날에는 분명히 안 가는 것이 좋다. 한강 저 멀리 고층 건물들이 나타났다가 다시 어둠 속으로 사라지고, 국수 가락처럼 복잡하게 얽혀 있는 도시로 들어서면서 우리는 교통 체증으로 꼼짝없이 차 안에 갇히고 말았다.

결국 버스는 저가 의류, 신발, 기념품을 팔고 있는 형형색색의 가게들과 진열대가 즐비하게 늘어선 이태원 번화가에 우리를 내려주고 말았다. 점심을 걸렀고 한기가 느껴져서 그런지 야채와 고기와 참기름, 그리고 한국 요리의 감초인 고추장이 환상적으로 혼합된 비빔밥 한 그릇이 간절히 생각났다. 하지만 이 거리에서 먹을 수 있는 음식은 햄버거, 캘리포니아 피자, 서브웨이 샌드위치밖에 없는 것 같다. 아마도 서울 요충지 73만 평이 넘는 땅을 차지하고 있는 미군기지가 이태원에 인접해 있기 때문이리라. 미군기지를 둘러싸고 있는 철조망 담 위로 커다란 벽돌 건물의 검은 지붕이 눈에 띄는데, 식민지 시절 한때 일본군이 주둔했던 이 건물

조선의 묘 (에밀리 켐프)

켐프는 이렇게 말했다. "베네치아와 달리 한양은
어두워진 후에 도착해서는 안 된다." 내가 보기엔
비가 차창을 때리듯 쏟아지는 음산한 봄날에는 분명히
안 가는 것이 좋다. 한 세기 전 켐프가 이곳에 왔을 때,
용산은 한양 성곽 외곽의 새로운 교외였다.

은 지금은 주한미군 사령부가 쓰고 있다.

한 세기 전 켐프가 이곳에 왔을 때, 용산(일본어로는 류잔)은 한양 성곽 외곽의 새로운 교외였다. 만주에서와 마찬가지로 이곳에도 군대와 철도회사가 나란히 들어왔고, 조선의 철도망을 이미 장악하고 있던 일본 군대와 식민지 철도 관리 들을 수용하기 위해 (조선 고을의 구불구불한 미로와는 완전히 대조적으로) 사각형 격자 거리가 건설되었다.

1945년 서울에 입성한 미군은 식민지 지배자들이 남기고 간 공간에 미끄러지듯 슬며시 들어와 그곳에 계속 남아 있다.

방금 전까지 평양에 있었기 때문인지, 북한이 선전하는 가장 두려운 공포가 확인되는 것처럼 일순간 느껴지기도 했다. 조국해방전쟁승리기념관의 군복을 입은 북한 가이드가 나긋나긋한 음성으로 하는 말이 환청으로 들릴 지경이었다. "아시죠. 말했잖아요. 남한의 억압받는 민중은 자신들의 꼭두각시 통치자들에 의해 미 제국주의자들의 침략에 완전히 종속되고 말았어요."

미군기지 옆에는 용산 전쟁기념관이 서 있다. 이 기념관은 북한의 전쟁박물관만큼이나 거대하지만 마치 『이상한 나라의 엘리스』에 나오는 거울나라를 막 지나오기라도 한 것처럼 세부 내용이 완전히 뒤집어진 이야기를 전하고 있다. 기념관 앞뜰에는 한글과 영어로 "자유는 거저 주어지는 것이 아니다"(한글보다는 영어로 "Freedom is not Free."라고 써야 뜻이 잘 통하는 경구)라고 새겨진 대리석 기념물이 있고, 바로 옆에는 가장 인기 있는 전시물 가운데 하나인 미국의 B-52폭격기가 큼직하게 자리를 차지하고 있다.

기념관 안은 비 오는 토요일 오후 시간을 즐기는 아이들로 북적거렸는데, (내가 처음 생각했던 대로) 한국전쟁의 가슴 아픈 기억을 되새기는 것 같지는 않았다. 알고 보니 아이들은 기념관 지하실에서 열리고 있는 행사인 '토마스와 친구들의 신나는 놀이세상'에 대부분 정신이 팔려 있었다. 그곳에서 아이들은 즐겁게 바닥을 기어 다니고, 소도어섬의 구불구불한 목재 철로 위로 나이 많은 기관차 핸델 경Sir Handel과 항구의 디젤엔진 기관차 솔티Salty the Dockside Diesel*를 밀며 즐거운 환호성을 질렀다.

나는 조국해방전쟁승리기념관에서 우리를 안내했던 가이드가 저 광경을 본다면 어떤 생각이 들지 문득 궁금해졌다.

---

* 영국의 가공의 섬 '소도어섬'을 무대로, 그곳에 설치된 철도망에서 활약하는 기관차와 자동차, 그리고 그에 관계되는 인물들의 이야기를 담은 그림책을 영상으로 만든 작품 《꼬마기관차 토마스와 친구들》에 나오는 캐릭터이다.

CHAPTER 9

❖━━━◆━━━❖

시해당한 왕비의 궁전에서

: 서울

세월의 힘

에밀리 켐프와 메리 맥두걸은 한양에서 '선교사들을 위한 미스 파인더의 쉼터'에 묵었다. 이곳은 이름에서부터 왁스칠을 한 마룻바닥과 구운 케이크의 냄새가 풍긴다. 두 사람은 한밤중에 희미한 자갈길 위로 덜컹거리며 숙소에 도착했다가, 신선한 봄빛 아침에 깨어나 "하루 중 시간에 따라 금빛에서 짙푸른 빛으로 시시각각 변하는 우뚝 솟은 화강암 산"으로 둘러싸인 도시를 보고는 몹시 기뻐했다.[148]

오전에 그들은 제일 먼저 경복궁으로 이르는 중앙로를 따라 도심을 향해 출발했다. 그들이 걷고 있던 한양은 좁고 구불구불한 골목길이 미로처럼 얽혀 있었다. 도시 전체라고 해봐야 동서로 겨우 3킬로미터, 남북으로 2.5킬로미터가 고작이었고, 한가운데에는 거대한 입구가 나 있는 육중한 성벽에 둘러싸여 있었다. 그러나 켐프가 언급하고 있듯이 이미 성벽들은 "정말로 몰지각하게 흉물스러운 일본 가옥들을 짓는 재료로 쓰이느라 급속히 사라지고" 있었다. 받침대 위에 지은 석조 건물들이 중앙로를 따라 늘어서 있었고, 길 양쪽에 있는 오래된 조선의 관헌 건물 역시 신고전주의적 식민지 건물에 밀려 사라지고 있었다.

대로 제일 끝은 경복궁 입구로 왕의 성덕이 왕국 위로 내비친다는 광화문이 서 있었다. 그 문을 넘어서자 켐프와 맥두걸은 매혹적이지만 사라지고 있는 세계에 갑자기 발을 들여놓은 기분이었다. 궁전 단청의 빛바랜 녹색과 청색은 소나무의 진녹색과 궁 뒤로 보이는 북악산 윤곽선의 수묵화 같은 색조와 대조를 이루었다. 그들은 활처럼 구부러진 석조 다리로 해자를 건넜다. 기괴한 모습을 한 다리 위의 조각상들은 둥근 천정이 화려하게 채색된 어전을 바라보고 있었는데, 당장이라도 물속으로 뛰어들 것처럼 물 쪽으로 몸이 기울어 있었다. 어전 앞 보도가 깔린 공간에서 켐프는 신하들이 왕에게 알현하는 동안 각자 지위에 맞게 서 있어야 할 정확한 지점을 명시한 "표석" 같은 흔적이 돌계단 줄마다 있는 것을 보았다.[149]

왕의 침전을 향해 서로 맞물려 연결된 안뜰을 자유로이

거닐다보면 여행객들은 '근사한 곳'에 이르게 되는데, 그곳이 바로 평온하고 넓은 연못 한가운데에 정자가 들어서 있는 향원정이다. 계단이 정자에서 물가로 뻗어 있고 연잎의 그늘 깊은 곳으로 금붕어들이 미끄러지듯 노닌다. 그러나 켐프는 어디에서나 "세월의 위력은 대단해서 담들은 무너져 내리고, 층계참은 조각조각 떨어져나가고, 벽돌 건물은 허물어지기 시작했다"고 적고 있다.

이곳은 바로 명성황후*가 좋아했던 정원이었고, 그 너머는 바로 왕비가 시해된 현장이기도 하다.

경복궁에 기거한 마지막 왕(1897년에는 황제의 지위로 승격되었다) 고종의 치세는 난세인 동시에 길었다. 1864년에 열한 살의 나이로 즉위했을 때, 외세의 개입은 점점 무시할 수 없을 지경이 되어 있었다. 조선은 위험한 두 가지 예속 관계에 묶여 있었다. 조선과 중국은 대대로 조선이 중국에 공물을 바치는 관계였기 때문에, 조선 왕은 외세와 관계를 맺기 전에는 중국 황제의 의견을 물어야 했다. 그러나 중국 자체도 제국주의 열강들이 가하는 위협에 속수무책으로

---

* 명성황후(1851~1895년) 조선의 마지막 임금 고종의 왕비. 1895년 일본인 낭인들에 살해당했다. 1897년 고종이 대한제국의 초대 황제로 즉위하면서, 사후 황후로 추봉되었다. 이 책에서는 '명성황후'와 '왕비'를 함께 사용했다.

당하고 있었다. 여러 가지 시행착오를 반복하며 더는 자국이 중심이 아닌 세상에 적응하는 법을 겨우겨우 배워가고 있었다. 그 세상은 국가 간 조약이나 치외법권 같은 요상한 수단을 앞세운 외교가 국제 체스 경기처럼 복잡하게 펼쳐지는 곳이었다.

일본과 러시아는 조선을 중국의 궤도에서 끌어내려고 경쟁했고, 그 사이 궁궐 안에서는 현재 자신들이 누리는 배타적인 지위에 변화가 미칠 것을 두려워한 양반(귀족) 수구 세력이 개혁을 위한 노력을 방해했다. 국내외 세력이 이렇듯 폭발할 듯 뒤섞여, 조선의 마지막 몇십 년은 쿠데타와 반쿠데타, 음모, 암살, 침략으로 얼룩지게 된다.

왕은 온화하고 인정이 많았지만 또한 주변 세력에 조종당하기 쉬운 사람이었다.[150] 왕족의 이름 없는 방계 출신인 고종은 전왕이 후사 없이 죽자 빈 왕위를 물려받았고, 재위 초반 10여 년 동안은 섭정인 아버지 흥선대원군의 그늘에 가려 있었다. 이 시기 동안 아버지와 아들은 유교 도덕에 입각한 개혁을 통해 위태로운 조선 왕국의 힘을 굳건히 하려고 애썼지만 뜻대로 되지 않았고, 1870년대에 이르자 새로운 세력이 조선 왕실의 정치 지형을 새로 짜고 있었다. 그 새로운 세력은 바로 굳은 의지와 정치적 통찰력을 갖고 있던 고종의 아름다운 아내 명성황후였다.

명성황후는 전설이 빚어낸 인물이다. (그녀는 사실 한국 최초의 브로드웨이식 뮤지컬《명성황후》의 주인공이기도 하다.) 연극계와 관련이 있는 영국 여행가로서 1890년대에 서울을 방문했던 루이스 조던 밀른은 이 비범한 여인에 대해 생생한 묘사를 남겼다.

왕비는 창백하고 우아해 보인다. 넓지 않지만 단호하게 도드라진 이마와 입매가 매력적이었는데, 붉은 혈색과 입술선에서 여성스러움이 느껴졌고, 진주와도 같은 치아가 드러났다. 그리고 말할 때 치아 사이로 빠져나오는 소리는 음악처럼 달콤했다. 왕비는 대체로 수수한 옷차림이었고, 색은 어둡지만 호화로운 재질의 옷을 입었다. 이런 점에서는 일본의 명문가 부인과 닮았다. 왕비가 입은 의복의 재단선은 다른 조선 여인보다는 일본 여인의 옷에 가까웠다. 머리는 가운데에서 갈라 부드럽게 말아 올려 하나로 쪽을 지거나 땋아서 말았다. 그리고 대부분 다이아몬드 장식을 했다. 많지는 않지만 고가인 것으로.[151]

밀른의 기록에 의하면, 명성황후는 또한 "조선에서 가장 막강한 존재였다. 왕비의 첩자들이 어디에나 있어, 모든 것을 정찰하고 모든 것을 보고했다."[152]

명성황후는 대체로 독학을 했고 정치, 역사, 과학에 관한 책들을 왕성하게 읽었다. 명망 있는 양반 가문 출신으로, 친척들은 왕비를 통해 권력을 휘두르기를 바랐지만 조정 당파들의 음모와 19세기 조선을 둘러싸고 소용돌이친 질풍과도 같은 국제 정세를 뚫고 나가며 자신의 길을 모색해나가는 법을 터득했던 사람은 결국에는 왕비 자신이었다. 시아버지 흥선대원군이 1880년대에 정치적 귀환을 시도하자 왕비와 지지자들은 중국 군대를 불러들였고, 중국 군대는 노회한 정치가를 무례하게 붙잡아 중국으로 데려가 일시적으로 억류했다. 그러나 왕비는 또한 여성의 교육을 지지했고, 세계의 문물을 배우기 위해 일본과 미국으로 조선의 학자와 관료들을 보내도록 장려하는 한편, 오래된 맹주인 중국과 새로운 세력인 러시아와 일본 사이에서 신중하고도 노련하게 행로를 잡으려고 애썼다.

켐프는 명성황후가 시해된 지 15년 뒤에 고종과 명성황후의 버려진 궁전을 방문했는데, 당시에는 소정의 입장료를 지불하고, 격식을 갖춘 옷차림에, 궁전 뜰에서 새나 물고기를 잡지 않는다는 조건 아래 관람객이 입장할 수 있었다. 그러나 켐프는 왕실과 깊은 관계를 맺고 있던 이름을 알 수 없는 한 친구로부터 받은 정보 덕분에 명성황후 시절 궁정 여인들의 삶에 관해 매우 생생한 인상을 남길 수 있었다. 궁 안에 살던 수백 명의 궁녀들은 (켐프의 기록에 따르면) 예로부터 아홉 살이나 열 살 무렵에 뽑혀 교육을 받는다. 그들은 비단 상의와 '긴 남색 치마'를 입고, 어렸을 때는 늘 땋고 다니던 머리를 목덜미 부분에서 쪽을 지어 묶었다.

궁정의 하루는 늦게 시작되었다. 정오가 되면 커다란 북소리가 왕실의 문안을 알렸고 안뜰은 '분주한 벌 떼처럼' 사람들이 모여들기 시작했다. 청록색 제복 상의와 흉판을 걸치고 알현 준비를 마친 궁정 수비대와, 궁녀를 대동한 왕실 여인들이 왕에게 문안을 드리러 갔다. 해가 지면 왕궁 문은 굳게 닫혀 아무도 나가거나 들어갈 수 없었다. 그러나 궁궐 담 안에서는 정사가 진행되는 동안 등불이 반짝이고 있었다. 왕이 신료들과 정사를 논하는 동안 왕비 역시 밤 시간에 연못 정자 너머의 내실에서 조언자들에게 자문을 구하고 있었기 때문이다.

그러나 1910년에는 이 모든 것들이 사라졌다. 궁전의 텅 빈 뜰에는 부산스럽게 움직이는 어떠한 소리도 남아 있지 않았다. 이름을 밝히지 않은 '한 조선 신사'는 켐프에게 거의 사라지고 없는 왕실 근위대 제복을 입은 사람의 모습을 그릴 기회를 주었다. 이 사람의 초상화는 1910년 8월 켐프가 출간한 책의 청록색 표지에 양각으로 들어갔는데, 같은 달 조선의 마지막 왕은 권좌를 잃게 된다.

경복궁

우리는 켐프와 맥두걸이 한양에서 첫날 걸어 내려갔던 거리의 한쪽 끝에 있는 국제 호텔에 묵고 있는데, 비로 씻긴 맑은 하늘 덕분에 잠에서 깨어나 서울의 화강암 산들이 햇빛을 받아 금빛으로 바뀌는 모습을 지켜보았다. 울퉁불퉁한 바위산은 번쩍거리는 유리와 강철로 지어진 직사각형 모양의 아파트 단지와 사무실 건물 뒤로 변함없이 우뚝 서 있지만, 오래전에 사라진 성벽을 가로질러 팽창한 도시는 거대도시로 성장해 이제는 600평방킬로미터 면적에 1000만 명이 넘는 사람들이 살고 있다.

경복궁으로 가는 도로에는 여전히 석상들이 있다. 그러나 켐프가 마주했던 이 거리를 따라 생겨나고 있던 일본 관청들은 이제는 역사의 뒤안길로 사라져 그 자리에 한국의 신문사 사옥들, 호텔과 카페와 문화센터, 황갈색의 미 대사관 직사각 건물 등이 들어서 있다. 왕궁의 길 건너 맞은편에 위치하는 미 대사관은 콘크리트 담과 예리한 칼날이 붙은 철조망으로 둘러쳐져 있는데 보는 즉시 켐프의 경구를 떠올리게 한다. 그것은 정말로 저속한 흉물이다.

하지만 서울의 도심은 세계에서 가장 아름다운 도심 가운데 하나가 분명하다. 대도시의 미친 듯한 소음은 그 지붕 위로 솟아 있는 자그마한 산의 고요함과 너무도 대조적이다. 평양과는 가히 압도적으로 대비된다. 정적만이 흐르던 평양과 달리 이곳 서울에서는 건물 사이 골목마다 갖가지 소리들이 흘러넘친다. 혼잡한 자동차 소리, 지나는 사람들을 유혹하는 음조의 광고, 옷가게와 카페, 백화점 매장 등에서 끝없이 흘러나오는 음악들(한순간 비발디 음악이었다가, 다음에는 보아로, 또 어느새 레이디 가가로 바뀐다)로 뒤범벅이 되어 있다. 컴컴한 북한의 수도 평양을 상쇄하기라도 하듯 서울은 건물 벽마다 네온등과 LED간판, 액정 스크린에서 폭포처럼 흘러내리고 내뿜는 형형색색의 불빛이 가득하다.

경복궁으로 향하는 길을 내려가다 보니 운동화, 청바지, 후드 티에 어깨에는 배낭을 걸친 두 청년의 뒤를 따라 걷게 되었는데, 그들은 함께 한가로이 걷고 있었지만 각자 휴대전화로 통화하는 데 정신이 팔려 있었다. 평양 거리에서는 사람들이 한가로이 걷지 않는다. 공원은 산책을 위한 곳인데도 말이다. 그러나 서울에서는 크림 케이크가 진열된 가게 유리창, 전통 한지공예품, 상하이와 로스앤젤레스로 가는 초저가 항공권을 선전하는 광고가 행인들이 멈춰서서 정신 팔도록 끝임없이 유혹하고 있었다.

봄날 아침인 오늘, 궁전으로 향하는 길이 장애물에 가로막혀 있다. 굴착기들이 보도를 여기저기 파고 있었다. 사람들은 거리에 패인 구멍들을 요리조리 피해 발걸음을 옮겼고, 궁전 인접 지역은 이 구역을 '서울의 꿈'으로 탈바꿈시키는 공사라는 것을 알리는 표지판으로 뒤덮여 있다. 이명박 대통령은 서울 시장 시절, 원대한 도시 재개발 프로젝트를 열렬히 추진한 것으로 유명했다. 광화문 또한 어딘가 모르게 초현실적인 분위기가 풍긴다. 광화문은 화려하게 채색한 한국의 전통 관문 그림을 한 공사장 벽널 뒤에 숨겨져 있었는데, 마치 화가 파울 클레의 화풍을 연상시키는 입체파 양식 같았다. 궁으로 들어가는 입구는 옆길로 길게 돌아가게 되어 있었다.

하지만 담장 안에서는 놀랄 만한 어떤 일이 벌어지고 있었다. 세월이 거꾸로 흐른 듯했다.

켐프와 맥두걸이 이 안뜰을 거닐었을 때, 허물어지고 있던 조선의 궁전 건물들은 일본 제국주의의 기념물로 재빠르게 대체되고 있었다. 출입문 오른쪽으로는 일본 당국이 남학교를 세우고 있었다. "이것은 조선인의 자존심에 큰 타격이었다"라고 켐프는 기록했다.[153] 그런데 그보다 더한 치명타가 다가오고 있었다.

1910년까지 조선에서 일본의 영향력이 미치는 중심지는 새로운 외곽인 용산이었지만, 한일병합 이후에 일본은 거대한 새 조선총독부 건물을 옛 서울의 심장에 짓기로 결정했다. 독일 건축가 게오르크 데 랄란데가 신고전주의 양식으로 설계한 이 건물은, 일본의 첫 글자 "태양日"의 형상을 본떠 지을 계획이었다.[154] 부지는 경복궁의 가장 중심인 안마당이었다. 막대한 비용을 들여 1926년에 완공된 5층짜리 조선총독부 건물은 남아 있는 조선 왕궁 유적지를 왜소해 보이게 만들었을 뿐 아니라, 풍수지리 전통에서 보자면 왕궁 뒤 산에서 도시 중심으로 흐르는 기氣의 맥을 석조 장벽으로 막아버렸다. 아름다운 광화문은 철거되었고, 새로운 권력의 상징인 총독부 건물 한쪽 어딘가 알 수 없는 장소로 옮겨졌다.

건물을 통해 승리를 뽐내려는 일본의 이러한 행위는 심지어 자국민에게조차 실망감을 안겨주었다. 일본의 유명한 철학자이자 대중예술운동 창시자인 야나기 소에츠는 철거된 광화문을 보며 안타까운 심정을 토로했다.

오 광화문이여, 오 광화문이여! 네 삶이 다하는구나. 세상에서 너의 존재가 망각 속으로 사라지는구나. 내가 무엇을 할 수 있겠느냐? 어쩌면 좋을지 모르겠구나. 잔인한 끝과 냉정한 망치들이 네 몸을 서서히 파괴할 날이 가까워오는구나. 그런 일을 생각하는 것만으로도 많은 사람들이 마음 아파하지만 아무도 너를 구해줄 수가 없구나. 불행히도, 너를 구해줄 수 있는 자들은 너를 애도할 작자들이 아니란다.[155]

야나기와 켐프 두 사람 모두 오늘날의 경복궁을 본다면 틀림없이 깜짝 놀랄 것이다. 그도 그럴 것이 일본이 조선총독부 건물을 세운 것만큼이나 대담한 정치적 표현으로 남한 정부는 식민 지배의 외형적 흔적을 완전히 없애버리고, 조선 왕실의 영예에 맞게 궁전을 복원했다. 많은 논쟁이 있었지만 해방된 뒤 줄곧 한국의 국립박물관으로 사용되어 오던 조선총독부 건물은 없애는 것으로 결정이 났고, 일본의 지배로부터 벗어난 지 50주년 되는 날에 조선총독부 건물은 지상에서 말끔히 사라졌다.

오늘날 식민 침략자의 흔적은 하나도 남아 있지 않다. 그 대신 기괴한 석상들은 근정전 앞의 해자 깊은 곳을 다시 들여다보고 있다(비록 해자에는 물이 없지만). 그리고 그 주위는 마치 역사의 필름이 고속으로 되감기기라도 하듯이, 켐프가 보았던 당시 쇠락하고 무너져 내리던 그 건물들이 대지에서 다시 화려하게 솟아오르고 있으며, 빛바랜 색채들은 산뜻하고 빛나는 색으로 밝아졌다.

해자 위 다리를 건너 근정전 앞뜰로 이르는 거대한 출입구에 다다랐다. 돌로 포장된 넓은 뜰에서 켐프가 보았던 '표석들'은 다시 솟아났다. 계단참은 근정전으로 이어지고, 근정전의 화려하게 장식된 처마들은 뒤편 산의 더 짙은 소나무 숲 배경과 대조적으로 녹색과 청색으로 다시 한번 빛나게 되었다. 출입문 사이로 근정전 안을 들여다보며, 켐프가 그랬듯이 나 역시 황금빛 용이 날아오르는 높이 솟은 천장과 옥좌 뒤의 병풍을 보고 놀라지 않을 수 없었다. 병풍에는 왕의 힘을 상징하는 자연력이 장식되어 있는데, 그 자연력이란 해와 달, 두 개의 폭포가 영원히 흐르는 시내 속으로 떨어지는 신성한 다섯 산이다.[156]

그리고 여기 마치 켐프의 책 표지에서 막 걸어 나온 것 같은, 청록색 비단 상의에 흉판을 걸친 신하들이 나타난다. 그들은 돌로 포장된 공간을 줄지어 성큼성큼 걸어간다. 그 뒤로는 진홍색과 검은색의 기다란 소매가 달린 의복에, 높은 모자, 갖가지 지위를 드러내는 장식이 달린 허리띠를 착용한 사람들이 뒤따른다. 복장과 어울리지 않게 허리춤에 무전기를 찬 사람도 있고, (바람이 많이 불었으므로) 콘텍트 렌즈에 낀 티끌 탓에 눈물로 가득 찬 눈이 절반은 감긴 사람도 있는 것이 사실이다. 그러나 그들은 훌륭하게 양반의 위엄을 갖추고 조선의 왕실 행렬을 재현해내는 역할을 충실히 해냈고, 학생들이 사진을 크게 찍으려고 가까이 다가와 그들 앞으로 휴대전화를 들이미는데도 동요하지 않은 채 얼굴을 똑바로 들었다. 남자들 뒤로는 옥색과 청록색 치마를 걸친 여인들이 두 손을 포갠 채 땋아 올린 장식 머리 아래로 고개를 다소곳이 숙이고 걸어갔다. 그리고 커다란 붉은 비단 우산 아래로 머리는 뒷덜미에 쪽을 지고 나인들의 치마보다 더욱 화려하게 장식된 치마를 입은 왕비가 걸어갔다.

한쪽 뜰에서 다른 쪽 뜰로 이어지는 그들의 행렬을 따르다 한가운데 섬에 아름답게 복원된 정자가 있는 왕비의 연못에 다다랐다. 정자는 작은 2층탑의 형태로 지어졌는데, 바깥 세계와 연결해주는 석조 다리가 있었다. 바람이 연잎 가장자리를 휘감고 정자 아래 계단에 내려앉은 백로의 깃털을 살랑거린다.

연못 뒤로 궁전 경내 뒤편 가까이에는 한국식 전통으로 새롭게 지은 건물이 한 채 서 있다. 근정전과 달리 이 건물은 색을 칠하지 않은 소박한 목재와 석재와 하얀 벽토로 지어졌다. 격자 모양의 출입구는 닫혀 있는 넓은 뜰로 이어졌다. 궁전 경내 앞에 모여 있던 구경꾼들이 모두 사라지자, 나는 햇빛을 받으며 이곳에 홀로 앉아 담을 따라 한창 피어나는 코스모스 사이로 바람이 일렁이는 것을 지켜보았다. 저 위에서는 매 한 마리가 기류를 타고 고요히 날고 있었다.

건물은 새로 지었지만 옛 모습이 바뀌지 않고 잘 복원되었다. 이곳은 바로 명성황후가 최후를 마친 곳이기도 하다.

왕비의 시해로 이르게 된 사건들은 1894년으로 거슬러 올라갈 수 있는데, 당시에 불만을 품은 농민들이 일으킨 갑오농민전쟁이 (6년 후 중국에서 일어난 '의화단의 난'과 다르지 않게) 조선을 휩쓸었다. 중국은 농민군을 제압하는 데 도움을 주려고 군대를 파견했고, 중국이 한반도에 대한 지배권을 휘두를까 봐 두려웠던 일본 역시 군대를 파견하는 것으로 맞섰다. 한양을 출발한 일본 군대는 평양을 점령했고 그다음 압록강으로 진격해 중국 측에 대패를 안겨줬다.

1895년 중반 무렵, 조선에 대한 일본의 군사적·정치적 영향력은 걷잡을 수 없이 커졌고, 조선의 일본 공사는 자주성이 강한 왕비의 힘을 약화시키는 임무에 관심을 기울였다. 그는 재빠르게 대원군을 자기편으로 끌어들였는데, 마침 대원군은 왕비와 친족에게 당한 수모를 되갚으려 모색하고 있던 터였다. 1895년 10월 8일 일본 공사 수비대, 경찰, 용산의 민간인 들은 일본식으로 훈련받은 수비대와 더불어 대원군을 위한 쿠데타를 시도하려고 그를 따라 궁전으로 갔다. 선발대가 담을 넘어 안에서 궁문을 열었고 나머지는 궁 안으로 달려가 안뜰을 지나 내실을 향해 왕비를 뒤쫓았다. 켐프의 기록에 따르면, 방에서 왕비와 궁녀 몇 사람이 "칼에 맞아 죽었다"고 한다. 왕비의 시신은 근처 언덕으로 끌고 가 석유를 부은 후 불태워졌다.

이렇게 극악무도한 행위는 전 세계적으로 충격을 불러일으켰다. 일본 정부는 왕비를 두려워했을지 모르지만 그들조차도 그토록 잔인한 방법으로 왕비가 제거되리라고는 예상치 못했다. 왕비 시해를 획책한 주요 공모자들은 재판을 받았지만 증거 불충분으로 무죄로 풀려났다. 왕비 시해 사건은 오히려 일본 쪽에 대재앙을 몰고 왔다. 고종은 아내를 정말로 사랑해서인지 즉각 일본을 등지고 러시아로부터 보호를 받으려 했다. 일본은 1905년 러일전쟁에서 승리하고 나서야 다시 한번 조선에 대한 지배권을 주장할 수 있게 되었고, 다시 지배권을 쥐게 된 뒤에 무력한 고종이 친일 성향의 아들 순종에게 강제로 왕위를 양위하게 만든다.

그러나 순종에게는 만주국의 통치자로 되살아난 중국의 마지막 황제 푸이에게 주어졌던 상징적 기쁨마저도 허용되지 않았다. 켐프가 조선을 방문하고 넉 달이 되었을 때, 조선의 마지막 군주는 옥좌에서 제거되었다. 비록 '왕'이라는 직함으로 계속 불리긴 했지만 경복궁에서 그리 멀지 않은 동궁에 유폐되어 16년 후 그곳에서 죽었다. 그가 죽고 나자 궁전은 이제 대중에게 개방되었고 동물원으로 바뀌었다.

켐프는 왕비의 무덤을 스케치했는데, 당시 무덤은 성문 너머 언덕의 한적한 지점(도시 개발로 이전되기 전의 자리)에 자리 잡고는 건너편의 울창한 산골짜기를 내려다보고 있었다. 켐프는 슬픔에 가득 차 왕비의 잔혹한 죽음에 대해 썼고, 심지어 1910년 8월 한일병합이 정식으로 발표되기 전에 다음과 같이 언급하고 있다. "자신들은 조선을 병합하지 않았다고 우기는 일본의 말을 듣는 것은 어리석은 짓 같다. 실질적으로 말해서, 그들은 가장 악랄한 방법으로 모든 것을 지배했기 때문이다. (…) 조선말을 배우려는 일본인이 거의 없었기 때문에, 오해의 소지가 늘 있었으므로 예속 상태는 한층 가혹해졌다."[157]

그런데 평양에서와 마찬가지로 여기에서도 식민주의와 근대화에 대한 켐프의 감정은 양면적이다. 외국인이 조선에 머무는 것이 주는 이로운 점을 무시할 수 없었고 "일본인의 훌륭한 노력"에 의해 재빨리 제압된 최근 한양에서의 콜레라 발발에 대해 썼다.[158] 그리고 당시 상황을 애석해하면서도 어디에서나 희망의 끈을 놓지 않았다. "지금이 과도기라는 것을 기억하여, 일본 정부가 문제를 일으켜온 사람들을 철수시키고 더 훌륭한 관료 계층을 권력에 앉히려는 노력을 계속할 것이라고 열렬히 바라 마지않는다."

그리고 되풀이하기를, 조선은 "정말로 젖과 꿀이 흐르는 땅이며, 기후 또한 쾌적하므로 잘 다스리기만 한다면 가장 행복하고 번영하는 곳이 될 것이다."[159]

사찰 재건

우리는 중심가를 떠나 자갈이 깔린 좁은 골목길을 지나 갔다. 골목길은 양쪽으로 낮은 기와가 얹힌 정겨운 벽돌담에 둘러싸여 있었다. 경기 후퇴와 점점 커지는 빈부격차에도 불구하고 소비경제의 거품이 걷잡을 수 없이 부풀고 있는 현재의 서울에서 잠시 동안 걸어 나온 것처럼 느껴졌다. 그러다 또 일순간 1910년 당시의 성벽으로 둘러싸인 도시로 되돌아갈 수 있었다.

평화단체에서 일하는 젊고 혈기왕성한 한국인 청년이 나와 동행해 구불구불한 좁은 길 사이로 자신 있게 이끌더니 비좁은 계단을 내려가 지하 사무실로 데려갔다. 문에 걸린 간판은 이렇게 쓰여 있었다. '대한불교조계종 민족공동체 추진본부.'

회색 법복을 걸친 엄숙한 스님의 인사를 받을 것으로 기

명성황후의 묘 (에밀리 켐프)

켐프는 왕비의 무덤을 스케치했는데, 당시 무덤은
성문 너머 언덕의 한적한 지점에 자리 잡고는 건너편의
울창한 산골짜기를 내려다보고 있었다. 켐프는 슬픔에
가득 차 왕비의 잔혹한 죽음에 대한 기록을 남기기도 했다.

대했지만 뜻밖에도 운동복을 입은 남성과 세련된 스키 점퍼를 입은 30대 중반 남성이 우리를 맞이했다. 그들은 미스터 박과 미스터 한이었는데, 우리를 친절하게 맞아주었고 악수를 나누었다. 작은 사무실 한가운데에서 가습기가 조용히 수증기를 내뿜고 있었고, 만삭인 한 여인이 파일 캐비닛 서류를 분류하고 있었다. 우리는 낮은 탁자 앞에 앉아 인삼차를 마셨다. 내가 볼 수 있었던 불교의 흔적이라고는 미스터 한이 말을 하면서 손에 쥐고 돌리던 염주뿐이었다.

하지만 이 지하 사무실에서는 놀라운 계획이 추진되고 있었다. 경복궁 재건보다도 훨씬 더 대담한 역사 재건을 위한 계획이었다.

캠프가 한국을 방문했을 당시만 해도 금강산에는 30개가 넘는 사찰이 있었는데, 가장 오래된 것은 6세기 무렵으로 거슬러 올라간다. 높은 산골짜기에 숨어 있는 조그만 나무 암자에 불과한 것도 있지만, 특히 4대 사찰인 유점사, 표훈사, 신계사, 가장 큰 장안사 같은 다른 사찰들은 한국, 중국, 심지어 인도, 토화라국*과 그 너머 세계 전역에서 온

---

* 　토화라국(吐火羅國): 현재 아프가니스탄 북부의 오래된 도시 발흐에서 번성했던 국가. 신라의 승려 혜초가 천축국을 다녀오던 길에 이곳을 방문했으며 『왕오천축국전』에서도 언급하고 있다.

보물들로 가득 찬 장엄한 불교 건축물들이다.[160]

경복궁에서 나와 길 건너 서점에 들른 나는 독일의 성베네딕토수도회 수도사인 노르베르트 베버가 1920년대에 찍은 무성 영상 자료가 수록된 비디오를 하나 샀다. 이 영상은 금강산과 원산시 부근의 소광사 사찰을 찾은 그의 여정을 뒤쫓고 있는데, 소광사의 주지 스님들은 그 지역의 사찰들에 대한 지배권을 넓히려 애쓰고 있었다. 카메라는 사찰 입구 위에서 지켜보며 서 있는 수호신들, 화려하게 조각된 문, 경전에 나오는 상징적 인물들로 장식된 단청을 입힌 처마, 기도할 시간을 알리기 위해 승려들이 울리는 북과 무쇠종 등을 담았다.

금강산 깊은 곳에서 베버와 그의 일행은 비구니 사찰을 찾아냈는데, 이가 다 빠진 자그만 비구니 스님이 회색 삼으로 만든 법복을 걸친 채 그들을 맞이하러 비틀거리며 나왔고, 머리를 삭발한 젊은 수련자는 물그릇을 가지고 수줍게 나타났다. 근처 거대한 바위에는 좌불상이 새겨져 있어서 지나가는 여행객의 모습을 왜소해 보이게 했다. 성스러운 나무들은 순례자들이 그곳에 놓아둔 돌무더기에 줄기가 반쯤은 묻혀 있었고, 어느 지점에 이르자 베버의 카메라는 임시로 걸쳐 둔 나무 사다리에 위험하게 올라타 균형을 잡고 암벽에 자신들의 이름을 새기고 있는 독실한 두 관광객을 포착했다. 산은 깨달음을 구하는 사람을 매혹해 불러들이기도 했지만, 고아나 부모에게 버림받은 아이들, 또는 바깥 세계로부터 피난처를 찾는 사람들을 위한 안식처이기도 했다. 영국의 철학자 프랫은 "호두처럼 쭈글거리지만 여학생처럼 깔깔거리는" 늙은 비구니가 열 명이나 있는 사찰을 발견했는데, 그들은 자신들이 과부이거나 아무도 부양해줄 사람이 없어서 승려가 되었다고 말했다.[161]

프랫과 베버 외에도 금강산에 있는 사찰의 아름다움을 서정적인 표현으로 묘사한 외국 관광객은 많다. 미국의 언론인이자 중국 혁명을 지지한 헬렌 포스터 스노우는 금강산을 "동아시아의 가장 아름다운 산이자 513년경부터 불교에 바쳐진 산"으로 묘사했다.[162] 화가 버사 럼은 산속을 거닐다 어떻게 내를 건너 "너무도 빼어나서 더 이상 나아가지 않은 채 그곳에서 여생을 보내고 싶은 사찰 경내에 이르게 되었는지" 기록했다. 그녀가 말한 사찰은 바로 영원한 평화를 의미하는 '장안사長安寺'이다. 그녀의 표현에 의하면 "대웅전은 이제껏 동양에서 본 것 중 가장 특이하다. 안에서 눈을 들면 도대체 어느 누가 그렇게 대단한 조각과 색채를 구상할 수 있었는지, 설령 구상했다 하더라도 어떻게 그것을 그 자리에 구현해낼 수 있었는지 상상할 수조차 없다."[163] 심지어 잘난 체하던 커즌 경조차 감동하여 "진귀한 것을 좋

아하는 사람들은 이 사찰보다 더 매혹적인 것은 어디에서도 찾아볼 수 없다"고 표현했다.[164]

오늘날 북한의 금강산 지도에는 '장안사 터'가 표시되어 있다. 그 찬란함의 흔적이라고는 몇 개의 주춧돌이 전부다. 한국전쟁 동안 산에서 전투가 맹위를 떨쳤을 때 북한이 장안사를 전쟁 포로수용소로 사용했고, 어느 한 곳에는 700명에서 800명에 이르는 남한 병사와 800명에서 900명 정도 되는 미군 병사들이 참혹한 환경에 수용되어 있었다고 한다. (한 목격자의 증언에 따르면 장안사에 갇혀 있던 많은 포로들이 그곳에서 근처의 다른 수용소로 이송되던 중에 영양실조로 쓰러지거나 죽었다고 한다.)[165] 전쟁이 끝날 무렵에는 벼랑에 자리 잡은 보덕암을 비롯해 몇 안 되는 건축물만 남아 있었고, 금강산 4대 사찰은 한 곳을 제외하고는 모두 폐허로 변했다.

북한 사람들의 설명에 의하면, 사찰들은 미국의 폭격으로 파괴되었다고 한다. 나는 이 말을 확인하거나 부정할 어떤 것도 찾아내지 못했다. 하지만 이탈리아의 몬테카지노, 독일의 드레스덴, 영국의 코벤트리 대성당은 여전히 전쟁과 문화에 대한 격론을 불러일으키고 있는 반면에 아시아의 가장 위대한 불교예술 걸작들인 이 사찰들을 파괴한 책임에 대해서는 아무런 논쟁이 없다.

그러나 미스터 박과 미스터 한은 과거보다는 미래에 더 관심이 많았는데, 금강산 사찰들을 재건하는 것이 바로 그들의 꿈이었기 때문이다. 민족공동체추진본부는 (이름은 다소 장황하고 모호하지만) 남한과 북한 사이에 불교를 통한 협력을 증진하는 데 전념하는 단체이다. 조계종은 남한에서 가장 크고 막강한 불교 종단 가운데 하나로, 민족의 정치적 삶 깊숙한 곳까지 적극적으로 관여하는 것으로 유명하다.

조계종의 협력활동은 1990년대에 시작되었고, 민족공동체추진본부는 2000년 김대중 대통령의 평양 방문 무렵에 창설되었다. 그들과 접촉하는 북측 관계자는 북한 정부 소속의 조선불교도연맹인데, 미스터 박이 설명하듯이, "북한의 불교 사찰들을 감독하며 승려나 수도자들을 위한 수련을 제공하는 교육 분과가 있다."

나는 호기심에 물어보았다. "그래서, 과연 북한에 얼마나 많은 승려가 있다고 생각하시나요?"

"우리도 정확히는 모릅니다. 연맹의 감독을 받는 사찰이 70개 정도 되고, 그 외에 몇 개 더 있을 것입니다. 다 합쳐서 아마도 100개 정도는 될 겁니다. 승려가 300명가량 있을 수 있지만 추측일 뿐이죠. 북측 관계자에게 물어봐도 우리에게조차 정확한 숫자를 알려주지 않는답니다."

조계종단은 또한 식량과 의료 지원도 제공하고 있지만 북한의 사찰들을 재건하고 보수하는 데 가장 큰 심혈을 기울이고 있다.

미스터 박이 자랑스럽게 말했다. "2003년에 우리는 북한에 있는 모든 사찰 처마를 다시 도색하는 데 충분한 컬러 페인트를 공급했습니다. 당신도 아시겠지만 그것은 특별한 페인트랍니다. 색채가 딱 맞아야 하고 북한에서 저 추운 겨울을 견딜 수 있을 정도로 내구성이 강해야 하기 때문이죠." 그는 팔을 뻗더니 파일 캐비닛 꼭대기에서 책을 한 권 꺼내 자신들의 페인트로 복구된 사찰의 화려한 색채를 우리에게 보여주었다. 화가로서 심미안을 지녔던 켐프가 그토록 조심스럽게 이름 붙였던 짙은 남색, 청록색, 암적색 등이 들어 있었다.

그들의 가장 야심찬 프로젝트는 불기 2545년(양력 2001년)에 시작되었는데, 그해에 그들과 북한 측 관계자는 금강산에 신계사를 재건하겠다는 계획을 발표했다. 그 지역의 가장 오래된 사찰 중 하나인 신계사는 한국전쟁 동안 거의 다 소실되었지만, 석조 사리탑과 절을 둘러싸고 있던 기념물들은 아직 남아 있었다.

나는 특히 신계사에 관심이 갔는데, 그 이유는 아마도

켐프가 1910년에 산을 주유하는 동안 머무르려고(물론 일이 계획했던 대로 되지는 않았지만) 했던 절이기 때문이다.

재건의 첫 과제는 절의 상세한 건축 설계도를 만들 수 있게 해줄 옛 사진과 그림을 찾아내는 일이었다.

미스터 박이 말해주었다. "남한 사람들이 설계와 조사 등등 모든 기술적인 작업을 했고, 북한 측에서는 절을 짓는 데 필요한 노동력을 제공했습니다. 북한 사람들은 콘크리트 복원물을 건축하는 기술적 노하우는 있었지만 목재로 사찰을 짓는 기술은 잊어버렸습니다. 그래서 저희가 참여하게 된 것입니다."

현장작업은 2001년 측량과 고고학적 발굴로 시작해서, 2007년 말 무렵에 완성되었다. 무너진 석조 기념물 폐허 사이로 수십 년 동안 풀과 잡초밖에 없던 장소에 이제는 뒤로 우뚝 솟은 금강산 봉우리와 함께 여덟 개의 멋진 주요 건물 단지가 숲의 빈터에 솟아 있다. 준공식은 2007년 10월에 열렸다. 300명이 넘는 남한의 불교 신자 대표단이 참석했으며, 눈에 띄는 붉은색과 검은색 법복을 걸친 북한의 불교 승려들이 포함된 조선불교도연맹 대표 30명 또한 그 자리에 참석해 예불, 공양, 축원에 참여했다.

"이제 신계사에는, 정기적으로 나오는 북한 승려들은 있지만 불공을 드리러 절에 오는 사람은 거의 없습니다. 북한 보통 사람들은 그곳에 전혀 갈 수가 없죠. 금강산 관광단지에서 일하는 남한 직원 가운데 일부만 기도하러 절에 오곤 했지만 이제는 관광이 중단되어서 관광단지에는 남한 사람들이 거의 없습니다."

나는 결국 가장 궁금한 것을 물어보지 않을 수 없었는데, 될 수 있는 한 조심스럽게 표현하려고 애썼다. "이게 민감한 사안인 것은 알고 있지만, 북한에서는 공식 이데올로기가 김일성의 주체사상과 김정일의 '선군정책'이고, 조선불교도연맹은 정부 소속이잖아요. 그래서 당신은 과연 당신의 북측 동료가 어느 정도나 실제 불교 신자라고 생각하시나요?"

미스터 박과 미스터 한은 웃었다. 이것은 정말로 매우 어려운 질문이라는 데 동의했다.

"거기에는 어떠한 대답도 없습니다." 미스터 박이 말했다.

이렇게 대답하는 사람도 있고 저렇게 대답하는 사람도 있죠. 하지만 저로 말할 것 같으면…… 글쎄요, 당신도 아시죠? 오랫동안 북한과 남한은 아무런 접촉이 없었지요. 그래서 저희는 북한의 상황을 알게 될 기회가 없었답니다. 조선불교도연맹은 정부의 대리 기구이지요. 그래서 그들이 어느 정도나 정말로 불교도라고 말하기는 어렵겠죠. 그들은 전혀 불교도가 아니라고 주장하는 사람들도 있을 것입니다. 하지만 저희로서는 그들을 종교단체로 대한답니다.

미스터 한도 옆에서 거들었다. "처음에는 일을 해나가기가 무척 어려웠습니다. 일을 시작할 때는 서로 뭐라고 불러야 할지도 몰랐으니까요. 북한에서는 사실 우리처럼 불교 승려를 지칭하는 똑같은 말이 없는데다, 그네들이 흔히 쓰는 말은 우리가 듣기에 괴상해 보였답니다. 하지만 결국 우리는 스님이라는 말로 합의를 보았고, 이 말은 양쪽에서 모두 통용됩니다."

꿈의 다음 단계는 순례로서, 재건된 신계사로 수천 명의 남한 순례자들을 보내는 것이었다. 그들은 곧 언젠가 이 순례가 시작될 수 있기를 바라고 있지만 정치적 갈등 때문에 계획이 연기되었다. 남한 정부가 경계하고 있어 아직 허가를 내주지 않고 있다.

"언젠가는 남한과 북한이 통일되리라고 보십니까?" 나는 자리를 나서려고 일어나며 두 불교도에게 물었다. 빤한 대답이 나올 것으로 생각했다. 이제껏 수없이 들어온 말, 통일을 향한 깊으면서도 막연한 갈망을 드러내지만, 덧붙이자면 실제로는 아직 머나먼 길이라는 말을 듣게 될 것으로 생각했다.

그러나 미스터 박과 미스터 한은 깜짝 놀랄 말을 들려주었다. 미스터 박이 먼저 대답했다. "통일에는 두 가지 측면이 있습니다. 형식과 내용이죠. 형식은 정부 소관입니다. 그러나 내용은 우리 일반 국민의 문제고 우리는 이미 통일을 진행 중이지요."

미스터 한은 고개를 끄덕이며 한발 더 나아갔다. "통일은 이미 일어났습니다. 마음속에서 우리는 이미 통일되었죠."

두 마리 새

나는 지하 사무실에서 오후의 서울 도심으로 나오며 통일에 대한 이 예상치 않은 비전에 대해 여전히 생각 중이다. 그 사무실이 붙어 있던 조계사는 서울에서 내가 가장 좋아하는 동네 인사동 바로 옆에 서 있다. 요즘에는 너무 말쑥해졌고 관광지가 되기는 했어도, 인사동은 남한을 매우 유쾌한 곳으로 만드는 넘치는 독창성을 지닌 곳이다. 또한 단편적이기는 하지만 오래된 옛 성곽도시 한양의 분위기가 아직 남아 있는 곳이기도 하다.

수묵화용 큰 붓과 두꺼운 전통 한지를 파는 어두운 가게들이 현대적인 화랑과 나란히 서 있다. 수타면을 파는 중국

집과 공정무역 커피를 파는 가게들로 둘러싸인 뜰에 자리 잡고 있는 조용한 찻집에서는 매실차, 대추차, 모과차를 팔고 있었다. 조금 전에 불교도들과의 인터뷰에 함께 동행해 준 청년은 여기 평화박물관에 근무하고 있는데, 이곳은 너무도 좁아서 한 번에 한 사람밖에 통과할 수 없는 골목길에 숨겨져 있다. 이처럼 인사동에는 예상치 못했던 것을 발견할 가능성으로 방문객을 가슴 설레게 만드는 독특한 분위기가 있다.

골목길을 거쳐 호텔로 돌아오는 길에 나는 임무상이라는 화가의 작품을 보러 한 곳을 더 방문했다. 인사동 중심 거리에 있는 작은 주택의 비좁고 가파른 계단 꼭대기에서 그를 만날 수 있었다. 중년 후반의 나이대로 약간 주름이 잡히고 표정이 풍부한 얼굴에 검은 곱슬머리가 더부룩했다. 그는 약간 수줍은 듯 보였고, 그의 아내는 집에서 손수 만든 엿을 재빨리 내왔다. 엿은 맛있었지만 말을 하기 어렵게 만들었다.

벽은 사방이 임화백의 그림으로 덮여 있었다. 임화백은 한국의 흙 자체에 들어 있는 광물에서 얻은 회색, 남색, 연보라의 자연 색조를 살려 단순한 색과 대담한 선으로 표현했다. 모든 그림이 같은 주제였다. 지난 몇 년 동안 그는 금강산을 끊임없이 그려오고 있었던 것이다.

그의 그림은 오랜 전통의 일부이다. 성스러운 산에 대한 경외감은 일찍이 5세기 중국인들의 산수화 표현 기법에서도 발견할 수 있다. 산수화는 산과 물을 특징으로 잡아 그리는 풍경 수묵화로 나중에 한국과 일본으로 퍼져나간 화풍이다. 중국에서 산수화가 건너온 초기 풍경화가들은 중국의 주제에 의지해 주로 상상 속의 풍경을 그렸지만, 17세기 말부터는 한반도의 산 자체가 위대한 조선 미술의 주제 일부가 되었다. 그중 가장 빼어난 것은 정선의 수묵화인데, 강하고 어두운 필치로 금강산을 화폭에 옮긴 그의 그림들은 섬세한 윤곽선을 특징으로 하는 중국 풍경화와는 사뭇 다르다. 20세기 일본 풍경화가들도 한 세기 전 유럽의 낭만파 화가들이 스위스 알프스산을 발견한 것 못지않게 금강산을 발견해냈다.[166] 서구의 화가들도 곧 그들의 발자취를 따르고 있었다. 미국의 판화가 릴리언 밀러는 일본에서 미술교육을 받았는데, 철마다 바뀌는 금강산을 일본식 기법을 활용해 반인상주의 판화로 표현했다. 영국의 화가이자 작가인 엘리자베스 키스는 금강산 사찰과 폭포를 담은 생생한 목판화를 완성했다.[167]

임무상은 조선시대의 작품에서 영감을 받았으니, 이러한 경향의 화가 중 가장 새로운 화가라 할 수 있겠다. 그림을 그려오면서 산에 대한 묘사도 조금씩 바뀌었는데, 초기 작품들이 정선의 수묵화를 연상시키는 데 비해 이후의 작품들에서는 붉은 태양과 멀리 표현된 하얀 달에 둘러싸인 수많은 봉우리들을 점차 추상적으로 표현했다.

지난 여러 해 동안 남한에서 금강산 여행은 불가능했지만, 임화백은 그에 굴하지 않고 그림을 계속 그려나갔다. 그의 말에 따르면 자신의 흥미를 끄는 것은 바위의 곡선, 즉 수백 년 동안 한국 미술에 영감을 불어넣으며 한국 미술의 특징이 되어온 영원의 완전한 호弧라고 한다. 모나게 뾰족한 것이 아니라 풍상을 맞아 약간 부드러워진, 헤아릴 수 없이 많지만 하나하나가 독특한 곡선이다. 몇 년 전 육로로 국경을 건너 금강산으로 간 사흘간의 여정을 화폭에 옮긴 것을 보면 그가 금강산의 아름다움에 얼마나 강하게 끌렸는지 드러나지만, 또한 그곳의 풍경이, 그곳의 불교 예술의 파괴와 쇠퇴가 일깨운 슬픔도 읽을 수 있다.[168]

그의 그림 가운데 하나를 보면 희미하게 스케치된 작은 새 두 마리의 이미지가 산 풍경을 가로질러 서로 뒤쫓고 있는 모습이 있다. 그에 의하면 그 두 새는 '남한과 북한'이라고 한다.

CHAPTER 10

역사의 상처가 새겨진 섬들

: 부산까지

길거리 공연

부산을 향해 떠나기로 한 날, 내가 묵고 있는 서울의 호텔 밖 광장에서 한 극단이 공연을 하고 있었다. 공연은 전통 한국식이었는데, 배우들의 역동적인 동작과 이야기의 절정마다 흥을 돋우는 북소리가 함께 어우러졌다. 임시 무대 중앙에는 몸뻬와 상의를 걸친 푸근한 인상의 농부 아낙네가 목에 스카프를 두른 청년들을 향해 단단한 검지를 흔들며 일장 연설을 하고 있었다. 이따금씩 그녀가 관객과 익살스러운 방백을 시작하면 많지는 않지만 열정적인 구경꾼들이 박수를 치고 웃음을 터뜨리며 유쾌하게 화답했다.

그것은 마치 관객과 공연자가 서로 파트너가 되어 추는 춤과도 같았다. 몸은 이야기의 운율에 따라 앞뒤로 흔들거렸고, 목소리는 광장에 불어온 돌풍에 한데 어우러졌다. 진회색 정장에 서류 가방을 든 회사원들이 가던 길을 멈춰 잠시 듣고 가기도 했다. 공연은 겉으로는 쾌활한 분위기였지만 극 내용은 비극적인 이야기를 다루고 있었다. 공연자들은 한국 민주화운동의 기나긴 여정에서 가장 격렬한 전환점이었던 광주민주화운동을 기념하는 공연을 하는 중이었다.

분단국의 비극 가운데 하나는, 바로 그 분단 상황이 내부의 적을 만들어낸다는 데 있다. 그 적이란 실제 적이기도 하고 가상의 적일 수도 있다. 오늘날 북한에서 당국과 충돌하는 사람은 누구나 '남한의 간첩'이라는 말을 듣게 될 위험을 무릅쓸 수밖에 없듯이 1980년대까지 남한을 지배해왔던 군사 독재 정권 치하에서 정치적 반대에는 즉시 '공산주의 전복 음모'라는 꼬리표가 붙었다.

경제개발을 내세우며 거의 20년 동안 철권통치로 남한을 지배했던 박정희 대통령이 저격당하고 반년이 흐른 1980년 5월, 광주의 학생들은 민주주의를 억압하는 새 대통령 전두환에 항거해 시위를 벌였다. 정부는 이 시위를 공산주의자의 폭동으로 의심했고, 즉각 2개 특수 여단을 급파하여 극단적이고 무차별적이며 근거 없는 폭력을 행사함으로써 시민들의 저항을 분쇄하려고 했다. 그러한 행위는 평화적인 시위를 작은 시민전쟁으로 변질시켰을 뿐이었다.

공수부대의 행위에 분노한 광주 시민들은 가능한 한 잡히는 대로 무기를 들고 맞서 싸우기 시작했다. 희한하게도 군대는 시내에서 일시적으로 퇴각했고, 소요를 분쇄하기 위해 이내 병력을 증원해 되돌아왔다. 200명이 넘을 것으로 추산되고는 있지만, 오늘날까지도 광주민주화운동으로 인한 사상자 수는 정확히 밝혀지지 않고 있다.[169] 전두환 대통령은 나중에 학살 책임을 포함한 범죄로 사형을 선고받았지만, 감형되었다가 1997년 감옥에서 석방되었다.

화창한 오늘 아침, 광장 한쪽에서는 사진들을 줄지어 전시하고 있었다. 군대에게 두들겨 맞고 있는 시위대들, 거리에 누워 있는 피투성이 시신, 관을 부여잡고 우는 여인들의 흐릿한 흑백사진들이다. 그것들은 모두 믿기지 않을 만큼 오늘날 남한의 모습과는 동떨어져 보인다. 거리 극단, 활발한 온라인 매체, 록 콘서트에서 투자은행에 이르기까지 모든 것을 광고하는 거대한 비디오 스크린이 어디서나 보이고, 과거의 정치적 열정보다는 패션 액세서리와 스마트폰에 더욱 관심을 두는 것 같은 젊은이들로 넘치는 지금의 남한과는 말이다.

남한의 정치 변화는 아시아에서 가장 주목할 만한 내부

에서 스스로 이뤄낸 민주화 사례이다. 유토피아적 이상주의와 극단적 억압이 결합해 눈에 보이는 모든 정치적 반대의 흔적을 없애는 데 성공한 북한과 달리, 남한에서는 정권에 대한 저항이 심지어 가장 암울한 시대에서조차 살아남았고, 일단 억압에서 벗어나자 정치적 열정, 에너지, 창의력의 물결이 수면 위로 떠올랐다.

그렇더라도 불가피하게 밑바탕에 깔린 괴로운 기억과 긴장은 여전히 남한 사회를 흐르고 있다. 광주 학살에 관련된 당시 학생들과 군인들은 대부분 여전히 살아 있다. 오늘날 서울 거리에서 저항이 자유롭게 피어나고 있지만, 극단의 공연을 지켜보고 있던 한 나이 지긋한 남자분은 분통을 터뜨렸다. 현 정부는 정식으로 승인된 문화행사에만 광장 사용을 허용한다며 이 중앙 광장에서 정치 시위를 금지하려고 애쓰고 있다고 더듬거리는 영어와 손짓을 섞어 내게 말해주었다. 민주화 물결은 주춤해졌다. 오히려 후퇴하고 있다고 두려워하는 사람들도 있다.

광주민주화운동 기념행사의 일환으로 길 옆에서 나부끼고 있는 깃발은 두 가지 메시지를 전하고 있다. 저항의 의미로 치켜든 검은 주먹과 그 주먹에 쥐어져 있는 한 송이 꽃이 그것이다.

철의 실크로드

남한과 북한 사이의 틈은 두 수도의 중앙 철도역에 완벽하게 구현되어 있다. 평양역은 1950년대 말 어느 무렵에 건설한 거대하고 (밖에서 볼 때에) 웅장한 건물이다. 그러나 안을 들여다보면 음울한 울림 밖에 없다. 하나뿐인 홀은 희미하게 보이는 높은 천장 아래 넓게 뻗어 있었다. 기차가 도착할 때마다 모여들었다가 흩어지는 승객들을 제외하고는 아무도 없었다. 승객들은 등에 짊어진 상자와 자루에 짓눌려 몸이 굽어 있었다. 서울역(구역사)은 마찬가지로 포스트모던이 가미된 식민지시대 건물의 웅장한 위용을 자랑한다. 갖가지 고급 빵집과 유기농 아이스크림으로 관광객을 유혹하는 점포들이 들어선 신역사는 반짝반짝 빛나는 회색 대리석으로 이루어진 소비자의 낙원이다.

한쪽 벽에 붙어 있는 포스터는 경부선의 한 도시에서 열리고 있는 '유엔 신 실크로드 시장단UN New Silk Road Mayors' Congress'을 홍보하고 있었다. 실크로드라는 테마는 코레일에서 제작한 광고에 자주 등장하고 있다. 향수와 이상주의가 기묘하게 혼합된 광고는 경영학 석사의 말투로 주장한다.

우리의 사업 이상은 고객지향, 가치창조, 신뢰경영이며, 우리의 비전은 '철의 실크로드' 시대를 여는 '파워 코레일

2010'입니다. (…) 세계 유일의 분단국이라는 고통을 극복했듯이, 코레일의 꿈은 남한과 북한의 철도를 잇는 것이며 더 나아가서는 중국, 시베리아, 유럽을 관통하는 '철의 실크로드'의 원동력이 되는 것입니다.

대시베리아 철도를 건설한 사람들과 남만주철도를 놓은 제국의 건설자들을 고무시켰던 그 꿈이 가로막혀 수십 년의 세월이 흐르고 난 후에 다시 살아나고 있다. 나는 '고객 지향, 가치창조, 신뢰경영'이 미래 세대의 귀에는 '21세기의 태양 김정일 장군 만세'만큼이나 생소하게 들리지 않을까 의구심이 들었다.

어떤 이유에서인지, 에밀리 켐프는 서울에서 부산까지 가는 데 20시간이 걸렸다. 아마 완행열차를 선택한 것이 틀림없는데, 1910년대에도 보통은 10시간 정도면 갈 수 있었기 때문이다. 분명히 그녀는 '미국식' 객차의 좁은 좌석에 앉아 가는 여정이 매우 불편했을 것이다.

우리와 동승했던 일본군 장교들이 아무리 체구가 작고 나긋나긋해도, 일등석에서 편하게 있으려면 온갖 묘안을 짜내야 했다. 승무원이 모든 승객에게 슬리퍼를 가져다주자 장교들은 군화를 벗고는 담요와 이불을 폈는데, 그들이 좁아 터진 2인용 의자에 몸을 맞추려 애쓰는 모습을 지켜보는 것은 볼 만한 광경이었다.[170]

오늘날에는 KTX 덕분에, 똑같은 여정이 두 시간 반밖에 안 걸리고, 호사로운 초록 좌석은 편안하고, 비틀스의 〈렛 잇비Let It Be〉를 연주하는 가야금 소리가 부드럽게 승객들을 맞이한다. 내 맞은편 좌석에 앉은 남자는 신발을 벗고 옆 좌석에 발을 올려놓은 채 가는 내내 리드미컬하게 코를 골더니 부산에 도착하기 직전 갑자기 깨어나 지나가는 스낵카에서 커피를 한 잔 샀다. 헤이즐넛 시럽의 달콤한 향기가 객실을 가득 채웠다.

서울은 아주 오랫동안 앞으로 나아가고 있다. 수도인 이 도시는 북한이 길목에 버티고 있어 북쪽으로는 확장할 수가 없다. 그래서 교외가 다시 교외를 만들어내며 계속 남쪽으로 확장하고 있다. 한때 서울의 산비탈을 뒤덮고 있던 작은 2층 붉은 벽돌 건물들은 파스텔 색조의 아파트 단지에 밀려 점차 사라지고 있다. 거기에 백화점 꼭대기, 사무실 밀집 지역, 또는 슈퍼마켓 등 전혀 어울리지 않는 장소에서 우후죽순으로 생겨나고 있는, 첨탑에 네온 십자가가 달려 있는 엄청난 수의 교회들이 퍼져 있다. 남한은 어느 나라보다도 인구 대비 교회 수가 많은 것으로 알려져 있다.

켐프는 서울에서 부산까지의 여정을 시적인 어조로 묘사했다. "남쪽으로 갈수록 대지는 점차 푸르러지고 과일나무는 연한 꽃을 드러내고 있다. 버드나무에는 연둣빛 물이 오르고 산비탈에 핀 분홍 진달래는 달빛에 은은히 빛나고 있다."[171] 한반도 남쪽으로 내려가며 켐프가 보았던 풍경의 점진적인 변화는 이제 정확하게 두 개로 나뉘었다. 산들의 외형, 들판의 색조, 심지어 자연 그 자체마저도 38선을 기준으로 첨예하게 양분되는 것 같다. 이제 막 지나왔던 북한의 풍경과 대척점에 있는 이 남쪽의 풍경은 아주 많이 흡사하면서도 전혀 다르다는 것을 가는 곳마다 실감하게 된다.

이곳 남한에서는 오늘과 같은 봄날 아침 바람에 비단처럼 일렁이는 드넓은 논 사이로 무성하게 우거진 산, 간간이 보이는 산업지대, 크림색과 살구색의 고층 아파트 단지들이 기다란 버섯처럼 갑자기 모습을 드러낸다. 남쪽으로 내려갈수록, 산의 모습은 점차 없어지고 (켐프가 언급했듯이) 논 대신 과수원이 나타난다. 켐프가 감탄해 마지않던 꽃들과 진달래는 이미 절정이 지났고, 울창한 숲에서 눈송이처럼 보이는 흰 아카시아와 철길 남쪽을 따라 늘어선 진붉은 장미 덩굴의 봉우리들이 그 자리를 채우고 있다. 그러나 대전을 지나면서부터는 켐프가 보았을 법한 마을 한두 개를 지나쳤을 뿐이다. 북한의 마을과 비슷하게 양쪽 끝으로 섬세하게 올라간 굴곡진 기와지붕이 있는 작은 단층 벽돌집이 들어선 마을들이다.

기차가 부산에 가까워질수록 철길은 나무가 우거진 작은 섬들이 점점이 있는 굽이굽이 흐르는 넓은 강을 끼고 달린다. 이곳에서는 농부들이 밖에 나와 밭을 갈고 있었다. 한 농부는 일하다 말고 잠시 채소밭에 쪼그리고 앉아 휴식을 취하며 낚시꾼이 강에 낚싯줄을 드리우는 것을 지켜보고 있다. 강물은 짙은 청록색으로 내가 이 여정을 시작했던 쑹화강의 회갈색 물빛과는 사뭇 다르다. KTX는 놀라운 속도로 풍경 사이로 스치며 마치 허공에 떠가는 듯 네온 불빛이 밝게 빛나는 터널이나 양옆에 늘어선 방음벽을 반복하여 지나친다. 밖에서는 농부가 자기 밭의 채소들이 푸르게 솟아나오는 것을 흐뭇하게 바라보고 있고, 낚시꾼들은 무엇이 걸려들기를 기다리며 담배를 피워 물고 있다. 객차 안 머리 위에 달린 비디오에서는 남아프리카 야생 다큐멘터리가 방영되고 있는데, 사자들이 죽어가는 영양의 다리를 잡아 찢고 있다.

용두산

부산에는 최첨단 승차권 자동발권 시스템을 갖춘 근사한 새 지하철이 있다. 그런데 그 발권 시스템을 이용하려면 여간 기술이 필요한 것이 아니어서, 나 같은 외국인은 물론 나이 지긋한 지역 주민들도 어려움을 겪는다. 기계가 표를 주지는 않고 거만하게 돈을 뺏어내기만 하니 처음에는 투덜거리다 욕을 하고 급기야는 자기들끼리 기나긴 논쟁을 벌인다. 지하철로 두 정거장을 지나 부산항 뒤로 가파르게 솟은 용두산 기슭에 내렸다.

켐프와 메리 맥두걸은 부산 시내에 들를 계획은 하지 않았다. 그들의 계획은 바로 여객선을 타고 동해안을 거슬러 올라가 금강산 여행이 시작되는 원산항에 도착하는 것이었다. 그러나 여객선이 지연되는 바람에 이 용두산을 찬찬히 돌아볼 여유가 생겼다. 켐프는 용두산을 "일본인들이 대단한 안목으로 배치한 아름다운 나무숲"으로 묘사했다. "길 위로 드리워진 소나무 그늘 아래에 근사한 긴 돌계단은 곧장 위로 뻗어 있고, 구불구불 휘감긴 길은 좀 더 부드럽게 정상으로 향한다. 정상에는 부산만灣을 감상하기에 딱 좋은 의자가 있다. 사람들이 가장 많이 찾는 곳은 쭉 늘어선 신사인 것 같다."

신도神道는 일본의 민속 신앙이 국가 종교로 결합된 것인데, 나중에는 조선인들에게까지 신사 참배를 강요했다. 이는 조선인들이 일본에 깊은 원한을 갖게 하는 원인이 되었고 지금까지도 그 원한이 풀리지 않고 있다. 그러나 1910년은 이러한 문화 동화 정책이 이제 막 시작되던 때였으므로, 부산의 신사에 몰려들었던 신자들은 일본에서 온 방문자거나 부산 중심지를 차지하고 있던 대규모 일본인 정착지의 주민들이었다.

켐프의 말에 따르면, "고개를 숙이고 모자를 벗는 것 말고는 신사에 별 관심을 기울이지 않는 행인들도 있었지만, 대체로 사람들은 상당한 예를 갖춰 참배했다. 일본인들은 스스로 인정하는 것보다 훨씬 더 자국 종교에 애착을 갖고 있는 것이 분명하다."[172]

켐프의 발자취를 따라 용두산에 오르기 전에 나는 삼계탕을 파는 식당이 있는 좁은 옆길로 들어섰다. 삼계탕은 찹쌀, 인삼, 대추, 은행으로 속을 채운 영계 한 마리로 만든 닭고기 수프로 인류가 만든 가장 창의적인 요리 가운데 하나이다. 이곳은 부산이니까, 나는 닭고기 속에 커다랗고 신선한 전복이 들어가는 전복삼계탕을 주문했다.

삼계탕을 먹으며 문득 켐프는 특이하게도 여행기에서 음식에 대해서는 거의 언급하지 않았다는 생각이 들었다. 이런 점에서 켐프는 당시의 다른 많은 서양 여행가들과 다르다. 이사벨라 버드는 1890년대에 금강산을 여행하는 동안 "차, 밥, 꿀물, 식용 잣, 그리고 잣과 꿀을 가장 잘 조합해" 먹고 다님으로써 자신이 어떻게 사찰 음식에 적응했는지 묘사했다.[173] 그러나 다른 지방에서는 현지 토속 음식에 반감을 가지고 입에 대지도 않았다. 고기 육질 속에 피가 많이 고이도록 고안되어 있는 조선의 도살 풍습은 "누구라도 채식주의자로 만들기에 충분하다"고 적었다. 그리고 일본의 두부에도 아무런 인상을 받지 못했는데, 버드가 보기에 두부는 그저 "콩으로 만든 아무 맛도 없는 하얀 응고물에 불과"했고, 맛을 내려고 연유를 뿌려보기도 했다.[174]

반면에 켐프는 자신이 여행하며 먹었던 음식에 대해서는 아무것도 말해주지 않는다. 금강산으로 가는 길목에 있는 여관에 묵었을 때, 자신을 안내하던 가이드들이 "각자 직경이 10센티미터 정도 되는 작은 소반을 갖고 있었는데, 그 위에 커다란 놋쇠 밥그릇, 또 다른 물그릇, 채소나 과일이 담긴 두세 개의 작은 사기그릇과 다른 양념이 있었다. 이 작은 소반들은 매우 정갈했고, 음식은 정성스럽게 내왔다"고 묘사한 것이 유일하다.[175]

켐프가 용두산 입구로 오르던 가파른 돌계단은 에스컬레이터로 대체되었고, 오늘날 산꼭대기에는 신사가 아니라 부산타워가 있는데, 콘크리트로 되어 있어 보기에 그다지 좋지는 않았다. 부산타워 꼭대기에는 1960년대와 1970년대 도시계획가들이나 관광업계 사람들이 좋아했을 것 같은 전망대와 카페가 들어서 있다. 서울의 스모그를 겪고 온 뒤라 부산의 공기는 상쾌했고 바다 내음이 났다. 용두산 정상 위로 강한 바람이 불고 있었다. 저 아래로는 부산항이 섬들과 들쭉날쭉한 모양의 푸른 산들 사이에 자리 잡고 있었다. 작은 배들이 반짝이는 물보라를 일으키며 짙푸른 수면을 장식하고 있었고, 그 너머로는 유조선과 화물선 들이 앞바다에 기다랗게 늘어서 대기하고 있었다.

도시는 개항 400주년을 기념하는 데 한창이었고, 부산타워의 아래층은 '세계로 향하는 한국의 관문'으로서 부산의 역사를 알려주는 옛 지도, 그림, 사진으로 가득 차 있었다. 이 역사에는 자부심과 고통이 혼재한다. 켐프가 방문했던 바로 그해에 조선은 공식적으로 일본의 식민지가 되었지만, 실제로 점진적인 식민지화는 이미 34년 전, 근대화에 박차를 가하던 일본이 서구 열강 팽창주의자들의 선례를 좇아 교역과 문호를 개방하는 조약에 조선이 강제로 조인하게 했을 때부터 시작되었다.

용두산 자락 근처에 살고 있는 한 여성이 전시회의 자원봉사자로 안내를 하고 있었다. 그녀는 유창한 영어로 방문객들에게 부산의 역사를 열심히 알려주고 있었다. "여러분도 아시다시피 부산은 한국에서 제일 처음으로 개항했습니다. 부산에는 이미 오래된 일본 교역소가 있었지만, 개항 후에는 일본인 정착지로 이루어진 하나의 도시로 급격히 성장했습니다."

초기에는 온갖 부류의 사람들이 몰려들었다. 가난한 농부와 일본 본토를 휩쓴 사회 변화의 물결에 뒤처진 전직 사무라이 출신이 다수를 차지했다. 여행객들이 위험한 일본 '부랑자'나 '깡패'를 조심하라는 경고를 듣게 되는 곳은 부산이나 원산처럼 무법천지의 국경 항구였다. 그러나 1910년 무렵, 일본인 정착지가 이미 스스로 지방행정과 경찰을 갖추고 치안을 회복하자 식민자들은 부산의 부두를 개발하느라 분주했다.

벽에 걸린 옛 지도들과 오래된 암갈색 사진들은 항만의 풍경이 변해온 모습을 보여준다. 식민지 지배자들이 설계한 웅장한 근대 항구 덕분에 일본에서 여객선을 타고 온 승객들은 서울, 평양, 창춘, 하얼빈, 그 너머 대시베리아 철도까지 갈 수 있는 기차로 곧장 갈아탈 수 있게 되었다. 그러나 가혹한 역사의 흐름 속에서 일본 제국이 붕괴되면서 그것은 다른 용도로도 쓰이게 된다.

안내원은 벽에 전시된 또 다른 사진들이 있는 방향으로

나를 이끌며 설명해주었다. "해방 이후에 펼쳐진 풍경은 이렇답니다. 저희 부모님은 그 시절을 기억할 수 있답니다. 부두에 서 있는 이 사람들의 행렬을 보세요!"

태평양전쟁에서 일본이 패배한 후 이어진 혼돈의 시대에 찍은 사진들을 보면, 부산 부두를 가득 채운 거대한 인파를 볼 수 있는데, 조선에 살던 일본인들이 쫓겨나면서 일본으로 돌아가는 수송선에 오르려고 필사적으로 애쓰는 모습이 담겨 있다. 태평양전쟁이 끝난 후 300만 명이나 되는 일본인들이 한반도, 대만, 만주와 패망한 제국의 다른 지역에서 본국으로 돌아가는 동안, 비슷한 수의 조선인도 일본과 중국에서 한반도로 귀향했다. 이들은 현재의 동북아시아의 모습을 만든 또 다른 거대한 사람의 물결이기도 한데, 이들의 존재는 거의 잊히고 말았다.

이 사진들을 보면서 나는 1년 전쯤 처음으로 보았던 생생한 이미지가 떠올랐다. 1946년 초 부산 부두를 찾았던 서양의 한 카메라맨이 순간적으로 포착한 이 사진은 부모와 떨어진 것처럼 보이는 열 살 또는 열한 살쯤 된 어린 일본 소년을 보여주고 있다. 소년은 다친 다리를 붕대로 대충 싸매고 임시로 만든 목발에 의지해 있었다. 다 해어져 누더기가 된 군복 상의를 걸치고, 배를 향해 선창 위로 천천히 쩔뚝거리며 걸어가면서도 고향으로 돌아가는 길이기에 카메라 앞에서는 창백하면서도 조심스러운 미소를 짓고 있었다. 한일병합 이후 권력과 영예, 비전, 식민주의의 폭력으로 얼룩진 35년 세월은 이 기다란 행렬과 고통받는 사람들만을 남긴 채 불확실한 미래로 접어들며 하룻밤 사이에 사라져버렸다.

산동네

부산타워의 또 다른 층에는 '산동네'라는 표제가 붙어 있었다. 호기심에 이끌려 문 사이로 엿보니 다른 종류의 전시가 열리고 있는 것 같았다. 전시장 벽면은 산비탈의 경사면을 따라 차곡차곡 포개진 온갖 기하학 형태로 가득 찬 회화, 스케치, 판화로 뒤덮여 있었다. 그것들은 현실에서는 있을 것 같지 않은 환상 속 풍경처럼 보였다. 과도한 상상력에 사로잡힌 거친 입체파 화가들이 만들어낸 작품처럼 말이다. 타워 꼭대기에 이르러 도시 너머를 바라보고서야 나는 그것들이 실제로 존재한다는 것을 알아차렸다. 항구 위 사방으로 부산의 산동네가 우뚝 솟아 있었던 것이다. 훨씬 작은 검은 사각틀 창문 모양을 갖춘 분홍, 흰색, 점토색, 청록색의 작은 사각 건물들이 놀랍게도 숲으로 우거진 산 정상을 향해 가파른 비탈로 여기저기 뻗어 있었다.

집들 사이로는 좁은 골목길이 나 있거나, 경사가 너무 가팔라 자동차가 다닐 수 없는 곳에는 돌계단이 있기도 했다.

부산의 산동네는 이 도시 역사의 또 다른 분수령을 말없이 드러내고 있다. 1950년 6월에서 8월까지 북한군은 38선을 넘어 한반도를 단번에 휩쓸고 내려와 부산 저지선으로 알려진 전선 내 160평방킬로미터의 고립된 지역을 제외한 남한의 모든 곳을 점령했다. 북한군의 진격을 피해 불과 몇 주 만에 부산 인구의 두 배가 넘는 거대한 피난민 인파가 부산으로 몰려들었다. 요동치는 전황에 따라 고향 집으로 되돌아간 피난민도 있었지만, 많은 사람들은 돌아갈 집이 이미 없어졌다.

한국전쟁이 발발하고 10년 후 고향을 떠나온 부산의 난민들은 "부대 자루와 석유통과 찌그러뜨린 통조림통을 엮어 얼기설기 세우고, 바람을 피하기 위해 안에는 포장지와 잡지를 덧댄 오두막에서 여전히 살고 있었다."[176] 그들의 판자촌은 스카이라인을 향해 산비탈로 무질서하게 퍼져나갔고, 도시가 점점 번성하면서 임시 피난처는 점차 작은 벽돌집으로 바뀌었다가 다시 콘크리트와 회반죽 사각 건물로 바뀌었고, 페인트칠을 해서 오늘날 산동네 모자이크 형태를 이루게 되었다. 그 사이 아래쪽 골짜기에는 점차 새 아파트와 번쩍거리는 업무용 고층 건물들이 들어섰다.

부산타워 출구로 빠져나오면서 나는 도시가 역경을 딛고 승리했음을 축하하는 것 같은 광경에 직면했다. 그 광경은 또한 1910년 조선의 모습과 그다지 달라 보이지 않는 풍경이기도 했다. 전통복을 입은 젊은 음악가들이 항구가 내려다보이는 야외무대에서 드럼과 심벌즈를 연주하고 있었다. 그 연주회는 남한 어디에서나 잘 열리는 무료 대중문화 행사였다. 관객들은 돌 좌석으로 이루어진 객석을 들락거렸는데, 열심히 감상하는 사람들도 있었고, 잠시 들러 보다가 가던 길을 가는 사람도 있었다.

　한국전쟁을 생생히 기억하고 있을 만큼 충분히 나이가 들어 보이는, 나일론 조끼와 납작한 모자를 걸친, 치아 사이가 벌어진 한 남성이 옆에 앉은 이에게 공연자들을 우스꽝스럽게 폄하하고 있었다. "쟤들은 드럼만 잡으면 연주가 된다고 생각하나 봐! 여기 애 좀 보라고, 마치 흐느적거리는 해파리처럼 리듬에 취해 있잖아!"

　한국의 최근 역사는 국민의 몸에 새겨져 있다. 내 앞줄 좌석에 앉아 있는 가족들 중에는 머리를 쪽진 할머니도 있었는데, 오랜 세월 지은 농사로 몸은 완전히 꼬부랑이 되어 있었다. 하지만 할머니 옆에 앉아 캐러멜 봉지를 뜯느라 정신이 팔린 손주, 어쩌면 증손주일 꼬맹이들은 사지가 길고 같은 나이대의 북한 어린이보다 머리 하나가 더 컸다.

부근에서는 자원봉사자들이 한국 옛 전통 놀이를 준비해놓았고, 컴퓨터 게임에 더 친숙한 10대들이 선조들의 오락을 열심히 시도해보고 있었다. 굴렁쇠와 외바퀴 손수레도 있었는데, 가장 인기가 좋았던 것은 19세기와 20세기 초 조선을 방문한 많은 외국인들이 가장 즐거운 조선 문화로 묘사했던 널뛰기였다. 소녀와 처녀를 위한 놀이인 널뛰기는 우아함과 활력이 돋보인다. "높이 널을 뛸 때 소녀들은 허공으로 60에서 90센티미터쯤 떠오른다. 자주 쉬어야 하지만 이 놀이는 큰 기쁨을 얻는 기회가 된다."[177]

우아함과 활력은 널뛰기 그 자체에서가 아니라 널을 뛰는 사람의 기술에서 나온다. 허공으로 뛰어올랐다가 무겁고 굳은 널판에서 다시 튀어 오르려면 균형과 절묘한 타이밍, 상당한 근력이 필요하다. 용두산에 놓인 널뛰기는 노소를 가리지 않고 인기를 끌고 있는데, 이 중에는 정장 차림의 남성들도 끼어 있다. 그들은 느긋한 열정으로 기다리다가 자기 차례가 되면 어느 때보다도 즐겁게 뛰어보지만, 대부분 몇 번 뛰어보다가는 창피하게 슬그머니 내려와 모든 이들의 웃음을 자아낸다. 어린아이들이 널판 끝에서 살짝 뛰어보지만 효과가 없을 때는 부모들이 아이의 손을 잡아주기도 한다. 그러나 한 어린 소녀는 꾸준히 시도한 끝에 점점 높이 뛰어올라 주위에 모여 있던 사람들의 박수갈채를 받는다. 소녀는 주위에서 지켜보고 있는 사람들을 잊어버린 채 자기만의 세계에 빠져 있는 것 같다. 소녀가 하늘을 향해 기쁘게 뛰어오를 때면 팔과 허리에 묶은 휴대전화와 헬로키티 장식이 마치 날개처럼 허공으로 솟구쳤다.

근처에서는 다양한 나라들의 문화 속으로 한국의 전통 문화가 흐릿하게 사라져가고 있다. 중국의 홍등과 금등으로 장식된 무대 위에서 다채로운 사리를 걸친 부산 시민들이 발리우드 댄스를 선보이고 있었는데, 그들의 공연은 지역 고위 인사의 열렬한 환영 인사 중간 중간에 끼어 있었다. 국제 이동이 자유로운 이 시대에 남한에는 100만 명이 넘는 외국인이 거주하고 있는데, 이들 중 다수가 중국, 동남아시아 또는 그 너머에서 신부를 구하기 힘든 지역의 농가로 시집온 여성들이다. 중국 동북부에서 온 조선족도 다양한 외국인 집단의 중요한 일부를 구성하고 있다. 나는 하얼빈 부근 마을에서 만났던 가족의 딸이 이들 가운데 어딘가에 있을지 궁금해졌다.

다문화주의는 남한에서 새롭고 낯선 개념으로 열띤 논쟁을 불러일으키며 큰 우려를 자아내고 있다. 그것은 또한 북한과 남한 사이에 또 다른 분단선을 형성하고 있다. 북쪽의 공식 이념은 인종 민족주의와 인종 순수성이라는 신화에 완강하게 집착하고 있기 때문이다.

거제도

1910년 4월 12일 오후 5시 무렵 켐프와 맥두걸과 그들의 중국인 통역사 미스터 차오는 "목재와 석유가 가득 실린" 화물 여객선에 올랐다. 배는 부산에서 원산항까지 한반도 동해안 연안을 거슬러 올라가는 항로로 운행하며 그 여정은 하루 반 정도가 걸릴 것이었다. "만을 빠져나와 입구의 네 초소를 지나칠 때, 만 자체의 모습보다도 훨씬 더 아름다운 석양의 평평한 햇살이 내뿜는 그 광경은 말로 형용하기 힘들다"고 켐프는 표현했다.[178]

나는 그들의 여정을 뒤따를 수가 없다. 남한과 북한 사이 물길은 냉전으로 막혀서 60년이 넘도록 부산과 원산 사이에는 여객선이 운항하지 못하고 있다. 그 대신, 나는 켐프가 부산을 떠나면서 찬탄을 금치 못하고 스케치했던 풍경을 보기 위해 항만을 가로지르는 유람선을 탔다. 하늘은 구름이 잔뜩 끼었고, 어두워지는 수면을 가로질러 햇살이 대각선으로 기울고 있었다. 유람선은 수많은 바위섬 사이를 가르며 내달렸고 바닷새들이 큰 소리를 내며 물보라를 따라왔다.

배는 거제도로 향하고 있었다. 섬 북단에 켐프와 맥두걸이 항해 중에 지나쳤던 네 개의 초소가 서 있는 거제도는, 항만으로 들어가는 입구를 지켜주는 큰 섬이다. 양쪽으로는 해안이 놀랄 만큼 대조적인 풍경을 드러내며 병풍처럼 펼쳐져 있다. 어느 순간 등대가 외롭게 서 있는 절벽에 부딪히는 파도만 눈에 들어오다가, 다음 순간 곶을 돌아가니 거대한 조선소와 오밀조밀하고 높다란 흰색 아파트 단지들이 드러나는데, 바다로 내려가는 좁은 골짜기의 모든 공간을 빼곡히 채우고 있는 모습이 마치 기묘한 바위 형상 같았다.

여객선이 상륙하는 작은 섬의 항구는 바람을 맞고 선 호텔과 빛바랜 차양이 드리워진 식당들이 옹기종기 모여 있는 전형적인 바닷가 마을이었다. 그러나 관광객들의 관심을 끈 것은 다소 특이한 것이었는데, 그것은 거제도 중심부의 산 위에 있었다. 입구는 날카로운 가시철사 울타리로 둘러싸여 있었고, 한국전쟁에 남한을 위해 참전했던 유엔과 16개국 국기가 꽂혀 있었다. 한국어와 영어로 새겨진 아치 모양 현판이 거제포로수용소유적공원을 찾은 관광객을 맞이하고 있었다. 1950년에서 1953년 사이 거제도는 이제껏 세계에서 가장 큰 전쟁 포로수용소가 있던 섬이었다.

바다까지 이어진 산비탈 전체를 차지하고, 더 나아가 산봉우리까지 뻗어 있던 원래 수용소는 14만 명의 포로를 수용했다. 현재의 관광공원은 1980년대에 지은 것으로, 원래 수용소가 있던 지역의 극히 일부분에 해당되며 대부분 텐트와 조립식 막사로 다시 만들었다. 원래 수용소의 석조건물 가운데 허물어져 몇 안 남은 부분들은 아직까지 살아 있는 사람들의 기억 속에 남아 있는 건물의 잔해라기보다는 선사시대 부락 유적처럼 보인다.

수용소에 모여 있던 관광객들은 대부분 가족 단위로 놀러온 남한 사람들이다. 그들은 정성 들여 제작된 입체 모형 전시관에서 북한군 전쟁 포로들의 홀로그램 이미지가 유령처럼 나타났다 사라졌다 하는 것을 지켜보고 아이스크림을 먹으며 테마파크 주위를 한가롭게 돌아다닌다. '다크라이드쇼'라는 것도 있는데 여기서는 한밤중에 수용소의 포로들이 겪은 불법 폭력을 체험해볼 수 있다. 철조망을 배경으로 얼굴 부분이 둥그렇게 뚫린 조형물 뒤에 서서 포로가 되어 사진을 찍는 곳도 있었는데, 경계를 넘어 적의 편이 되어보는 일시적 환상을 제공한다. 근처에 걸린 현수막에는 이렇게 쓰여 있다. "수용소의 포로들은 점차 친공산주의 집단과 반공산주의 집단으로 나뉘어져 수용소 내부에서 극심한 이념 대립을 일으켰고 그들 사이의 통렬한 반목과 증오가 수용소를 휩쓸기 시작했다."

사실 거제수용소는 과밀, 빈약한 위생, 물 부족, 감독 소홀로 골머리를 앓다가 결국에는 수용자들 사이의 폭력, 폭동, 포로들과 간수 사이의 충돌로 큰 파란을 겪었다. 반공주의자로 의심받던 사람들은 공산주의자에게 살해당했고, 반대로 공산주의자들이 반공주의자들에게 살해당하기도 했다. 그중에서도 가장 이목을 끌었던 사건은, 북한 전쟁포로들이 미군 지휘관을 붙잡아 폭동이 진압되기 전에 그를 '인민재판'에 회부한 일이었다. 전쟁 동안 거제포로수용소에서는 200명이 넘는 수용자들이 간수나 동료 포로들에게 죽임을 당했다.

수용소를 나가는 출구 위에는 "또 오세요"라는 유쾌한 느낌의 문구가 적혀 있다.

출구 부근에서는, 한 아버지가 가던 길을 멈추고 샌들을 신고 반바지와 줄무늬 티셔츠를 입은 다섯 살가량의 어린 아들을 사진에 담고 있었다. 폐허 위에 올라가지 말라고 경고하는 팻말을 무시한 채 소년은 수용소의 막사로 들어가는 입구 중 하나였을 허물어져가는 콘크리트 아치의 잔해 위에 올라가 있다. 저 아이는 전쟁에 얽힌 이야기를 이해하기에는 너무 어리지만 살아서 그 이야기의 끝을 보게 될 것이다. 그리고 이 마지막 냉전의 갈등이 곧 닥칠 것 같은 마지막 장에 이르고 있는데, 그 결말은 여전히 불확실하다. 그 아이 세대야말로 수십 년에 걸친 반목과 증오와 사회적·정치적 분열을 해결해야 할 과업을 떠안은 주역이 될 것이다.

그렇지만 지금 저 꼬마는 신나는 모험이 가득한 놀이터에 놀러 나와 오후 소풍을 즐기는 어린아이일 뿐이다. 초조하게 지켜보는 엄마와 자랑스럽게 바라보는 아빠의 시선을 받으며 소년은 건방진 미소를 짓고 괜찮다는 듯이 한 손을 치켜들고는 폐허 위에서 위험스럽게 균형을 잡고 있었다.

CHAPTER 11

금강산 가는 길

: 원산 남쪽

인적 없는 항구

원산의 아름다움은 말로는 표현할 수 없다. 늘 그렇듯이 운
좋게도 내가 머물고 있는 집에서는 전 세계의 문명화된 거
주지에서 바라보는 가장 아름다운 풍경이 내다보인다. (…)
여기서는 금강산이 그리 멀지 않은데, 한쪽 방향을 바라보
니 산마루들이 굽이치듯 펼쳐져 있다.[179]

1920년대에 엘리자베스 키스는 가족에게 보내는 어느
편지에 이렇게 적고 있다.

원산의 넓은 만은 여전히 아름답다. 때로 얼룩덜룩한 몇
안 되는 아파트 단지들이 산비탈에 점점이 들어서 있지만

도시는 대부분 평양보다는 더 수수하고 인간적인 규모다. 드넓은 거리 양옆으로는 기둥, 회반죽 몰딩, 석조 외관으로 장식된 흰색, 회색, 하늘색 건물들이 들어서 있다. 한국전쟁 동안 도시에 대규모 폭격이 가해졌지만 건물들 중에는 식민지시대에 지어진 것들도 있다. 비록 수도사들은 검거되어 투옥되었고 일부는 분단 직후 공산주의 세력에게 처형당했지만, 수사이자 학자인 노르베르트 베버가 한때 살았던 베네딕토 수도원 일부는 현지 대학 캠퍼스에 여전히 건재해 있다.

우리가 묵고 있는 호텔의 큰 식당에는 연어 양식 프로젝트를 협상하기 위해 이곳에 온 러시아 사람들을 제외하면 우리가 유일한 손님이었다. 둥근 천장에는 유리 상들리에가 걸려 있고, 한쪽 구석에 있는 스크린에서는 러시아군 합창단의 비디오가 재생되고 있었다. 위쪽 천장으로는 말벌들이 거리낌없이 드나들고 있었는데, 화려하게 치장된 회반죽 천장 장식에 종이 같은 벌집이 무늬를 이루고 있었다. 넓은 유리창 너머로는 흰 모형 등대가 들어서 있는 작은 제방 길과 잔잔한 군청색 심연으로 깊이 들어가는 드넓은 항구가 뻗어 있었다.

러시아인 한 사람에게 며칠 동안 머무를 것이냐고 물었더니 체념한 듯 애처로운 미소를 지으며 대답했다. "그야 뭐전적으로 한국 친구들에게 달렸죠."

　에밀리 켐프가 1910년 4월 14일 오전 동틀 무렵 부산에서 배로 이곳에 도착했을 때, 두 항구도시 부산과 원산은 정기적으로 오가는 화물선과 여객선의 항로로 연결된 쌍둥이와도 같았다. 1879년 일본과 교역을 튼 원산에도 대규모 일본인 정착촌이 있었다. 정착촌은 항만 서쪽, 공기가 눅눅하고 질병이 만연하는 습지에 건설되었다.[180] 그러나 원산은 부산보다는 훨씬 한국적인 도시다. 심지어 외부 세계에 개항하기 전부터도 1만 명 정도의 인구를 갖춘 조선의 주요 교역 중심지 가운데 하나였다.[181]

　켐프와 메리 맥두걸이 도착했을 무렵, 원산에는 상당히 큰 서양 선교단이 있었다. 원산은 1903년부터 1907년까지 조선 북쪽 지방을 휩쓸었던 기독교 선교의 중심지였기 때문에 다른 곳에서와 마찬가지로 이곳에서도 선교사 친구들이 켐프와 맥두걸을 맞아주었다.[182] "우리는 그들과 함께 근대도시의 근사한 지역을 거닐었다. 그곳은 잘 설계되어 있었고, 바다가 내려다보이며, 나무로 우거진 산비탈에 미국인 선교사들이 살고 있는 숙소로 이어지는 넓은 길이 나 있었다."[183]

　쌍둥이와도 같던 부산항과 원산항은 한반도의 분단으로

갈라졌다. 부산의 항만은 기다랗게 누워 있는 섬들과도 같이 흐릿한 수평선에 모습을 드러내는 거대한 컨테이너선들로 가득 차 있는 반면, 원산항은 텅텅 비어 있다. 항구에 있는 단 한 척의 배는 한때 원산과 일본의 니가타항 사이를 운항했던 만경봉92호로, 2006년 핵실험 직후 일본이 북한에 제재를 가한 이후로는 운항이 중단된 채 원산항에서 놀고 있다. 우리가 묵는 호텔 밖으로는 숲이 울창한 공원이 물가까지 뻗어 있다. 항만의 거울 같은 수면 위에서, 움직이는 것이라고는 끈에 매단 주석 깡통을 손에 든 작은 소년들이 일으키는 물보라였다. 그들은 물속으로 텀벙거리며 헤엄쳐 들어가 방조제 아래에서 조개를 잡고 있었다.

감 농장

1910년에 원산에서 금강산까지 여행하는 일은 불확실한 모험이었다. 일본이 조선을 병합한 뒤 식민지 정부가 금강산과 그 안에 숨겨진 보물을 열성적으로 개방하고 나서야 금강산은 대중적인 여행지가 되었다. 1920년대 초에 이르면 관광객들은 어디에나 존재하는 남만주철도회사 덕분에 서울에서 자동차로 가는 육로를 포함해서 한 달에 여섯 번 운행하는 원산발 증기선 항로를 선택할 수 있었다.

1925년, 깎아지른 듯한 절벽에서 내려다보는 특별한 관광 상품을 개발하기 위해서 장안사 부근 역까지 '공고잔(금강산의 일본식 발음) 전기철도 가설 사업'이 시작되었다.[184] 한편 식민지 정부는 여러 세대에 걸친 조선의 시인, 화가, 순례자 들을 한번에 무시해버리며, 그 지역이 "이사벨라 버드 비숍이 수많은 역경과 어려움을 이겨내며 탐험하여 어디에도 비길 데 없는 찬란한 경관의 아름다움을 세상에 알리기" 전까지 15세기부터 "다른 세계에는 전혀 알려지지 않은 신비에 싸인 곳"이라고 외국 관광객들에게 선전했다.[185] 심지어 일본 정부는 금강산을 제국 최초의 국립공원으로 만들 계획까지 갖고 있었다.[186]

　　이러한 혁신적 수단 덕분에 여정이 순탄해지기 전, 온갖 역경과 장애물이 여행길에 놓여 있던 때에 켐프와 맥두걸은 원산을 떠나 금강산으로 향했다. 그들의 유일한 운송 수단이라고는 짐을 싣는 조랑말과 자신의 발뿐이었다. 봉우리 주위로는 여전히 호랑이가 출몰하고 있었고, 안내서라고는 이전 여행가들이 남긴 여행기밖에는 다른 것이 없었다. 켐프는 지독한 독감에 시달리고 있었지만, 중국인 통역사와 켐프 일행은 독일 지도에 의지한 채, 네 마리의 조랑말과 지역 선교사 친구들이 그들을 위해 고용해준 조선인 안내인 세 사람을 대동하고 출발했다. 조랑말에는 안장도 없어 켐프와 맥두걸과 미스터 차오는 이불로 안장을 대신했고, 네 번째 조랑말에는 갖가지 물건이 담긴 바구니와 만일의 상황에 대비해 빌린 두 개의 간이침대를 실었다. 그들은 오는 길에 우산을 잃어버렸기 때문에 대체품으로 방수종이로 만든 조선의 우비를 샀다.[187]

선교사들이 붙여준 조선인 안내인 그 누구도 원산에서 금강산으로 이르는 길을 제대로 가본 적이 없다는 사실을 켐프는 뒤늦게야 알게 되었다.

그들이 마주친 첫 번째 장애물은 바로 강이었는데, 켐프가 이름은 언급하지 않았지만 묘사한 내용으로 보아 원산 남동쪽 바다로 흘러드는 넓고 얕은 강인 남대천임을 쉽사리 알아챌 수 있다. 강에는 다리가 전혀 없었고 밧줄에 매인 나룻배 한 척이 있었는데, 여행객들은 줄을 잡아당겨 황토색 물 위로 강 이쪽에서 저쪽으로 건너갈 수 있었다. 켐프 일행이 강에 도착했을 때, 공교롭게도 나룻배는 반대편에 있었다. 한참을 기다리고 난 후에야 한 조선 여인이 저 멀리 강둑에 나타나 느릿느릿 배에 올라탔다. 그런데 여인은 켐프의 안내인들이 용기를 내라고 외치는데도 배를 움직일 생각이 전혀 없이 앉아만 있었다. 이쪽에서 지르는 고함 소리가 점차 참을 수 없는 지경이 되었다가 마침내 화를 불러일으키자, 결국 여인은 줄을 당기기 시작했고 드디어 배는 강을 가로질러 서서히 움직였다. "코앞에서 가까이 보고 나서야 그 여인이 맹인이라는 사실을 알게 되었다. 그래서 혼자 강을 건널 엄두를 못 냈던 것 같다."[188]

이 무렵, 그들 일행은 촉박하게 짜인 여행 일정에 이미 뒤처지고 있었기 때문에 그날 예정된 목적지에 도착할 수 없어서 그 대신 목적지에 5킬로미터 못 미친 곳에 있는 농가에 묵게 되었다. 여전히 흔한 풍습이 그렇듯이, 외국인 나그네나 조선의 고관이 도착하면 오두막 주인은 얼마를 받을지 약간의 협의를 거친 후 불청객에게 자기의 침실을 임의롭게 비워준다. 켐프는 이렇게 적고 있다.

모든 조선 가옥은 누구나 밖에서 안으로 들어가기 전에 신발을 벗어놓는 널빤지나 마른 진흙으로 만든 작은 단이 있다. 방바닥은 아래에서 난방이 되며 멍석이 깔려 있으므로 의자는 필요 없다. 조선인들은 밤에 깔고 자는 요를 뚫고 올라오는 온기를 즐긴다. 방문은 열어두고 간이침대 위에서 자기는 했지만, 우리는 좌식 생활이 분명히 참기 힘들 것 같았다. 하지만 우리가 예상했던 것보다도 집이 훨씬 깨끗한 것을 보니 기뻤다.[189]

오늘날 금강산 여행의 불확실성은 종류가 다르다. 켐프와 마찬가지로 우리는 가이드들의 수중에 있었다. 그나마 우리의 경우에는 가이드들이 길을 정확히 알고 있었다. 문제는 그들이 우리를 어느 쪽으로 데리고 갈 것이냐였다. 나는 북한 방문을 준비하면서 현재로서는 외국 방문객이 38선 북쪽을 통해서만 접근이 가능한 금강산 북쪽 자락을 포함해달라고 북측에 요청했었다. 그러나 우리 가이드들은 자신만의 계획이 별도로 있어서 평양의 본부와 알 수 없는 연락을 취한 후 갑작스럽게 항로를 바꾸게 될 가능성도 있었다. 남대천 하류를 건너기 전에 우리는 먼저 필수 코스인 집단농장에 들러야 했다.

운전기사 미스터 김은 정원 조성 공사를 새롭게 하는 호텔의 출입로를 잘 빠져나가려고 했지만 큰 트럭이 길을 가로막고 답답해 속이 터질 정도로 느릿느릿하게 자갈을 도로에 쏟아붓고 있어 꼼짝할 수 없었다. 미스터 김이 경적을 울리며 점점 심한 욕설을 해댔지만, 일꾼들은 아랑곳하지 않고 태연히 작업을 계속했다. 길옆에 앉아 있는 일꾼들 틈에 한 여인이 작은 어린아이를 데리고 쭈그려 앉아 있다. 아기 엄마가 번쩍거리는 회색 티끌을 얼굴에 잔뜩 뒤집어쓴 채 돌을 쪼개어 자갈로 부수는 힘든 작업에 집중하는 동안, 아기는 허공을 멍하니 응시하고 있었다.

원산에는 평양보다도 훨씬 차가 적다. 여기저기에서 황소가 끄는 수레들이 울퉁불퉁한 포장도로를 따라 덜커덩거리며 지나간다. 길 한쪽으로 내려가며 우리는 임시 시장 가판대처럼 보이는 두 곳에 몰려 있는 사람들을 흘긋 보았다.

북한 사람들의 삶은 많은 부분 철길을 따라 일어난다. 도시 밖 더러운 길들은 사람들로 가득 차 있다. 사람들은 걷거나, 자전거나 소달구지를 타거나, 손수레를 밀거나, 지나가는 트럭을 얻어 타려고 기다리며 길옆에 웅크리고 앉아 있다. 그렇게 기다리는 동안 책을 읽는 사람도 있고, 동료와 수다를 떠는 사람, 그저 얌전히 기다리기만 하는 사람도 있다. 길을 따라 걸어가고 있는 여인들은 흔히 보자기로 감싼 짐을 머리에 이고 간다. 어느 지점에 이르니 자전거를 탄 남자를 지나치게 되었는데, 아내는 남편 뒤 곁안장에 앉아 함께 페달을 밟고 있었고, 겹겹이 싸인 러시아 인형처럼 아기는 아내 등 뒤에 포대기로 업혀 있었다. 농부들은 삐쩍 마른 황소를 데리고 들판의 붉은 흙을 쟁기질하고 있었다. 날은 따뜻했고 소년들은 물고기 양식장의 탁한 물속으로 비명을 지르며 뛰어들었다.

약간 놀랍게도 아이스바를 팔고 있는 길옆 가판대들을 지나쳤는데, 여기저기에 손님 몇 명이 모여 있었다. 그러나 이것들은 엄격히 말해서 사회주의식 아이스바인 것으로 밝혀졌다. "각 지방정부는 아이스바 세트 개수를 할당받는

데, 각 지역당 다섯 사람에게 판매권이 부여된답니다." 미스 리가 설명해주었다.

모범 집단농장은 붉은 기로 표시한 흙길 아래로 펼쳐져 어딘가 비현실적인 분위기를 강하게 내뿜고 있다. 티 하나 없이 새하얀 농가들이 경작지 옆으로 마을의 물고기 양식장을 에워싸고 한 줄로 늘어서 있다. 중앙 광장은 고상하게 페인트칠을 한 담장으로 꾸며져 있었는데, 담장에는 다음과 같은 문구가 적혀 있었다. "우리 모두 150일 전투에 참여합시다!" 광장 맞은편에는 대중목욕탕과 영화관이 붙어 있는 마을회관이 있었다. 영화관에는 용감한 특급 전투기 조종사에 관한 영화를 홍보하는 포스터가 붙어 있었다. 남북 분단은 모르는 사이에 아름다움에 대한 개념과 기준에까지 깊게 스며 있다. 오늘날 남한 영화에서는 매우 우아하고 감정이 깃들어 있는 남자 배우가 주인공을 맡는 반면 북한에서는 젊었을 때의 존 웨인 스타일에 가까운 건장한 안색의 다부진 남성을 선호한다.

마을 길은 텅 비어 있어 마치 그 자체로 영화 세트장 같은 느낌을 준다. 아마도 마을 사람들이 150일 전투에 참여하느라 모두 밭에 나가 있어 그럴 것이다. 그러나 주민들 가운데 마을 부녀회 자원봉사자처럼 보이는 한 중년 여성이

농장을 정기적으로 방문하는 외국인들을 안내하기 위해 대기하고 있었다.

"위대한 수령께서는 1959년에 이곳에 오셨습니다. 그리고 이 장소를 보았을 때 고향인 만경대가 생각나셨습니다. 수령께서는 깊이 감동하시어 마을 주민들에게 감나무를 심으라고 하셨습니다. 이제 우리 농장에서 나는 감은 전국적으로 유명하답니다."

거기에 미스터 류가 덧붙였다. "위대한 수령께서는 농부들도 일꾼이 될 수 있게 비료를 써서 농작물을 과학적으로 재배하는 법을 가르쳐주셨습니다."

"이 나무를 보세요." 특히 근사한 표본을 지나치자 마을 안내인은 봄 나뭇잎들이 이슬을 머금어 반짝거리는 가지 하나를 잡아당겼다. "이 나무 한 그루에서 수확기에 결실을 얼마나 보는지 아십니까?"

우리는 여러 가지 추측을 내놓았지만 모두 정답에는 한참 못 미쳤다. 정답은 2000개 정도였는데, 아마도 통역 과정에서 '0'이 하나 더 늘었을 것 같다.

비료를 써서 농사를 지으려면 화학물질이 필요한데, 화학물질의 문제점은 그것을 만드는 데 전기가 필요하다는 것이다. 오늘날 북한은 전기도, 화학물질을 수입할 외화도 충분치 못한 상황이기 때문에, 당국은 파종을 장려하지만 화학비료 의존성이 높은 벼, 과일, 채소 같은 품종은 잘 자라지 못한다. 그렇기 때문에 기차나 길가에서 만난 사람들이 등에 그토록 묵직한 자루를 잔뜩 지고 있었던 것이다. 비료는 곧 금이었고, 사람들은 그것을 얻기 위해 기다랗게 줄을 설 것이었다.

감나무 너머에는 초등학교가 하나 있었는데, 우리가 그곳에 도착했을 무렵 아이들은 작은 빨간 깃발을 바통 삼아 한창 릴레이 경주를 하고 있었다. 우리가 나타나자마자 가장 어린 학생 둘이 우리 쪽으로 달려와 손을 잡더니 시합이 펼쳐지는 한가운데로 이끌었다. 나는 어린 소년의 손을 꽉 움켜지고 있었는데, 그 고사리 같은 손으로 얼마나 많은 잡초를 뽑고, 한겨울 동상을 수차례 겪었는지 굳은살이 딱딱하게 박여 있었다. 아이들은 함성과 구호로 서로 응원했다. 얼굴은 햇빛에 짙은 갈색으로 그을려 있었고, 그다지 구색이 맞지 않는 운동복 상의와 바지를 입었다. 신고 있는 신발은 다 낡아빠진 운동화에서 무릎까지 덮는 장화에 이르기까지 다양했다. 아이들은 외부 손님을 맞이하는 의례를 시계 장치처럼 정밀하게 알고 실수 없이 제 역할을 해나가는 데 열심이었지만, 표정을 보아하니 그 의미를 이해하지 못하는 것 같았다. 나는 그들이 어른이 되었을 때 유년 시절 몸에 익힌 이 의례들을 어떻게 돌아볼지 궁금해졌다.

또한 그들이 어른이 되면 어떤 세상에서 살아가게 될지도 궁금해졌다.

마을 안내인은 물고기 양식장 가장자리에 있는 자신의 작은 집으로 우리를 안내했다. 양식장 주위를 에워싼 버드나무에서 떨어진 솜털이 수면을 가득 채운 채 떠다녔다. 밖에는 새조개 조가비로 산뜻하게 포장된 길이 있었다. 마당에는 감나무가 들어서 있었는데, 그 아래에는 양배추와 봄 양파가 줄에 맞춰 심어져 있었고 집에서 만든 연탄(북한 가정에서 흔히 쓰는 난방용 땔감)을 현관 밖에서 말리고 있었다. 이 소형주택은 1910년 켐프가 이 지역을 지나면서 스케치했던 집들과 규모와 형태가 유사했지만, 목재보다는 콘크리트로 지어졌고, 켐프가 묘사했던 댓돌이 없었다. 또한 북한의 모든 농가와 거의 마찬가지로 크기나 형태가 같았다. 우리가 상상력을 발휘해 이 꿈의 집에서 치장을 벗겨낸다면, 내부를 결코 들여다볼 수 없었던 작은 집들의 스쳐가는 이미지를 포착할 수 있을 것이다.

이 주택은 입구 양쪽에 작은 방이 두 개가 있는데, 바닥에는 장판이 깔려 있고 벽은 흰색으로 칠을 했거나 줄무늬 벽지로 도배를 했다. 가구는 거의 없지만 집은 티끌 한 점 없이 청결하고 거실은 의무적으로 달아야 하는 김일성과 김정일 수령의 초상화를 비롯한 사진들로 장식했다. 집주인은 부엌에 있는 가스레인지를 자랑스럽게 보여주고는 환영의 노래를 불러주려고 아코디언을 가져왔다. 백발이 성성하고, 풍상을 겪었지만 온화하고 아름다운 얼굴의 시어머니가 흡족하게 지켜보는 가운데, 그녀는 음정이 맞지는 않았지만 흥겹게 연주했다.

북한의 보통 시골집들은 획일적으로 방이 두 개고, 벽에는 똑같은 초상화가 걸려 있을 것이다. 하지만 가스레인지는 금시초문의 사치품이다. 연탄과 얼마 남지 않은 듬성듬성한 삼림에서 긁어모은 나무 땔감이 흔히 볼 수 있는 취사와 난방 에너지원이다. 1960년대와 1970년대 성장기에 지은 많은 소형주택들은 현재는 여기저기 파손되어 유리창틀은 뒤틀려 맞지 않고, 깨진 유리창으로는 매서운 겨울 추위가 새어 들어오고, 지붕은 여기저기 덧대었고, 벽은 북한 사람들이 매일 독창적으로 짜내는 기발한 방법으로 보수되고 있다.

석왕사

우리는 평평한 해안선 위에 솟아 있는 산기슭 구릉 안쪽 내륙으로 더 깊이 차를 몰았다. 비포장도로는 점점 좁아지고, 바퀴 자국이 더 깊게 패이고, 양쪽으로는 논이 점차 사라지고 감자밭이 펼쳐졌다. 도로를 따라 몇 킬로미터를 올라가자 어느 산골짜기 입구에 다다랐다. 미스터 김은 자갈이 깔린 강변에 차를 세웠고, 그 사이 가이드들은 바리케이드를 지키고 있는 사람과 심각한 협상에 들어갔다. 결국 만족스럽게 일이 잘 풀려서 우리는 그 너머 숲으로 들어갔다. 이제까지 내가 북한에서 본 중에 가장 울창하고 건강한 숲이었다. 이곳에서는 우리의 일정이 지체되는 원인이 분명해졌다. 수많은 학생과 교사와 학부모들이 숲에서 소풍을 즐기고 있었는데, 집단농장에서 만난 학생들과 달리 이 그룹은 외국인을 맞을 준비도 연습도 되어 있지 않았다.

휴전선 남쪽의 한국 아이들은 대개 서양인이 나타나면 어떤 영어 구절이든 생각나는 대로 열렬히 외치며 반응을 보인다. 남한의 불국사에서 한번은 다섯 살 정도 되는 어린 소년이 내게 달려오더니 숨을 헐떡이며 "I love you."라고 말을 걸어온 적도 있다.

북한 어린이들은 특별히 훈련된 아이들을 제외하고는 외국인의 얼굴을 거의 볼 일이 없기 때문에, 처음에는 긴장되고 모호한 시선으로 우리를 바라본다. 하지만 우리가 한국말로 몇 마디 인사를 건네면 무뚝뚝한 표정은 어느새 웃음으로 바뀐다. 높이 솟은 소나무 밑동에 설치한 휴대용 녹음기 음악에 맞춰 어른들과 아이들이 어울려 춤을 추고 있었다. 어른들은 리듬에 맞추어 우아하고 아름답게 움직였고, 아이들은 되는 대로 몸을 아래위로 흔들며 장난스럽게 서로 부딪치거나 무리에서 빠져나와 나무 틈 사이로 숨바꼭질을 하고 놀았다.

우리 가이드들이 접촉을 막을 의도가 없음을 알아채자 교사들은 우리를 상대로 영어를 연습해보려고 열심이었다. 한 교사는 회색으로 뒤덮인 꼬불꼬불한 능선을 향해 산비탈로 이르는 길옆에 서 있는 거대한 느티나무를 가리키며 수령이 1000년이나 된다고 알려주었다.

그는 두 팔을 벌려 거대한 나무줄기를 안으며 우리를 불렀다. "이리 와보세요. 나무 주위로 팔을 벌려야 해요. 나무를 끌어안으면 젊어질 거예요. 많이 끌어안는 만큼 점점 더 젊어집니다."

닳아서 반질거리는 낡은 검은 양복을 걸친 젊어 보이는 남자 선생이 함께 나무를 끌어안을 수 있게 우리 손을 잡고 이끌었다. 세 사람이 합쳐 거대한 나무줄기를 에워쌀 수 있었다. 나는 조각조각 부서져 떨어져나가는 나무껍질에 얼굴을 지그시 눌렀다. 내가 들은 금강산에 얽힌 많은 전설 가운데 하나가 떠오른다. 나무를 하던 한 노인이 우연히 샘을 발견하고 그 샘물을 마셨더니 신기하게도 젊음과 힘을 되찾는다. 욕심 많은 고을 원님이 이 신비한 샘에 대해 전해 듣고는 탐욕스럽게 샘물을 너무 많이 마셔 결국에는 갓난아기로 변해버린다.

이 웅대한 나무는 여러 왕조와, 침략과 식민 지배, 한국 전쟁, 조선민주주의인민공화국 60년 세월에도 살아남았다. 나무를 끌어안아도 샌디와 내 주름에는 아무런 변화도 없었지만, 사람들의 토속 신앙은 제아무리 과학농업과 주체 사상의 격랑을 거치는 쓰디쓴 체험에도 전혀 손상되지 않은 채 깊이 뿌리내려 살아남는다. 하지만 이제 우리 가이드들은 약간 초조해졌고, 교사들은 그 모습에 실망한 기색이 역력했다. 결국 가이드들은 우리를 데리고 건물 너머 산비탈을 오르기 시작했다.

이곳은 석왕사 터로서, 석왕사는 주지의 영향력이 원산 지역과 남쪽으로는 멀리 금강산까지 미쳤던 불교 사찰이다. 이사벨라 버드는 1890년대에 석왕사를 방문해 그때 이후로 어떤 면에서는 거의 변함이 없는 풍경을, 맑은 시내를 따라 흐르는 좁은 길과 고귀한 소나무 가로수의 울창한 잎들, 그리고 웅장한 느티나무들을 묘사했다.[190]

그 당시 이곳에 서 있던 커다란 사찰 건축물들은 조선왕조의 창시자인 태조의 명령에 의해 14세기에 지어졌다. 잇대어 늘어선 법당 가운데 하나에는 온갖 인종의 얼굴을 표현한 500개의 작은 석상들이 줄지어 전시되어 있다. 길게 뻗은 실크로드를 따라 늘어선 오아시스에서 온 아시아와 코카서스 인종의 얼굴과 그 너머 익살, 탐욕, 어리석음, 악의, 경건함을 표현하고 있는 온갖 종류의 표정들이 담겨 있다.[191]

오늘날 석왕사에 남아 있는 것이라고는 주춧돌 몇 조각이 전부다. "영광스러운 조국해방전쟁 동안에 파괴되었다"고 들었다.

그러나 사찰의 문루門樓들은 가파른 산비탈에 아직 건재한데, 의심할 여지 없이 서울에 있는 불교도 친구들의 도움으로 연꽃잎, 용, 마귀들이 찬란하게 채색되어 있었다. 목을 길게 빼고 정교한 조각들을 찬탄의 눈길로 바라보고 있는데, 한 농부가 더 높은 산중턱에서 채취한 산나물을 등에 잔뜩 지고 한 손에는 지팡이를 들고 조용히 휘파람을 불며 산에서 성큼성큼 내려왔다.

가이드가 우리에게 말해주었다. "지방정부는 이 절을 재건하기로 결정했고 평양의 행정부가 승인을 해주었습니다. 이제 곧 건축이 시작될 겁니다. 그러면 승려들도 되돌아와서 이곳에서 살 수 있게 될 겁니다."

"승려요? 어느 승려 말이죠?" 내가 물었다.

내 질문에 가이드는 속이 빤히 들여다보이는 태도로 대

답했다.

"누구긴요, 지금 도시에서 살고 있는 승려들이죠."

"그곳에는 그런 승려들이 얼마나 있는데요?"

그러자 가이드는 확실치 않다는 듯 어깨를 으쓱했다. "어, 많지는 않아요. 다음에 이곳에 오신다면 여기에 서 있는 절과 그 안에서 살고 있는 승려들을 볼 수 있을 겁니다."

그거야말로 정말 볼 만한 가치가 있는 광경이라는 데 우리도 동의한다.

시중호의 어부들

캠프와 그녀의 일행을 그토록 지체하게 만들었던 강에는 이제 근사한 콘크리트 다리가 놓여 있다. 다리 한쪽에 붉은 글씨로 새겨진 비문은 다리가 김일성의 77회 생일이었던 1989년 4월 15일에 개통되었다고 밝히고 있다. (북한 정부는 그렇게 상서로운 날에 주춧돌을 놓고 리본 커팅식을 하는 것을 좋아한다.) 도로는 철로와 나란히 나 있지만, 자동차를 타고 남쪽으로 서행하는 동안 겨우 기차 한 대만을 보았을 뿐이다. 짐 자루들이 높이 쌓인 매우 기다란 화물열차 꼭대기에는 몇몇 대담한 여행객들이 위험하게 자리를 잡고 앉아 공짜로 기차를 얻어 타고 있었다.

원산에서 금강산까지 가는 여정 둘째 날에 켐프는 전날 지체되었던 것을 벌충하려고 결심했지만 "그러한 제안에 인부들은 표정이 어두워지더니 크게 항의했다. 그들 말로는 60여 킬로미터는 너무 긴 여정이라고 했다."[192] 그들이 타고 간 도로는 해안 옆으로 나란히 나 있었는데, 켐프는 이상하게도 그 코스의 자랑거리이기도 한 원산 남쪽 해안의 숨이 멎을 듯 아름답게 펼쳐진 풍광에 대해서는 언급하지 않았다. 하지만 노루귀, 삼색제비꽃, 크로커스, 아네모네 등 야생화에 대해서는 언급했다. 그리고 그 화창한 날 지나쳐 간 마을들을 바라보며 그녀는 "어딜 가나 전반적으로 만족스럽고 편안하다는 인상을 받았다. 사람들은 대부분 차림새가 훌륭했고, 집도 좋았으며 '모든 경치가 만족스러웠다.'"[193]

　앞으로 긴 여정이 남아 있는데다 시베리아로 돌아가는 기차를 잡으려면 시간에 맞추어 서울로 돌아가야 한다는 생각에 켐프는 가혹한 일정을 소화했다. 둘째 날에는 조선인 안내인들이 항의하는데도 계속 밀어붙여 열세 시간 반을 강행군하느라 키 큰 소나무들이 그늘을 드리운 아름다운 마을을 지나쳤다. 그 마을은 "일본이 점령한 이후로 조선의 모든 마을에 설치된 고정 게시판 근처에 순경조차 잠시 멈춰 서는" 아름다운 곳이었다.[194]

　여정 중 셋째 날 무렵에는 날씨가 점점 흐려져, 하늘에 구름이 잔뜩 끼었다. 해안을 따라 계속 가던 그들은 죽 늘어선 어촌 마을을 지나치며 갓 잡아온 처음 보는 바다 생물들을 구경하려고 마을 아낙네들의 바구니를 들여다보았다. 켐프의 기록에 따르면 "일본의 독점 때문에" 서울 어시장의 생선은 런던보다도 훨씬 비쌌지만, 이 벽촌에는 여전히 일본의 영향이 별로 미치지 않고 있었다. 식민주의자들의 흔적을 별로 볼 수 없었는데, 길모퉁이를 돌아서자 바다에서는 완전히 보이지 않게 숨겨져 있던 해군기지인 것이 분명한 매우 아름다운 작은 내륙항이 갑자기 나타났다. 이곳에도 식민지 우체국과 "아기를 등에 업고 종종거리는 일본 여인"이 있었다.[195] 그들은 마을 너머 모래 언덕 사이로 천천히 나아가다가 얼마 후 내륙으로 방향을 틀었다.

그들은 이제 드디어 금강산 입구에 다다랐다.

그런데 얼마 안 되어 또 길을 잃어버렸다. 켐프는 그 작은 항구가 자신이 가져온 독일 지도에 '차구–치엔도구'라는 이름으로 표시된 마을일 것으로 생각했는데, 그 지역 어디에서도 비슷한 이름의 마을을 찾을 수 없었다. 조선인 안내인들은 지금 있는 곳이 어디인지 전혀 알 수 없었고 이 괴짜 영국 여인의 힘에 부치는 부당한 요구에 이미 신경질을 내고 있었다.

가파른 산비탈을 넘어가자 드넓고 잔잔한 바다가 눈 아래로 펼쳐져 있었고, 수평선은 희미한 봄 아지랑이로 흐릿해 보였다. 그 너머 해안선은 해수면을 뚫고 솟아 있는 작은 바위섬들로 들쭉날쭉했으며 섬 사이로는 고기잡이배들이 검은 점처럼 떠 있었다.

잠시 쉬려고 멈춰 선, 모래사장으로 이뤄진 긴 해안에서는 배 몇 척이 고기잡이를 하고 있었다. 날은 맑고 따뜻했다. 잔잔한 바다는 얕은 곳은 탁한 청록색이었다가 수평선을 향해 먼 쪽으로 나아갈수록 짙푸른 색으로 바뀌었다. 수영을 하기에 더없이 좋은 날씨였으므로 운전기사 미스터 김은 재빨리 반바지를 벗더니 물속으로 뛰어들었다. 샌디와 나는 좀 더 신중하게 그 뒤를 따랐다. 얕은 곳은 갖가지 종류의 해초들로 가득 차 있었고, 물은 숨이 멎을 만큼 차가웠다.

샌디는 스케치 판을 꺼내더니 고기잡이배를 화폭에 담으려고 해변을 걸어 내려갔다. 저 너머로는 미역이 거대한 공기주머니처럼 작은 황록색 형체만 수면 위로 드러냈다 사라지곤 했다. 한기를 막아주는 수단이 되는 동시에 부력 장치로도 활용되는 헐렁한 바지를 입은 잠수부들이 조개를 찾아 물질을 하고 있었다.

배에 그물을 싣고 있던 한 어부가 샌디의 스케치북을 들여다보려고 다가왔다. 가는 곳마다 사람들은 샌디의 그림에 많은 관심을 보이며 한마디씩 했지만 적의를 드러낸 적은 없었다. 북한에서는 카메라가 영혼을 훔치지는 못하더라도 비밀을 몰래 담을 수 있기 때문에 사진 찍는 사람을 의심의 눈초리로 보지만, 스케치는 아무런 해가 없는 독특한 취미 정도로 본다. 우리 가이드들의 통역으로 어부는 점차 대화에 끼어들었는데, 처음에는 약간 수줍게 시작되었지만 자신감이 생기자 따뜻한 미소가 해풍에 거무스름해진 그의 젊은 얼굴에서 눈부시게 빛났다.

그는 스키처럼 생긴 단단한 두 목재 널빤지에 매달린 그물을 보여주었는데, 조개를 잡아들이려고 바다 밑바닥에 던져두었다가 끌어올린다고 했다. "어떤 때는 직접 잠수하기도 한답니다. 물이 끔찍하게 차갑기는 하지만 수면 아래는 정말 아름답거든요."

"여자들도 잠수를 하나요?" 나는 해녀들로 유명한 남한의 제주도를 염두에 두고 물어보았지만 어부는 고개를 저었다.

"거의 모두 남자랍니다. 고기잡이도 마찬가지죠. 여자들이 하기에는 너무 위험하거든요."

여름에는 가끔 관광객들을 배에 태우고 나가 원산만을 일주하기도 한다고 했다. 그의 말에 따르면 그 관광객이란

휴일을 즐기러 이곳을 찾는 평양의 고위 인사들이었다.

"우리도 태워줄 수 있나요?"

하지만 수줍은 거절만이 되돌아왔다. 그는 외국인을 받을 수는 없었다.

그의 배는 상상할 수 있는 한 가장 단순한 배로, 목재로 만들어졌으며, 겨우 세 사람이 탈 정도 크기다. 순간 프로펠러를 갖추고 있으며, 가속을 위해 노로 쓰는 큰 장대가 달려 있다. 어부는 배를 해안으로 끌어내린 후 동료와 함께 민첩하게 배에 올라타더니 먼 바다를 향해 나아가며 짤막하게 손을 흔들었다.

해변 뒤로는 카페 하나와 작은 간이매점도 있었다. 매점에서는 독일산 선크림이 든 병과 조가비로 만든 조잡한 동물 기념품을 팔고 있었지만, 개미 한 마리 얼씬거리지 않았다. 그러다 우리가 막 떠나려는 순간에 김정일 스타일 제복을 걸친 네 남자가 검은색 도요타 사륜자동차를 타고 갑작스레 나타났는데 얼굴에 웃음기라고는 찾을 수 없었다. 북한에 도착한 이후 처음으로, 인사를 건네는 게 내키지 않았다. 나는 그들이 평양의 고위 인사일 것이라고 속으로 생각했다.

해변에서 내륙 쪽으로 약간 들어가 있는 게스트하우스

가는 곳마다 사람들은 샌디의 그림에 많은 관심을 보이며
한마디씩 했지만 적의를 드러낸 적은 없었다. 북한에서는
카메라가 영혼을 훔치지는 못하더라도 비밀을 몰래 담을
수 있기 때문에 사진 찍는 사람을 의심의 눈초리로 보지만,
스케치는 아무런 해가 없는 독특한 취미 정도로 본다.

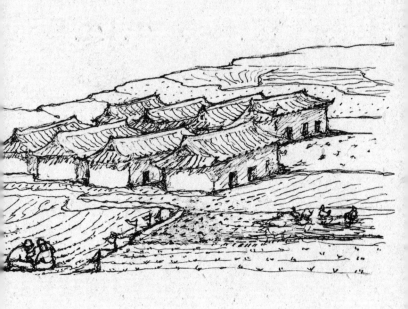

북한의 마을 (샌디 모리스)

는 캠프와 맥두걸이 해안을 따라가는 여정 중 밤을 보냈던 두 마을 중간에 있는 것이 분명했다. 게스트하우스는 회색 돌과 콘크리트로 지은 단순한 건물이었는데, 바깥 담장에는 금강산의 돌로 기와를 얹었다. 밖으로는 건너편 시중호의 유리알 같은 물이 보이는데, 시중호의 검은 진흙은 치유력이 있는 것으로 유명하다. 로비에 있는 게시판 광고에는 진흙의 갖가지 치유법을 자세히 열거해놓았는데, 특히 여성들에게 좋다고 한다. 게시판은 한국어뿐 아니라 영어로도 적혀 있었지만, 게스트하우스에는 나이 든 북한 사람 몇 명이 머물고 있긴 해도 우리가 유일한 외국인이었다. 우리가 묵은 방은 방바닥을 덥히는 전통 온돌식이었기 때문에, 캠프와 마찬가지로 우리는 그 열기에 숨이 막힐 것 같아서 바깥의 차갑고 시원한 공기를 마시기 위해 아침 일찍 게스트하우스를 빠져나와 길게 뻗어 있는 호숫가를 따라 산책했다.

물은 맑았지만 아래에 있는 진흙 때문에 어두운 색깔이었다. 커다란 물고기가 모래톱 사이로 훑고 지나가며 흙탕물을 일으켰다. 호수 건너편으로는 산들이 겹겹이 포개어 있었다. 산빛은 진회색에서 저 멀리 멀어질수록 연푸른색으로 바뀌었다.

좁은 샛길이 간선도로와 만나는 곳에 작은 석조 문루가

있었지만 아무도 없었다. 우리는 문루 옆에 서서 해안도로를 따라 자전거를 타고 일터로 가고 있는 마을 사람들을 지켜보았다. 모든 것이 매우 고요했다. 나무에서 지저귀는 새소리와 멀리서 가끔씩 들려오는 개 짖는 소리가 전부였다. 그때 갑자기 어부 두 사람이 나타나더니 샛길을 가로질러 왔다. 한 사람은 뒤에 손수레를 끌고 있었다. 나는 뒤를 따라가 그들이 게스트하우스 밖 포장도로 자갈 위에 뒤엉킨 갈색 어망 더미를 내려놓는 것을 지켜보았다. 그들이 떠나자마자 이곳에 일하러 나온 세 명의 젊은 여인들이 그물을 길바닥에 넓게 펼치고는 감아서 끌어당겼다. 그들은 검은 진 바지와 화려한 운동복 상의를 입고 있었고, 발에는 분홍 플라스틱 슬리퍼를 신고, 머리는 장식 핀으로 뒤로 동여매고 있었다.

그 풍경에는 어딘지 모르게 굉장히 평화로운 느낌이 있었다. 여인들이 일하며 주고받는 느긋한 말투와, 함께 일하는 데 익숙한 사람들에게서 뿜어져 나오는 우아한 몸놀림이 그랬다. 처음에는 그들이 그물을 손질하고 있다고 생각했지만, 좀 더 자세히 들여다보니 어부들이 잡아서 가져가고 남은 마지막 생선 조각들을 줍고 있었다. 그물코에 걸려 남아 있던 반짝거리는 작은 은빛 고기들을 조심스럽게 하나하나 떼어내어 플라스틱 양동이에 던져 넣고 있었다. 손이 많이 가고 시간을 잡아먹는 일이지만. 너무 하찮다고 내버릴 음식은 하나도 없었다.

캠프와 마찬가지로 우리는 이 분단 지역의 꿈과 희망, 갈등, 고통이 집약된 장소인 금강산 초입에 도착했다.

이 여행을 계획하는 동안, 그리고 여정을 거쳐 오는 동안 북한이 주변국과 협상을 벌이는 상황은 시시각각 수시로 바뀌어왔다. 때로는 돌파구가 임박하여 국경이 금방이라도 다시 열릴 것 같다가도 갑자기 회담이 결렬되어 상호 비방이 난무하기도 한다. 국경은 계속 닫혀 있고, 북한과 남한 사이의 긴장은 여전히 고조된 상태다. 북한 지도층은 필요하다고 생각되면 무슨 수단을 써서라도 잔혹하게 권력을 유지하는 것에 집착하고 있다. 남한 정부는 한반도의 미래를 위한 웅대한 비전을 잃어버린 채 북한이 저절로 붕괴되기만을 기다리는 데 자족하고 있는 것 같다. 반면에 중국은 동쪽 국경의 계속되는 불안한 상황에 점점 초조해지고 있다. 지구 반대편의 미국 또한 위기 상황에만 집중하고 있다. 일본은 공포심에 사로잡혀 바로 옆의 '악당 국가'로부터 뒷걸음치고 있다. 그리고 세계의 나머지 국가들은 최후의 스탈린식 독재국가가 보이는 기묘한 모습에 냉소적인 혐오감을 드러내며 방관하고 있다.

냉소적 혐오감은 무관심의 좋은 핑계다. 미래에 대해 진지하게 고민하거나 인도주의적인 관심을 갖는 것을 거부하는 데 그럴싸한 변명거리가 된다. 구호의 손길이 계속 말라가고, 국경이 폐쇄된 채로 북한 정권이 점점 깊은 위기로 가라앉게 된다면, 돌 깨는 인부들과 감 농장의 농부들과 시중호의 어부들에게는 어떤 일이 일어날 것인가? 만일 체제가 내부적으로 붕괴된다면 그들에게는 어떤 일이 벌어질 것인가? 물질적 풍요를 누리고 있는 동북아시아는 부풀 대로 부풀어 너무도 절망적인 이 빈곤국을 재건하는 과업을, 곧 분명히 떠안게 될 그 과업을 어떻게 극복할 것인가?

이러한 질문에는 아무도 해결책을 갖고 있지 않다. 인접 세력과 미국은 분명히 군사적 비상사태에 대해서는 계획을 갖고 있다. 그들 정부는 붕괴해가는 북한 정부가 침략을 시작하거나, 핵무기를 터뜨리거나, 국경 너머로 확산될 위험이 있는 내전 상태로 빠질 경우에 대비해 구체적이고도 은밀한 전략을 준비해놓았다. 그러나 외부 세계는 이 지역의 사회적·문화적 삶에 대해서는 마음을 닫은 것 같다.

미래, 누구나 예측할 수 있는 그 미래에 대처할 계획은 없다. 어망 그물코에서 빼낸 물고기로는 또 다른 집단 아사를 피할 수 없다. 베를린 장벽이 붕괴된 이후 100만 명의 동독인들이 조국을 떠났던 것처럼, 그에 못지않은 북한 주민들이 단둥과 선양, 서울과 부산, 도쿄와 오사카로 더 나은 삶을 찾아 국경으로 몰려들 것이 뻔히 보이지만 대응책이 없다. 다른 나라 정부나 국제단체들은 이 나라가 수십 년 동안 주체사상 이념으로 황폐화된 경제 상황을 극복할 수 있도록 어떻게 도울 수 있을지 진지하게 계획을 세우는 일도, 북한 주민들의 조용하고도 영민한 독창성에서 미래에 대한 희망을 찾을 방법도, 전혀 생각하지 않고 있다. 단지 자금난에 허덕이는 몇몇 소규모 NGO단체만이 소통의 끈을 놓지 않으려고 애쓰고 있다.

금강산은 빛의 변화에 따라 나타났다 사라지기를 반복하는 수많은 얼굴을 갖고 있다. 때로는 만남의 장소이기도 하고, 때로는 순례지이기도 하다. 이렇게 시중호 호숫가에 서서 수면에 반사된 산기슭을 바라보고 있는 지금 이 순간에는 수백 년 전, 갈등의 시절에 그랬던 것처럼 금강산은 다시 넘을 수 없는 험준한 바위 장벽이 되었다.

그러나 지구상의 그 어느 곳보다도 이곳은 한 치 앞을 내다볼 수 없다. 내일은 빛이 바뀔 수도 있다. 내일은 풍경이 또 어떻게 바뀔지 모른다.

CHAPTER 12

희망으로 나아가기

상실

시중호 남쪽으로 굽이진 길을 돌았더니 아름다운 항구 주위에 옹기종기 집들이 모여 있는 작은 마을이 갑자기 나타났다. 북쪽에서 접근하면 거의 내륙처럼 보였을 것 같다. 노 젓는 배들과 잠수부들이 잔잔한 물살을 가르며 작업 중이었고, 일부는 좁다란 해변에서 잡은 조개를 분류하고 있었다. 이곳은 통천시인데, 에밀리 켐프가 묘사한 모습과 너무 흡사해 보여 이곳이 바로 그녀가 말한 "차구-치엔도구" 인지 생각하지 않을 수 없게 만든다.

만일 통천이 정말 차구-치엔도구였다면, 당시 켐프와 일행은 코스에서 한참 벗어나 있었고, 원래 가려고 했던 사찰에서 멀리 떨어진 산자락까지밖에 못 갔을 것이다. 그러나 아마도 "차구-치엔도구"는 해안을 따라 내려간 다음 항구인 창전(현재는 고성이라 불린다)이었을 것이다. 당시에는 어느 도시에도 중요한 해군기지는 없었지만, 창전에는 카이저링이라는 이름의 러시아 사업가가 운영하는 작은 포경선 기지가 있었다.[196] 켐프 일행은 '차구-치엔도구'에서부터 밤을 보낼 외딴 절까지 내륙으로 걸어갈 계획이었다. 이들의 목적지는 거의 틀림없이 신계사였을 것이었다. 주요 사찰 가운데 최북단이면서 가장 가까이에 있던 신계사는 현재 남한 불자들의 도움으로 멋지게 재건되어 있었다.

마침내 켐프와 맥두걸은 그들이 그렇게 멀리서부터 찾아왔고 좀처럼 보기 힘든 그 풍경 속으로 들어가고 있었다. 해안선을 벗어나 산속으로 구불구불한 길을 걸어 들어가니 온갖 종류의 거대한 짐승 모습처럼 "검고 기기묘묘해" 보이는 바위가 서 있었다. 잠시 후에는 "상당히 높고 가파르게 치솟은 절벽과 금강산이라는 이름이 붙게 된 뾰족한 외관을 보여주는" 아름다운 계곡으로 들어섰다.[197] 이곳에서 그들은 저녁 산책을 나온 스님 무리와 갑자기 마주쳤다. 통역관 미스터 차오가 땅바닥에 휘갈겨 쓴 한자를 이용하여 약간의 협상을 거친 후에 여행객 일행은 절을 향해 발걸음을 옮겼다. 그곳은 "도로 오른쪽으로 난 짧고 좁은 길 끝에 위치해 있었고, 인상적인 것은 전혀 없었지만" 적어도 하룻

밤을 묵어갈 수 있었다.

캠프 일행이 마주쳤던 주요 사찰 가운데 제일 처음이었던 신계사는 당시에는 약간 훼손된 상태이기는 했지만, 넓은 계단 층계 꼭대기에 오래된 석탑이 인상적으로 서 있는 꽤 큰 사찰 건물들로 이루어져 있었다. 고고학적 발굴과 캠프가 방문했을 무렵 찍은 사진을 토대로 형태가 재건된 사찰은 극락보전, 응진전, 안쪽 성소, 승려들의 침실을 비롯하여 여덟 개의 주요 건물이 있는데, 모두 살구색 회반죽벽과 화려하게 조각된 처마 장식이 있는 넓은 회색 지붕을 갖춘 구조였다.[198] 신계사는 또한 1910년에 일본 여관이 있는 온정리 부락에서 1.6킬로미터 정도 떨어져 있다.

하룻밤 묵어가게 된 곳은 작고 외지다고 표현한 캠프의 묘사에 들어맞는 것이 하나도 없다. 그곳 승려들은 외국인들을 처음 보는 것 같았고 손님들에게 끈적거리는 시선을 보냈으며, 약간 적대적이었던 것 같다.

승려들은 캠프와 일행이 요리를 하여 식사하는 동안 그들을 노골적으로 지켜보았고, 한 사람은 그들이 "기독교 선교사들"인지 미스터 차오에게 한자를 휘갈겨 물어보았다. 캠프와 맥두걸은 공격적이고 끈적거리는 이 남성들의 시선이 불편해서, 미스터 차오를 파수꾼으로 바깥 베란다에서 자게 했다. 그들은 숲에서 우는 익숙하지 않은 개구리 소리와 승려들에게 기도 시간을 알리려 주기적으로 울려대는 범종 소리에 깊이 잠들 수 없었다. 한자로 좀 더 이야기를 주고받은 후 알아낸 정보로는 그들이 특히 가고 싶었던 사찰은 65킬로미터 정도 떨어져 있었는데, 그 절은 분명히 그 일대에서 가장 유명한 건축물인 장안사였을 것이다. 그래서 그들은 원래의 계획을 버리고, 다음 날 아침 일찍 골짜기를 거슬러 내려갔다가 우뚝 솟은 다른 협곡으로 향했다. 한양으로 가는 간선도로 방향과 만나기를 기대하면서.

승려들이 실제로 심술궂게 장난을 쳤거나, 여행객들이 정말로 항로를 한참 벗어난 것일 수 있다. 장안사로부터 65킬로미터 지점은 바로 산의 최북단으로서 이사벨라 버드 같은 이전의 여행가들이 그토록 명쾌한 용어로 묘사했던 지역과는 달라도 한참 달랐고, 65킬로미터는 불요불굴의 에밀리 켐프에게조차도 너무 먼 거리였다. 배와 기차도 늦지 않게 타야 했고, 앞으로도 남은 여정이 그들을 기다리고 있었다. 그 지역 불교의 보고를 구경하려는 노력을 포기한 채 그들은 금강산의 자연 경관을 즐기는 것에 만족해야 했다.

켐프는 그런 사소한 좌절에 낙담할 사람이 아니었다. 몰려드는 구름으로 뒤덮인 험준한 협곡을 올라가는 동안 켐프는 "매혹적인 꽃들"을 넋을 잃고 바라보았다. 붓꽃, 족두

리꽃, 바위취, 하얀 크로커스로 가득 찬 습지, 단풍 사이로 청개구리, 꿩, 다람쥐들이 재빠르게 나타났다가 사라졌고, 등지고 있는 바다 쪽으로 고개를 돌릴 때마다 숨이 멎을 듯 아름다운 경치가 언뜻언뜻 눈에 들어왔다. 진귀한 새들이 숲속 깊은 곳에서 지저귀고 있었고 "숲의 보물들은 끝이 없는 것 같았다."[199] 바윗길 옆에는 고사리 잎들이 펼쳐져 있었다. "우리가 가는 길에 수차례 건넜다가 반대 방향으로 다시 건너는 동안 졸졸 흐르는 시냇물은 끊임없이 우리를 유혹했고, 정상에 도달하기 전에 한차례 이상 눈발이 날렸다."[200] 믿기지 않을 정도로 높이 있는 바위 산봉우리를 가끔 햇살이 비추며 구름을 흩뜨려 놓았다.

켐프와 일행은 쉬지 않고 7시간 동안이나 강행군한 뒤 수평선에 폭풍우가 몰려들며 비바람이 산을 가로질러 불어올 무렵에 멈춰 섰다. 그들은 믿을 만한 가이드나 지도 없이 절벽과 협곡으로 이루어진 지형 한가운데 전혀 알 수 없는 길에 사람들로부터 수 킬로미터 떨어져 있었다. 조선인 안내인들의 방향 감각 덕분이었는지 아니면 그저 운이 좋았는지는 몰라도 다행히 큰 사고 없이 산맥에서 가장 먼 쪽 골짜기 입구에 있는 어느 마을에 도착할 수 있었다. 그곳에서 일본 장교들이 가장 좋은 여관을 차지하고 있는 숙박촌을 발견할 수 있었다. 그들은 폭우가 막 쏟아지기 직전에 그곳에 도착했다.

명상의 장소

다음 날, 일본군 병사들은 산봉우리들을 좀 더 넘어 서쪽으로 갔다가 다시 남쪽으로 향하여 한양으로 가는 큰길 방향으로 갈 수 있는 "형편없는 길"을 켐프 일행에게 알려주었다. 길을 가는 동안 그들은 나비 떼와 멋진 경치를 보기도 하고, 경사지에서 흘러내리는 시냇물로 돌아가는 작은 물레방아들을 지나기도 했다. 그러나 이제, 가장 고색창연한 사찰을 보지 못한 채 산맥의 중심 지역에서 벗어나고 있었다. 어두워져 달이 뜰 때까지 걷다가 갑자기 어둠 속에서 나타난 두 남자와 마주쳤는데, 그들은 돌돌 만 수의에 감싼 하얀 시체 더미를 말없이 운반하는 중이었다.

"우리 일행은 아무 말이 없었다. 지친데다 실망했기 때문이다. 칠흑 같은 어둠 때문에 내리막길 경사가 잘 보이지 않았지만 우리는 필사적으로 말에 꼭 붙었다. 너무 피곤해 걸을 수 없었기 때문이다."[201]

평소 모습과 달리 이렇게 가라앉은 기분으로 켐프와 일행은 마침내 한양으로 향하는 도로에 닿았다. 한양에서는 증기선을 타고 만주 다롄항으로 갔다가 러시아령 투르키스탄을 거쳐 유럽으로 돌아가는 여정을 위해 철의 실크로드에 올라탈 것이었다.

온갖 고생을 겪고, 여행 중에 여러 좋은 기회들을 아슬아슬하게 놓쳤지만, 여행이 끝나갈 무렵 생존해 있는 세 자매에게 바치는 여행기에서 켐프는 모든 것을 긍정적인 관점에서 회상했다. 여행 중에 특별히 친근한 사람들을 만나지는 못했어도, 사람들이 조심하라고 알려주었던 산적이나 '일본인 부랑자들'과 마주치지도 않았고, "대체로 편안한 분위기"를 경험했다.[202] 결국 그녀는 서구의 금강산 여행 선구자 가운데 한 사람이 되었고, 자신이 다닌 길을 지도로 만들었으며, 그 어떤 유럽인도 일찍이 가본 적이 없을 산맥 줄기를 탔다. 그리고 자신의 뒤를 따르게 될 사람들에게 선구자로서 조언을 해줄 수 있었다. 켐프는 앞으로 금강산을 찾을 여행자들에게 5월이나 가을에 금강산을 찾으라고 추천했고, 그리고 무엇보다도 길을 잘 알고 있는 믿을 만한 조선인 안내인과 함께 갈 것을 권했다. 그러나 오랫동안 고생하며 애쓴 미스터 차오를 두둔하면서, 그의 존재는 여행 중에 만나는 상대방에게 신망을 주는 데 말할 수 없이 중요했다고 덧붙였다. "조선인은 중국인에게 깊은 존경심을 가지고 있기 때문이다."[203]

켐프는 중국 여행을 몇 번 더 하기는 했지만 조선을 다시 방문하지는 않았다. 제1차세계대전 동안 켐프는 파리에 있는 군 야전병원에서 일했고,[204] 전쟁이 끝나자 다시 여행과 글쓰기로 돌아가 중국 북동부에서 일본이 점점 지배력을 키우고, 중국 스스로도 바뀌고 있던 거대한 사회 변화를 지켜보았다. 켐프는 1920년대에 이렇게 썼다. "일본과 중국이 우호관계를 맺어 상호 주장을 공정하게 타결했다면 두 나라 앞에는 유례없이 번영하는 지역이 출현했을 것이다."[205]

켐프는 계속하여 70대까지도 왕성하게 책을 펴냈고, "마지막 날까지도 중국의 삶과 운명에 매우 활발한 관심을 보였다. 영국에 온 중국의 모든 중요 인물들뿐 아니라 보잘것없는 중국 학생들까지도 모두 알고 연락했던 것 같다."[206] 가업인 직물공장에서 물려받은 재산으로는 자선단체를 지원하고 미술 작품을 구입했다. 예술 작품들은 그녀가 사망한 후 1939년 크리스마스에 옥스퍼드 애쉬몰리언 미술관에 기증되었다.[207] 이 컬렉션에는 이탈리아와 플랑드르의 회화들이 포함된 매우 진귀하고 값진 다수의 작품들은 물론 친구이자 스승인 프랑스의 조각가 알퐁스 르그로가 그린 켐프의 멋진 초상화도 들어 있다. 그러나 아마도 컬렉션에서 가장 인상적인 작품은 르그로의 또 다른 작품으로서 '죽음과 처녀'를 주제로 한 잉크 드로잉이다. 이 작품은 잔인하게 웃고 있는 해골의 불쾌하게 관능적인 포옹에 갇힌 약간 나른한 젊은 여인의 전신을 보여주고 있다.[208] 나는 켐프가 이 작품을 자신의 집 벽에 걸어두고 어떠한 감정을 느꼈을지 자못 궁금하며, 유령처럼 우리의 여행을 동반한 켐프에 대해 내가 실제로 얼마나 알고 있는지 의아스러웠다.

그러나 켐프가 후세에 남긴 것 가운데 가장 후하고 야심찬 선물은 자신이 다녔던 옥스퍼드 대학 옛 칼리지 자리에 예배당을 세운 것이었는데, 이를 위해 켐프는 익명으로 돈을 기부했다. 그 선물은 약간 논쟁을 불러일으키고 말았다. 대학 당국은 솔직히 그 예배당으로 무엇을 하면 좋을지 자신이 없었던 것 같다. 종파주의가 만연했던 옥스퍼드에서 종교적 감정을 자극할까 두려워서이다. 그런데 그 논쟁은 최근에 한 역사가가 주목했듯이, "자신의 의견을 표현하는 것을 전혀 두려워하지 않는 자주적인 여성들"의 명소로서 그 대학의 명성을 높여주었다.[209]

그 예배당은 오늘날까지도 건재하며, 하얀 아치 모양의 내부를 갖춘 수수한 석조 건물로서 켐프에게 어울리는 기념관이다. 그곳은 어느 특정 종파의 부속 건물이 아니며, 상주하는 성직자도 없고, 예배도 없었고, 켐프가 의도했듯이 그저 "명상과 기도와 다른 영적 수련"을 위한 장소였다. 단순한 종교적 기본 원리에 집중하는 것은 (한 지인에 따르면) 켐프가 "기독교 신자와 불교, 도교, 그 외의 타종교를 믿는 경건한 사람들인 극동 민족들과의 접촉"을 통해 알게 된 것이었다.[210]

켐프가 예배당 문 위에 걸어달라고 요청했던 현판에는 다음과 같이 쓰여 있다. "내 집은 모든 민족들을 위한 기도의 집이라 불리게 될 것이다."[211] 켐프가 죽은 후 학장은 그녀가 그 예배당을 "전 세계 형제애"의 상징으로 계획했다고 기록했다.[212] 켐프의 일생을 추억하며 우리는 "전 세계 형제애" 뒤에 "자매애"를 덧붙일 수 있을 것이다.

금강산에서의 짧은 산책

통천을 넘어서 우리의 여정은 내륙으로 구불구불 이어지며 줄 지어 늘어선 몇 채의 소형주택들을 지나쳤는데, 집의 외벽은 흰색 벽토가 발라져 있었고 출입문 위에는 사과와 감을 그려 넣어 장식을 했다. 해안을 끼고 나란히 달리며 우리는 갈대와 풀들이 크게 자라며 모래흙에 얽혀 있는 넓은 평원을 가로질렀다. 남쪽으로는 금강산의 뾰족한 봉우리들이 봄 하늘을 뚫을 듯이 솟아 있다. 오르막길이 시작되었고, 미스터 김은 머리핀처럼 굴곡진 길을 따라 매우 능숙하게 도요타 자동차를 이리저리 몰았다. 가끔씩 긴 터널로 들어가기도 했다. 북한의 다른 모든 터널과 마찬가지로 이 터널들도 전혀 불빛이 없지만, 우리 차의 헤드라이트 덕분에 어둠 속을 뚫고 지나가는 유령처럼 가끔 움직이는 보행자들의 형체를 분간할 수 있었다. 마지막으로 인가를 지나온 지 수 킬로미터 되었는데도 아직도 지나가는 사람들을 볼 수 있었다. 단정한 주름치마와 넉넉한 재킷을 걸친 한 여인이 자전거를 밀며 산길을 오르고 있었고, 진홍색 벨벳 포대기에 작은 아기를 안은 부부가 지나가고 있었다. 그들은 도대체 어디에서 온 것인가? 그리고 어디로 가고 있는 것일까?

우리는 한쪽 면은 바다 쪽으로 경사져 있고 다른 한쪽은 산봉우리 쪽으로 오르막 산길이 나 있는 태령에서 잠시 멈추었다. 길이 시작되는 지점에는 월트 디즈니의 아기 사슴 밤비의 북한 사촌쯤 되는 사슴 석고상 두 개가 서 있었다. 부근에서는 황갈색 작업복을 걸친 인부들이 야외에서 점심을 먹고 있었다. 미스터 김은 전에 이곳에 여러 번 와봤기 때문에 올라가지 않고 뒤에 남아 차를 지키기로 했다. 미스 리는 우아한 분홍 펄 뾰족 구두를 신고 있어서 산길을 오르기에는 무리였다. 그래서 미스터 류와 샌디와 나만 산길을 타고 산을 오르기 시작했다.

산길은 가파르고 거친 화강암 돌덩어리로 포장되어 있었다. 들리는 소리라고는 새 소리와 부근의 바위 사이로 쏟아지는 작은 시냇물의 졸졸거리는 소리뿐이었다. 이 지역의 시냇물과 강물은 수정처럼 맑은데다, 아마도 땅의 어떤 성분 때문인지 풀잎 같은 연둣빛이 감돈다. 뻐꾸기 소리가 들리고 저 멀리서는 꿩의 거친 소리가 들려온다. 이 산비탈은 숲이 우거지지는 않았지만 연푸른 묘목들로 뒤덮여 있다. 저 위 산등성이에는 짙푸른 소나무 몇 그루가 파수꾼처럼 서 있다. 소나무들 사이로는 완전히 드러난 바위가 높이 솟아 있다.

산길 꼭대기 부근에 다다르니 산 정상 아래에 깎아지른 절벽 앞쪽 움푹 팬 곳에 물이 고여 형성된 진회색 물웅덩이가 나타났다. 바위 전면 화강암은 오랜 세월 비바람으로 깊게 틈이 나고 층이 나 있었으며, 갈라진 틈 사이로는 흰 바위취가 눈송이처럼 피어 있었다. 가까이 다가가서 보니 암벽의 색깔이 특이했는데, 연푸른색과 짙은 구릿빛이 감도는 금색이 뒤섞여 있었다. 바위를 보고 있노라니 8세기의 중국 승려 징관의 말이 떠오른다. "비록 전체가 금으로 만들어지지는 않았지만 위아래 온 사방과 산중에 흐르는 강물 속 모래 한가운데가 온통 금빛이다." 저수지 가장자리를 따라 뻗어 있는 모래 사이로 점점이 조개껍데기가 흩어져 있다. 저 아래 멀리 떨어진 어촌에서 올라온 사람들이 갖고 왔던 소풍의 잔재인 듯 싶다.

우리는 드디어 산꼭대기에 올랐는데, 그리 오래 걸리지는 않았다. 이렇게 멀리 오고 보니 앞으로 더 나아가고 싶어졌다. 우리 앞에 펼쳐져 있는 산봉우리와 골짜기 사이로 몇 시간이고 몇 날이고 마냥 걷고 싶었지만 가이드들이 제동을 걸었다. 동쪽으로는 갈색 민둥산 산비탈이 연무가 끼어 흐릿하게 빛나고 있는 바다를 향해 아래로 뻗어 있다. 서쪽과 남쪽으로는 황홀한 모습의 산자락들이 보는 이의 시선을 산봉우리와 미궁과도 같은 협곡으로 점점 더 깊이 끌어당기고 있다.

조선의 위대한 화가 정선은 300년 전 '진경' 산수화로 알려진 화풍으로 이 풍경을 화폭에 담았다. 그러나 정선의 그림들은 꼼꼼하게 세밀하고 정취로 가득 차 있음에도 인간의 눈으로는 본 적이 없는 풍경, 즉 천상의 관점에서 관조하는 것 같은 산들을 보여주고 있다. 정선의 시선은 각각의 봉우리와 계곡과 폭포와 절, 그리고 절벽 뒤에 반쯤 숨겨져 있거나 나무 위에 걸려 있는 암자 등 인간의 시선이 닿는 전체 범위를 펼쳐놓았다.

눈앞에 펼쳐진 풍경을 굽어보면서, 지금 내가 정선의 초월적 관점에서 바라보고 있다고 거의 상상할 수 있을 정도였다. 산과 산이 복잡하게 중첩되어 있고, 물의 흐름과 골짜기에 의해 선이 그어져 있다. 어느 곳에는 삼림이 빽빽이 들어차 있다. 그런가 하면 선돌, 오벨리스크, 돌무더기의 모습으로 바위가 솟아 있는 곳도 있다. 오래 바라보면 볼수록 인간의 얼굴을 닮은 바위, 이무기 형상 바위, 쩍 벌린 입 모양 바위 등 더 많은 형체들이 드러난다.

그러나 이 분단된 땅의 이야기가 늘 그런 것처럼, 여기에서도 역시 진짜 목적지는 애가 탈 정도로 가까이 있지만 아직 닿을 수 없다

우리 눈에 보이는 희미한 지평선에 있는 저 봉우리는 분명 켐프와 일행이 휘청거리며 조랑말을 타고 느릿느릿 나아갔을 그 산맥일 것이다. 이제 막 시야에서 사라진 그 너머 골짜기에는 다시 태어난 신계사가 솟아올라 갓 도색된 색들로 활기가 넘칠 것이고, 동쪽으로는 초록색 인공 철조망 뒤로 4성급 호텔, 편의점, 기념품 가게, 이제는 버려져 텅 빈 채 산바람을 맞고 있는 콘크리트 원형 돔 등으로 이루어진 남한의 관광 휴양지가 서 있다. 더 남쪽으로는 사라진 장안사 터를 표시해주는 돌들이 우리의 시선 너머 더 아래에 늘어서 있다. 눈에 보이지 않는 첩첩산중 어딘가에는 거대

한 불상 세 개가 바위 정면에서 세월의 흐름을 여전히 무심하게 지켜보고 있으며, 아직 남아 있는 표훈사와 절벽에 끈질기게 붙은 채 쇠락해가고 있는 작은 보덕암 바깥에 걸려 있는 종은 수백 년 동안 그래왔듯이 여전히 미풍에 흔들거리고 있다.

우리는 숨을 고르기 위해 정상 바로 아래에 있는 반질하게 닳은 바위 위에 앉았다.

샌디는 멋진 리코더 연주자로, 어디를 가든지 소프라노 리코더를 가지고 다닌다. 샌디가 배낭에서 리코더를 꺼내 스코틀랜드 고지대의 희로애락이 섞인 경쾌한 노래를 연주하자 미스터 류가 깜짝 놀란다.

우리는 산길 입구에서 참을성 있게 기다리고 있을 미스 리와 미스터 김이 걱정되기 시작했지만 미스터 류는 조용히 웃으며 말했다. "그들은 조금 더 기다릴 수 있답니다."

동료들의 존재를 잠시 잊고 산의 평화로움에 잠겨, 그는 어머니에 대해 회상하기 시작했다. 그의 어머니는 한국전쟁으로 가족이 뿔뿔이 흩어지는 아픔을 겪었고, 젊은 시절에는 주체사상의 꿈을 강요하는 가혹행위에 시달렸고, 지금 막 우리가 지나온 사회에서 늙어 가고 있다.

미스터 류는 설명했다. "저희 어머니는 늘 말하곤 하셨죠. '너는 언제나 내 인생의 유일한 복덩어리란다. 중요한 것

금강산의 작은 연못 (샌디 모리스)

바다에서 불어오는 바람이 오늘도 소리 없이 금강산의
모습을 빚어내고 있는 동안, 우리는 그 자리에 앉은 채
연못의 수면 위로 잔물결이 번져나가는 것을 지켜보았다.

은 네게 행운이 다가올 때 그것을 알아보는 것이란다. 사람들은 대부분 복이 들어왔다 나가게 그냥 두고, 심지어 그것을 알아채지 못하는 사람도 있단다.' 그게 어머니가 해주신 말씀이랍니다. 그리곤 또 항상 말하시죠. '내가 너희 아버지를 만난 것은 행운이었지.'"

미스터 류의 행운은 아마도 아내를 만난 일인 것 같다.

그는 중매쟁이가 아내를 처음 소개해주었을 때 인민군 병사였지만, "아내는 저를 처음 봤을 때, 제가 너무 마르고 허약해 보여 군인이 아닌 줄로 생각했답니다"라고 말했다. 미스터 류는 안타깝게 웃으며 깡마른 체구를 움직여 바위에서 좀 더 편안한 자세를 잡았다. "그러나 중매쟁이는 이런 문제가 있다는 것을 제게 말해주지 않았답니다." 그는 계속 말을 이었다.

그래서 어쨌거나 우리는 한 번 더 만났지만, 세 번째로 만나고 싶어했을 때 아내는 나오지 않았습니다. 아내를 만나러 집으로 찾아갔는데 여동생이 나오더니 아내가 저를 만나고 싶어하지 않는다고 전했습니다. 저는 화가 났습니다. 아주 몹시요. 그런데 갑자기 다음 날 아내가(물론 그때는 아내가 아니었지만요) 제게 전화를 했습니다. 저는 아내에게 뭐라고 했지만 아내는 말을 쏟아놓기 시작했습니다. 부모님이 편찮

으신 사연과 어머니를 매일 돌봐드리게 된 사연을 말입니다. 그 순간 갑자기 우리는 서로를 이해하게 되었습니다. 그리고…….

미스터 류는 여기서 말을 멈추더니 정확한 표현을 찾느라고 머릿속에 저장되어 있는 영어 구절들을 더듬었다. "그러고 나서 아내에게 빠져들고 말았지요."

미스터 류는 조용해졌다. 우리는 연못 얕은 곳에서 울고 있는 개구리 소리를 들으며 잠시 동안 앉아 있었다. 남쪽으로 이 산들이 끝나는 곳에는 세계에서 가장 중무장이 되어 있는 국경선을 따라 여전히 철조망이 뻗어 있다. 북한과 동북아시아는 중대한 변화의 고비에 불안하게 서 있다. 저 아래에서는 검은색 도요타 사륜구동차가 우리를 평양으로 데려가려고 대기 중이다. 하지만 그 차는 지금 당장은 기다릴 수 있다.

바다에서 불어오는 바람이 오늘도 소리 없이 금강산의 모습을 빚어내고 있는 동안, 우리는 그 자리에 앉은 채 연못의 수면 위로 잔물결이 번져나가는 것을 지켜보았다.

감사의 말

이 여정은 많은 사람들의 호의와 지원 덕분에 가능했다. 감사한 분들을 일일이 열거할 수는 없지만 여행을 함께해준 동반자 엠마 캠벨과 샌디 모리스, 여정 중 잠시 함께했던 오치아이 가쓰토에게 특히 깊은 감사를 드린다. 중국과 한국에서 우리를 도와준 가이드를 알선해준 여행사들, 첸산 방문을 주선하는 데 도움을 준 중국 하이라이츠 투어즈의 시시 첸과 다른 분들에게도 많은 신세를 졌다.

에밀리 켐프에 대한 서두의 소개는 『만주, 조선, 러시아령 투르키스탄의 얼굴』을 발견한 근사한 아시아북룸(세계에서 가장 마음에 드는 서점 가운데 하나)의 바버라와 샐리 버든의 친절한 업무 덕분이다. 또한 이 책을 집필하는 데 지원과 충고를 아끼지 않은 시드니 대학의 레오니드 페트로

프에게도 깊은 감사를 드린다. 도움과 용기를 보여준 평화
박물관의 전 활동가 김영환, 유용한 조언을 해준 도쿄 대학
의 정호석, 묻혀 있는 자료들을 찾는 데 도움을 준 호주 국
립도서관의 마유미 시노자키와 다른 직원들에게도 감사를
드린다.

역자 후기

길 위에서 무엇을 배우게 될까?

사람은 누구나 여행을 꿈꾼다. 목적지가 어디든, 여행에서 얻으려는 게 무엇이든, 일상을 떠나 미지의 세계로 발을 들여놓는다는 것은 늘 기대되고 가슴 설레는 일이다. 나 또한 여러 번 여행을 다녀봤지만 가장 기억에 남는 것은 10여 년도 훨씬 전 배낭 하나에 의지해 떠났던 6주간의 유럽 여행이었다. 고생스럽기도 했고, 혼자 다니며 많은 생각을 할 수 있었기 때문일 것이다. 일정과 코스를 미리 치밀하게 짜고 준비도 많이 했지만, 심야열차에서 깜박 잠든 사이 현금을 몽땅 털리기도 하고, 여권을 도난당해 재발급받느라 예정에도 없는 도시를 방문하기도 하는 등 배낭여행자가 당할 수 있는 온갖 해프닝을 겪으면서 결국 여행이 인생의 축소판이라는 것을 깨닫게 되었다. 이역만리에서 예상치 못한 힘든 일을 겪으면서도 처음 보는 사람들의 호의와 도움 덕분에 도저히 어찌할 수 없었던 힘든 상황들을 무사히 헤쳐 나갈 수 있었고 결국에는 예정대로 무사히 여정을 마칠 수 있었다. 많은 유적지와 찬란한 유산, 유명한 그림들, 아름다운 풍광을 찾아 다녔지만 가장 오랫동안 뇌리에 남는 것은 여행지에서 마주친 사람들의 모습이었다. 시골 동네를 지나칠 때면 구멍가게 테이블에 앉아 술 한잔 앞에 놓고 친구들과 담소를 나누며 하루를 보내는 그곳 사람들의 여유로움이 너무나 부러웠다. 자유롭게 떠난 여행인데도 나는 무엇이 그리 바쁜지 늘 조바심을 내며 일정을 살폈다. 어느 순간 문득 그런 나 자신을 깨닫고 나서는 아이들에게 보여주려고 열심히 촬영하던 캠코더도 내려놓았다. 카메라 렌즈를 통해서 바라보다 보니 여행지의 아름다운 풍광들, 사람들을 내 두 눈으로 제대로 보고 있지 못하다는 생각이 들어서였다. 그 뒤부터는 여유롭게 다닐 수 있었고, 모든 것을 마음의 눈으로 더 깊이 바라보게 되었던 것 같다. 그리고 여행이 끝나갈 무렵에는 떠나온 내 일상의 자리가 그리워지기 시작했다. 너무도 단조롭고 권태롭다고 느껴져 훌쩍 떠나고만 싶었던 내 일상의 삶이 얼마나 소중한지 깨닫게 되었다.

이 책은 조금 독특하다. 물리적 공간 사이를 지나온 여행기인 동시에 시간 사이의 여행기이기도 하다. 영어판 원서의 부제 'A Hundred-Year Journey through China and Korea'에서 알 수 있듯이 지리적으로 중국과 한반도를 여행하며, 시간적으로 100년에 걸친 역사를 살펴보고 있다. 기행문의 형식으로 여행 루트를 따라 움직이지만, 방문하는 곳마다 그곳에 얽힌 다양한 시대의 사건들을 풀어내며 여정에서 만난 많은 사람들이 살아가는 모습을 담고 있다. 특히 저자는 이 길을 앞서 갔던 에밀리 켐프의 여행을 그대로 밟아가며 100년 전 근대 한반도의 시대 상황을 손에 잡힐 듯이 세밀하게 그려냈다. 역사와 지리와 인물들이 하나로 잘 녹아 있는 독특한 서술 구조를 띠고 있다.

저자는 역사학자이면서도 묘사력이 뛰어나 마치 그 자리에 함께 있는 듯한 느낌이 들 정도로 풍경이나 정취를 서정적으로 잘 그려내기도 하지만, 저자의 작업이 중요한 의미를 갖는 까닭이자 저자의 진정한 장점은 다른 곳에 있다. 껄끄러운 문제인 한반도의 민감한 정세를 예리한 통찰력과 균형 잡힌 시각으로 정돈하고 있다. 정치적인 편견이나 이데올로기에 기반을 둔 선입견을 버리고, 백인으로서 자신의 정체성을 끊임없이 비판적으로 바라보면서 지역의 민감한 사안들에 조심스럽지만 단호한 태도로 접근하고 있다.

그 기저에 흐르는 것들 중 가장 일관되게 드러나는 것은 바로 휴머니즘이다. 책을 읽다 보면, 거대한 역사의 소용돌이에 휩쓸리는 가운데서도 어떻게든 견디어내며 살아가려고 애쓰는 보통 사람들의 삶이 가장 크게 다가온다. 저자는 억압의 사슬에 갇혀서도 인간성을 잃지 않은 채 어떻게든 살아내고 있는 평범한 사람들에게 깊은 존경심을 느낀다고 했다. 이는 저자가 그동안 점차 주변부로 밀려나거나 역사의 물결에 휩쓸려 다른 곳에 뿌리를 내린 채 디아스포라의 삶을 살아갈 수밖에 없는 수많은 약자들에 관심을 가지고 연구를 진행해온 데서도 알 수 있다.

이 책을 번역하면서, 우리는 까마득히 잊고 살아가고 있는 분단의 상황을 이방인인 저자가 더 가슴 아파하고 있다는 사실에 많이 부끄러웠다. 나 역시 반공 이데올로기 교육의 희생양으로, 부지불식간에 북한 사람들은 많이 억압당하며 살 것이라고 막연히 생각하고 있었다. 체제가 경직되어 있으니 그곳에 사는 사람들이 우리와는 많이 다를 것이라고 말이다. 그런데 그곳에도 우리와 똑같이 따뜻한 피가 흐르는 사람들이 살고 있다. 우리보다 조금 투박하고 거칠지는 모르지만, 가족을 위해 애쓰는 평범한 가장, 돈과 권력이 있다고 거들먹거리는 높은 양반들, 배운 영어를 써먹으려고 낯선 외국인에게 스스럼없이 다가가 말을 거는 학교 선생님들, 게임에 깊이 빠진 아들 때문에 골머리 썩는 당 간부, 물질적으로 부족한 가운데에도 웃음을 잃지 않는 시골 아낙네 등 저자가 여행을 하며 만난 사람들이 살아가는 모습은 우리의 모습과 크게 다르지 않다.

분단이 길어질수록 우리 마음에 쳐진 단절의 벽도 그만큼 높아만 간다. 어쩌면 우리는 불과 한 시간 남짓 거리에 같은 동포가 살고 있다는 사실을 까맣게 잊고 살아가고 있는 것은 아닌지. 저자가 본문에서 언급한 금강산에서 사찰 재건 사업을 추진하고 있는 불교도들의 대답이 가슴을 찌른다. "통일에는 형식과 내용 두 가지 측면이 있다. 형식은 정부 소관이지만 내용은 우리 일반 국민의 문제고 우리는 이미 통일을 진행 중이지요."

사람과 사람 사이에도 길이 있다. 자주 다니지 않으면 길이 없어져버리듯 사람에게로 가는 길도 오가지 않으면 끊어지고 만다. 오늘날 사람과 사람, 집단과 집단 사이에 빚어지는 갈등들은 대부분 상대에 대한 무지나 오해에서 비롯된다. 서로를 이해하고 존중할 수 있는 기반은 만남에서 비롯된다. 정치적 긴장이 해소될 전망이 보이지 않는 상황에서 직접적인 여행이나 만남조차 불가능하다면 책이나 상상력을 동원해서라도 분단의 경계를 뛰어넘을 방법을 모색하는 것이 중요하다는 저자의 주장이 큰 울림을 준다. 우리가 갈 수 없는 곳을 직접 찾아 나선 이방인 저자가 그렇게 애쓴 노력들이 굳어진 우리 마음에 파문을 일으키기를 기대한다.

2015년 1월

서미석

주

1. Richard D. McBride II, *Domesticating the Dharma: Buddhist Cults and the Hwaôm Synthesis in Silla Korea* (Honolulu: University of Hawaii Press, 2008), 132쪽에서 인용.

2. Mantetsu Keijō Tetsudōkyoku, ed., *Chōsen Kongōsan: Man-Ni-Sen-Hō*(Tokyo: Author, 1492), 2쪽에서 인용.

3. Kǔn Kwōn, 국역 양촌집, 1권, 고전 국역정수 173수(서울: 민족문화추진회, 1984년 재판), 42(한글) and 4b-5a(한문); translation of first lines quoted from Dane Alston, "Emperors and Emissary: The Hongwu Emperor, Kwūn Kǒn and the Poetry of Late Fourteenth-Century Diplomacy," *Korean Studies 32*(2008): 104-47쪽 인용부에서 번역.

4. *The Song of Kumkang-san Mountains,* libretto (Pyongyang, North Korea: Foreign Languages Publishing House, 1974), 45.

5. 예를 들면, "N, Korea Blasts South for Barring Mountain Tour," *Yonhap News,* November 20, 2009 참조.

6. 대한민국 통일부 웹사이트 http://unikorea.go.kr/eng/defaultjsp ?pname=AFFhumanitarian_reunion 참조.

7. Elizabeth Huff, *Teacher and Founding Curator of the East Asiatic Library: From Urbana to Berkeley by Way of Bejing*(Berkeley: Regional Oral History Office, Bancroft Library, University of California, 1977), 22 참조.

8. Norbert Weber, *In den Diamantbergen Koreas*(Oberbayern, Germany: Missionverlag St. Ottilen, 1927), 3. [노르베르트 베버, 『수도사와 금강산』, 김영자 옮김, 푸른숲, 1999.]

9. E. G. Kemp, *The Face of Manchuria, Korea and Russian Turkestan* (New York: Duffield and Co., 1911), vii. [완역된 한국어판은 없으나 『조선의 모습, 한국의 아동생활』, 집문당, 1999 참조]

10. Kemp, *The Face of Manchuria, Korea and Russian Turkestan*, xii.

11. Isabella Bird Bishop, *Korea and Her Neighbours*(New York: Fleming H. R evell co., 1898), 133-49. [이사벨라 버드 비숍, 『한국과 그 이웃 나라들』, 이인화 옮김, 살림, 1994.]

12. Advertisement by the Chosen Government Railways, in T. Philip Terry, *Terry's Guide to the Japanese Empire,* rev. ed. (Boston: Houghton Mifflin, 1928).

13. Kemp, *The Face of Manchuria, Korea and Russian Turkestan,* 120.

14. http://www.globalsecurity.org/military/world/dprk/dprk-dark.htm (January 31, 2010 접속) 참조.

15. Richard J. Smith, *Chinese Maps: Images of "All under Heaven"* (Oxford: Oxford University Press, 1996), 18-19.

16. Korean Buddhist Reserch Association, ed., *The History and*

Culture of Buddhism in Korea (Seoul: Dongguk University Press, 1993), 196.

17. Hyech'o, The Hye-Cho Diary: Memoir of the Pilgrimage to the Five Regions of India, trans. and ed. Yang Han-Sung (Berkeley, Calif.: Asian Humanities Press, n.d.).

18. Kakhun, Lives of Eminent Korean Monks: The Haedong Kosŭng Chŏn, trans. Peter H Lee (Cambridge, Mass.: Harvard University Press, 1969), 93.

19. McBride II, Domesticating the Dharma, 132쪽에서 인용

20. Bird Bishop, Korea and Her Neighbours, 67.

21. J. B. Pratt, The Pilgrimage of Buddhism and a Buddhist Pilgrimage (New York: Macmillan, 1928), 422.

22. John Kieschnick, The Impact of Buddhism on Chinese Material Culture (Princeton, N. J.: Princeton University Press, 2003), 87.

23. Chris C. Park, Sacred Worlds: An Introduction to Geography and Religion (London : Routledge, 1994), 260.

24. E. G. Kemp, Chinese Mettle (London: Hodder and Stoughton, 1921), 11.

25. 켐프가 그린 두 동판화 ("Study after Vandyck"과 "The coming Storm")는 "지난 3백 년 동안 여성 조각가들이 이룩해온 것"을 보여주기 위해 콜럼비아 세계박람회 여성 빌딩에 전시되어 있는 케펠 컬렉션의 카탈로그에 실려 있다. Jeanne Madeline Weimann, The Fair Women: The Story of the Woman's Building, World's Columbian Exposition, Chicago, 1893 (Chicago: Academy Chicago, 1981), 300-304 참조.

26. Helen Darbishire, "In Memoriam: Emily Georgiana Kemp" in *Somerville College Chapel Addresses and other Papers,* 10–13 (London: Headley Brothers, 1962), 11.

27. E. G. Kemp, *The Face of China: Travels in East, North, Central and Western China* (London: Chatto and Windus, 1909), 1.

28. Cumming, Keith, Harris와 아시아를 여행한 다른 여성 여행가들에 관해서는 Jane Robinson, *Wayward Women: A Guide to Women Travelers* (Oxford: Oxford University Press, 1994) 참조.

29. E. G. Kemp, *There Followed Him Women: Pages from the Life of the Women's Missionary Association of the Baptist Missionary Society, 1967 to 1927* (London: Baptist Missionary Soceity, n.d.), vii.

30. E. G. Kemp, *Reminiscences of a Sister: S. Florence Edwards, of Taiyuanfu (London: Carey Press, 1919),* 9; "Driving Force Was Right from Waterloo," *Rochdale Observer,* March 20, 2006 참조.

31. Judy G. Baston, *Her Oxford* (Nashville: Vanderbilt University Press, 2008), 65 참조.

32. Kemp, *The Face of Manchuria, Korea and Russian Turkestan,* 224.

33. Kemp, *Reminiscence of a Sister,* 10.

34. Kemp, *Reminiscence of a Sister,* 28.

35. Darbishire, "In Memoriam: Emily Georgiana Kemp."

36. 서머빌에서의 켐프의 학업에 대해서는 Darbishire, "In Memo-

riam: Emily Georgiana Kemp"; Vera Brittain, *The Women at Oxford: A Fragment of History* (London: Macmillan, 1960), 83, 186-87과 Batson, *Her Oxford*, 65 참조. (Batson의 작품은 프랑스 지리학회로부터 받은 메달에 대한 정보의 출처이기도 하다.)

37. Darbishire, "In Memoriam: Emily Georgiana Kemp," 11.

38. Kemp, *The Face of China, viii.*

39. Letter form Marcus Dods to Miss Emily G. Kemp FGRS, August 31, 1907, in Marcus Dods, *Later Letters of Marcus Dods DD* (London: Hodder and Stoughton, 1911), 270.

40. Mrs. John Clarence Lee, *Across Siberia Alone: An American Woman's Adventures* (New York: John Lane, 1914), 109.

41. Kemp, *The Face of Manchuria, Korea and Russian Turkestan,* 152.

42. Kemp, *The Face of Manchuria, Korea and Russian Turkestan,* 153-54.

43. B. L. Putnam Weale, *Manchu and Muscovite* (London: Macmillan, 1904), 137.

44. Putnam Weale, *Manchu and Muscovite,* 138.

45. Kemp, *The Face of Mancuria, Korea and Russian Turkestan,* 106.

46. Kemp, *The Face of Mancuria, Korea and Russian Turkestan,* 3.

47. Bruno Lasker, ed., *Probwlems of Pacific,* 1931 (Chicago: University of Chicago Press, 1932), 438; J. R. Stewart, "Chinese Migration to Manchuria Setting New Records," *Far Eastern Affairs* 9, no. 18 (August 28, 1940): 214-15.

48. Peter Fleming, *One's Company: A Journey to China* (London: Jonathan Cape, 1934), 68.

49. Audrey Harris, *Eastern Visas* (London: Collins, 1939), 24.

50. Joshua Fogel, "The Japanese and the Jews: A Comparative Analysis of Their Communities in Harbin, 1898–1930," in *New Frontiers: Imperialisms New Communities in East Asia, 1842–1953*, ed. Robert Bickers and Christian Henriot, 88–108 (Manchester, UK: Manchester University Press, 2000), 94.

51. "갈등의 요람"으로 만주를 바라보는 견해에 대해서는 Owen Lattimore, *Manchuria: Cradle of Conflict* (New York: Macmillan, 1932) 참조.

52. Kemp, *The Face of Manchuria, Korea and Russian Turkestan*, 8.

53. Kemp, *The Face of Manchuria, Korea and Russian Turkestan*, 8.

54. Kemp, *The Face of Manchuria, Korea and Russian Turkestan*, 8–9.

55. 이토 다케오. 남만주철도주식회사 초대 총재였던 고토 신페이를 언급하며 Itō Takeo, *Life along the South Manchurian Railway: The Memoirs of Itō Takeo*, trans. Joshua Fogel (Armonk, N.Y.: M. E. Sharpe, 1988), 5.

56. Michael Foucault, "Of Other Spaces (1967): Heterotopia", trans. Jay Miskowiez, http://foucault.info/documents/heteroTopia/foucault.heteroTopia.en.html(December 22, 2009 접속). [미셸 푸코, 「다른 공간들」, 『헤테로토피아』, 문학과 지성사, 2014.]

57. Lattimore, *Manchuria*, 4.

58. Lattimore, *Manchuria*, 38.

59. Kemp, *Face of Manchuria, Korea and Russian Turkestan*, 16-17.

60. Kemp, *Face of Manchuria, Korea and Russian Turkestan*, 11.

61. Kemp, *Face of Manchuria, Korea and Russian Turkestan*, 21.

62. Shin'ichi Yamamuro, *Manchuria under Japanese Dominion*, trans. Ezra Fogel (Philadelphia: University of Pennsylvania Press, 2006) 참조.

63. 스코틀랜드 왕립 지리학회의 데이비드 먼로가 친절하게 제공해준 정보에 따르면, 켐프의 주소는 26 Hartley House, Regent's Park였다. 그녀는 1906년부터 1940년 5월 8일 사망할 때까지 스코틀랜드 왕립 지리학회 회원이었다.

64. 신징의 설계에 관해서는, David D. Buck, "Railway City and National Capital: Two Faces of the Modern in Changchun," in *Remaking the Chinese City: Modernity and National Identity*, 1900-1950, ed. Joseph W. Esherick, 65-89 (Honolulu: University of Hawaii Press, 1999); and Quinghua Guo, "Changchun: Unfinished Capital Planning of Manzhouguo, 1932-1942," *Urban History* 31, no. 4 (2004): 100-117 참조.

65. Guo, "Changchun," 115-16.

66. Guo, "Changchun," 108-14.

67. Kiyohiko Munakata, *Sacred Mountains in Chinese Art* (Urbana: University of Illinois Press, 1991), 12.

68. Edwin Bernbaum, *Sacred Mountains of the World* (Berkeley: University of California Press, 1997), 26에서 인용된 Paul Demiéville의 말.

69. Lauren W. Deutsch, "Searching for Sanshin: An Interview with Hi-ah Park Manshin, Lover of the Mountain Gods," in *The Sacred Mountains of Asia,* special edition of Kyoto magazine, 1993, 79-84, 79.

70. Percival Lowell, *Chosön, Land of the Morning Calm: A Sketch of Korea* (Boston: Ticknor, 1887), 209.

71. McBride, *Domesticating the Dharma*, 49-50 참조.

72. Weber, *In den Diamantbergen Koreas*, 7 참조.

73. Yi Kok, *Dongyugi,* reproduced in *Keumkangsan Yuramgi,* ed. Kim Dong-Ju (Seoul: Dongseo Chulpan Eseupero Mungo, 1992), 65. [이곡, 「동유기」, 김동주 편역, 『금강산 유람기』, 전통문화연구회, 1999.]

74. Kemp, *The Face of Manchuria, Korea and Russian Turkestan*, 42-43.

75. 위키피디아 랴오량 항목, http://en.wikipedia.org/wiki/Liaoyang (April 15, 2009 접속).

76. George Curzon, *Problems of the Far East* (London: Longmans Green, 1894), 105.

77. Pei-Yi Wu, "An Ambivalent Pilgrim to T'ai Shan in the Seventeenth Century," in *Pilgrims and Sacred Sites in China, ed.* Susan Naquin and Chü-fang Yü, 65-88 (Berkeley: University of California press, 1992), 74.

78. Yosano, Akiko, *Travels in Manchuria and Mogolia,* trans.

Joshua A. Fogel (New York: Columbia University Press, 2001).

79. Yosano, *Travels in Manchuria and Mogolia,* 43.

80. Yosano, *Travels in Manchuria and Mogolia,* 24.

81. Kemp, *Face of Manchuria, Korea and Russia Turkestan,* 53.

82. Yosano, *Travels in Manchuria and Mogolia,* 28, 37.

83. Kemp, *Face of Manchuria, Korea and Russia Turkestan,* 54-55; Yosano, *Travels in Manchuria and Mogolia,* 37.

84. Yosano, *Travels in Manchuria and Mogolia,* 23.

85. Zygmunt Bauman, *Globalization: The Human Consequences* (New York: Columbia University Press, 1998), chap 4. [지그문트 바우만, 『지구화, 야누스의 두 얼굴』, 김동택 옮김, 한길사, 2003.]

86. Kemp, *Chinese Mettle,* 27.

87. Kemp, *Chinese Mettle,* 27.

88. Kemp, *Chinese Mettle,* 195.

89. Kemp, *Chinese Mettle,* 207.

90. Alvyn Austin, *China's Millions: The China Inland Mission and Late Qing Society, 1832-1905* (Grand Rapids, Mich.: Eerdmans, 2007), 413.

91. Kemp, *Reminiscences of a Sister,* 25.

92. Kemp, *Reminiscences of a Sister,* 60.

93. E. H. Edwards, *Fire and Sword in Shansi: The Story of the Martyrdom of Foreigners and Chinese Christians* (New York: Fleming H. Revell Co., 1903), 110; 에드워즈와 의화단 운동의 여파에 대해 더 알고 싶으면 Austin, *China's Millions,* 423-26 참조.

94. Kemp, The Face of China, 270.

95. Kemp, *The Face of Manchuria, Korea and Russian Turkestan*, 146.

96. Anne, Wu, "What China Whispers to North Korea," Washington Quarterly 28, no. 2(2005): 35-48, 44.

97. Kemp, *The Face of Manchuria, Korea and Russian Turkestan*, 61-62.

98. Kemp, *The Face of Manchuria, Korea and Russian Turkestan*, 59.

99. Kemp, *The Face of Manchuria, Korea and Russian Turkestan*, 61.

100. 단둥의 게이샤에 대해서는 Hubert Jerningham, *From West to East: Notes by the Way* (New York: E. P. Dutton, 1907), 232; Jules Brynner에 관해서는 Rock Brynner, *Empire and Odyssey: The Brynners in Far East Russia and Beyond* (Hanover, N. H.: Steerforth Press, 2006) 참조.

101. "Translation of a Chinese Passport Issued in Favour of Miss Emily G. Kemp and Miss Mary M. MacDougall," February 12, 1912, in "Chinese Travel of Miss Emily G. Kemp and Miss Mary MacDougall," Foreign Office 371, 1912, volume 1342(China Political), file 6962, reproduced in Paul L. Kesaris, ed., *Microfilm Edition of Confidential British Foreign Office Political Correspondence, China, Series 1, 1906-1919, Part 3: 1912-1914* (Bethesda, Md.: University Publications of America, 1997), reel 35.

102. "Chinese Passport for Miss Emily G. Kemp and Miss

M. M. MacDougall," memo dated February 16, 1912, in
"Chinese Travel of Miss Emily G. Kemp and Miss Mary M.
MacDougall."

103. Letter from J. E. Shuckburgh, India Office, September 13,
1913, in "Chinese Travel of Miss Emily Kemp G. Kemp and
Miss Mary M. MacDougall."

104. Kemp, *The Face of Manchuria, Korea and Russian
Turkestan*, 62.

105. Kemp, *Face of Manchuria, Korea and Russian Turkestan*,
63.

106. Kemp, *Face of Manchuria, Korea and Russian Turkestan*,
63.

107. "Agitation for Victorious 150-Day Campaign," *Korea
Central News Agency*, May 15, 2009 (Juche 98), http://
www.kcna.co.jp/item/2009/200905/news15/20090515-
12ee.html (May 14, 2010 접속).

108. Kemp, *Face of Manchuria, Korea and Russian Turkestan*,
71.

109. Kemp, *Face of Manchuria, Korea and Russian Turkestan*,
69, 76; 또한 Homer Hulbert, "Question and Answer," *Korea
Review* 2(1902): 22 참조.

110. Kemp, *Face of Manchuria, Korea and Russian Turkestan*, x.

111. Kemp, *Face of Manchuria, Korea and Russian Turkestan*,
133.

112. 1936년에 유사한 여행을 했던 영국의 여행 작가 오드리 해리스의
작품과 켐프의 조선 여행기를 비교해보면 흥미롭다. 1930년대에는

교통과 통신이 훨씬 좋아졌지만, 해리스는 출신 배경과 여행 계획을 되풀이하여 물어보는 일본인 관리들을 훨씬 더 자주 만났다. Harris, *Eastern Visas* 참조.

113. Tessa Morris-Suzuki, *Exodus to North Korea: Shadows from Japan's Cold War* (Lanham, Md.: Rowman & Littlefield, 2007) 참조. [테사 모리스 스즈키, 『북한행 엑서더스』, 한철호 옮김, 책과함께, 2008.]

114. 예를 들면, 북한의 관리소에 대해서는 National Human Rights Commission of the Republic of Korea, ed., *North Korean Human Rights: Trends and Issues* (Seoul: Author, 2005) 참조.

115. 예를 들면, Kang Chol-Hwan and Pierre Rigoulout, *Aquariums of Pyongyang: Ten Years in the North Korean Gulag,* trans. Yair Reiner (New York: Basic Books, 2001) 참조.

116. Government General of Chosen, *The New Administration of Chosen* (Seoul: Author. 1921), 3.

117. Theodore Roosevelt, *Fear God and Take Your Own Part* (New York: George H. Doran, 1916), 295.

118. Herbert H. Austin, "Scamper through Korea," in *Korea: Its History, Its People and Its Commerce,* by Angus Hamilton, Herbert H. Austin, and Masatake Terauchi (Boston: J. B. Milletm 1910), 185.

119. Austin, "Scamper through Korea," 206.

120. F. A. McKenzie, *The Tragedy of Korea* (New York: E. P. Dutton, 1908), 261.

121. F. A. McKenzie, *Korea's Fight for Freedom* (New York: Fleming H. Revell, 1920).

122. 박정희 시대의 정치범 감옥에 대해서는 Suh Sung, *Unbroken Spirits: Nineteen Years in South Korea's Gulag* (Lanham, Md.: Rowman & Littlefield, 2001) 참조.

123. Kemp, *Face of Manchuria, Korea and Russian Turkestan*, 56, 105.

124. Darbishire, "In Memoriam: Emily Georgiana Kemp," 11.

125. "The Larger Pureland Sutra: Sukhavativyuha Manifesting the Land of Bliss," http://www.amidatrust.com/amidashu/lpls.html (May 14, 2010 접속).

126. Kemp, *The Face of Manchuria, Korea and Russian Turkestan*, 68-69.

127. Kemp, *Face of Manchuria, Korea and Russian Turkestan*, 68.

128. Kemp, *Face of Manchuria, Korea and Russian Turkestan*, 71.

129. 기자 신화에 대해서는, Hyung Il Pai, *Constructing "Korean" Origins: A Critical Review of Archaeology* (Cambridge, Mass.: Harvard University Asia Center, 2000) 참조.

130. James S. Gale, *Korean Sketches* (Chicago: Fleming H. Revell, 1898), 82.

131. Gale, *Korean Sketches*, 84.

132. Heijō Jitsugyō Shinpōsha, ed., *Heijō Yōran* (Heijō [Pyongyang], North Korea: Heijō Jitsugyō Shinpōsha, 1909), 17; Kosaku Hirooka, *The Latest Guidebook for Travellers in Japan including Formosa, Chosen (Korea) and Manchuria* (Tokyo: Seikyo Sha, 1914), 219 참조.

133. Kemp, *Face of Manchuria, Korea and Russian Turkestan,* 71-72.

134. Kemp, *Face of Manchuria, Korea and Russian Turkestan,* 95.

135. Steven Hugh Lee, *The Korean War* (Harlow, UK: Pearson Education, 2001), 88; Chris Springer, *Pyongyang: The Hidden History of the North Korean Capital* (Budapest: Entente, 2003), 20.

136. Lee, *The Korean War,* 88.

137. 도로명에 대해서는 Springer, *Pyongyang,* 61-62 참조.

138. Kemp, *Face of Manchuria, Korea and Russian Turkestan,* 80.

139. Springer, *Pyongyang,* 39.

140. George T. B. Davis, *Korea for Christ* (New York: Fleming H. Revell Co., 1910), 20.

141. Kemp, *Face of Manchuria, Korea and Russian Turkestan,* 78.

142. Kemp, *Face of Manchuria, Korea and Russian Turkestan,* 75.

143. 강반석에 대해서는 Yeong-Ho Choe, "Christian Background in the Early Life of Kim Ii-Song," *Asian Survey* 26, no. 10 (October 1986): 1082-91 참조.

144. Springer, *Pyongyang,* 105.

145. Letter from Marcus Dods to Miss Emily G. Kemp FGRS, August 31, 1907, in *Latter Letters of Marcus Dods DD,* by Marcus Dods (London: Hodder and Stoughton, 1911), 270.

146. Hirooka, *The Latest Guidebook for Travellers in Japan including Formosa, Chosen (Korea) and Manchuria*, 219.

147. Young-Gwan Kim and Sook-Ja Hahn, "Homosexuality in Ancient and Modern Korea," *Culture, Health and Sexuality* 8, no. 1 (January/February 2006): 59–65, 62.

148. Kemp, *Face of Manchuria, Korea and Russian Turkestan*, 93.

149. Kemp, *Face of Manchuria, Korea and Russian Turkestan*, 95–96.

150. 고종에 대해서는 James Palais, *Politics and Policy in Traditional Korea* (Cambridge, Mass.: Harvard University Asia Center, 1991) 참조.

151. Louise Jordan Miln, *Quaint Korea* (London: Osgood, McIlvaine and Co., 1895), 102.

152. Miln, *Quaint Korea,* 103.

153. Kemp, *Face of Manchuria, Korea and Russian Turkestan*, 95.

154. 총독부 건물 건설에 관해서는 Hong-Key Yoon, *The Culture of Fengshui in Korea: An Exploration of East Asian Geomancy* (Lanham, Md.: Lexington Books, 2006), 289–94 참조.

155. Yoon, *The Culture of Fengshui in Korea,* 292쪽에서 인용.

156. "5대산 병풍" 속 도상에 대해서는, Yi Sŏng-Mi, *"Euigwe and the Documentation of Joseon Court Ritual Life," Archives of Asian Art* 58 (2008): 113–33 참조.

157. Kemp, *Face of Manchuria, Korea and Russian Turkestan*, 105–6.

158. Kemp, *Face of Manchuria, Korea and Russian Turkestan,* 107.

159. Kemp, *Face of Manchuria, Korea and Russian Turkestan,* 106-7.

160. 예를 들면, 유점사에는 10세기에 일찍이 토화라국에서 들여온 것으로 전해지는 불상이 있었다. Tokuda Tomijirō, *Kongōsan Shashinchō* (Wonsan, North Korea: Tokuda Shashinkan, 1918) 참조.

161. Pratt, *The Pilgrimage of Buddhism and a Buddhist Pilgrimage,* 431-42.

162. Helen Foster Snow, *My China Years* (London: Harrap, 1984), 186.

163. Bertha Lum, *Gangplanks to the East* (New York: Henkle-Yewdale House, 1936), 110-11.

164. Curzon, *Problems of the Far East,* 104.

165. U.S. Congress, Senate Committee on Armed Services, *Worldwide Threat to the United States* (Washington, D.C.: Government Printing Office, 1995), 92.

166. 예를 들면, Ōmachi Keigetsu, Mansen Yuki (1919), in *Taishō Chūgoku Kenbunroku Shūsei,* vol 8 (Tokyo: Yamani Shobō, 1999) 참조.

167. Kendall H. Brown, *Between Two Worlds: The Life and Art of Lilian May Miller* (Pasadena, Calif.: Pacific Asia Museum, 1998); and Richard Miles, *Elizabeth Keith: The Printed Works* (Pasadena, Calif.: Pacific Asia Museum, 1991).

168. 임무상,『금강산』(서울: 대우 문화, 2008) 참조.

169. Choi Jungwoon, *The Gwangju Uprising: The Pivotal Democratic Movement That Changed the History of Modern Korea,* trans. Yu Young-Nan (Paramus, N.J.: Homa and Sekey Books, 2005); Henry Stokes and Lee Jae Eui, eds., *The Gwangju Uprising: Eyewitness Press Accounts of Korea's Tienanmen* (Armonk, N.Y.: M. E. Sharpe, 2000) 참조.

170. Kemp, *Face of Manchuria, Korea and Russian Turkestan,* 107.

171. Kemp, *Face of Manchuria, Korea and Russian Turkestan,* 107.

172. Kemp, *Face of Manchuria, Korea and Russian Turkestan,* 110-11.

173. Bird Bishop, *Korea and Her Neighbours,* 139-40.

174. Bird Bishop, *Korea and Her Neighbours,* 294; and Isabella Bird, *Unbeaten Tracks in Japan* (New York: G. P. Putnam's Sons, 1881), 293 참조.

175. Kemp, *Face of Manchuria, Korea and Russian Turkestan,* 116-17.

176. Trevor Philpott, "The Refugees: A World Survey," *Rotarian* (December 1960): 16-28, 26.

177. Daniel L. Gifford, *Everyday Life in Korea: A Collection of Studies and Stories* (New York: Fleming H. Revell, 1898), 6.

178. Kemp, *Face of Manchuria, Korea and Russian Turkestan,* 111-12.

179. Elizabeth Keith, *Eastern Windows: An Artist's Notes of Travel in Japan, Hokkaido, Korea, China and the*

Philippines (Boston: Houghton Mifflin, 1928), 22.

180. "Dispatch from H. M. Minister in Japan, Forwarding a Report on Corea," 1883, in House of Commons Parliamentary Papers Online, ProQuest Information and Learning Co. 2005 (accessed via the National Library of Australia), 4.

181. "Dispatch from H. M. Minister in Japan," 3.

182. 원산의 일본인 주민에 관해서는 Yokota Tomajirō, *Gensan no Hitobito* (Wonsan, North Korea: Higashi Chōsen Tsūshnsha, 1927). ("Gensan"은 '원산'의 일본식 발음이다) 참조. 그리스도교로의 개종에 대해서는 Davis, *Korea for Christ*, 62–68 참조.

183. Kemp, *Face of Manchuria, Korea and Russian Turkestan*, 112.

184. Kongō-San Denki Tetsudō Kabushiki Kaisha, *Kongō-San Denki Tetsudō Kabushiki Kaisha 20nen-Shi* (Tokyo: Author, 1939).

185. Department of Railways, Japan, *An Official Guide to East Asia, vol. 1: Chosen and Manchuria* (Tokyo: Department of Railways, 1920), 88.

186. Kongō-San Denki Tetsudō Kabushiki Kaisha, *Kongō-San Denki Tetsudō Kabushiki Kaisha 20nen-Shi*, 165–66.

187. Kemp, *Face of Manchuria, Korea and Russian Turkestan*, 114.

188. Kemp, *Face of Manchuria, Korea and Russian Turkestan*, 114.

189. Kemp, *Face of Manchuria, Korea and Russian Turkestan*,

115.

190. Bird Bishop, *Korea and Her Neighbours*, 169.

191. Bird Bishop, *Korea and Her Neighbours*, 171.

192. Kemp, *Face of Manchuria, Korea and Russian Turkestan*, 118.

193. Kemp, *Face of Manchuria, Korea and Russian Turkestan*, 116.

194. Kemp, *Face of Manchuria, Korea and Russian Turkestan*, 118.

195. Kemp, *Face of Manchuria, Korea and Russian Turkestan*, 119-20.

196. Tokuda Tomojirō, *Tenka no Zekkei — Kongō-San* (Wonsan, North Korea: Tokuda Shashinkan, 195) 참조. 또한 Kan'ichi Asakawa, *The Russo-Japanese Conflict: Its Causes and Issues* (New York: Houghton Mifflin, 1904), 46 참조.

197. Kemp, *Face of Manchuria, Korea and Russian Turkestan*, 120.

198. Daehan Bulgyo Jogyejong Chongmuwon Sahwibu-Munhwabu, ed., *Geumgangsan Singyesa Bukwon Bulsa Baekseo* (Seoul, Daehan Bulgyo Jogyejong Chongmuwon, 2009). [대한불교조계종총무원, 『금강산 신계사 복원불사 백서』, 2009]

199. Kemp, *Face of Manchuria, Korea and Russian Turkestan*, 123.

200. Kemp, *Face of Manchuria, Korea and Russian Turkestan*, 123.

201. Kemp, *Face of Manchuria, Korea and Russian Turkestan*, 126.

202. Kemp, *Face of Manchuria, Korea and Russian Turkestan*, 132.

203. Kemp, *Face of Manchuria, Korea and Russian Turkestan*, 133.

204. Kemp, *Reminiscences of a Sister*, 93.

205. Kemp, *Chinese Mettle*, 220.

206. Darbishire, "In Memoriam: Emily Georgiana Kemp," 11.

207. Darbishire, "In Memoriam: Emily Georgiana Kemp," 참조.

208. Alphones Legros (1837-1911), "Death Embracing a Maiden," graphite with pen and pale brown ink, held in the Ashmolean Museum, Oxford.

209. Batson, *Her Oxford*, 212.

210. Darbishire, "In Memoriam: Emily Georgiana Kemp," 12.

211. Darbishire, "In Memoriam: Emily Georgiana Kemp," 12 참조.

212. Brittain, *The Women at Oxford*, 186-87.

길 위에서 만난 북한 근현대사

1판 1쇄 2015년 1월 26일
2판 1쇄 2019년 2월 1일

지은이 테사 모리스 스즈키
옮긴이 서미석
펴낸이 김수기
편집 김주원
마케팅 김재은 / **제작** 이명혜

펴낸곳 현실문화연구
등록 1999년 4월 23일 / 제25100-2015-000091호
주소 서울시 은평구 통일로 684 서울혁신파크 1동 403호
전화 02-393-1125 / **팩스** 02-393-1128 / **전자우편** hyunsilbook@daum.net
ⓗ hyunsilbook.blog.me ⓕ hyunsilbook ⓣ hyunsilbook

ISBN 978-89-6564-224-4 (03910)

이 도서의 국립중앙도서관 출판예정도서목록(CIP)은
서지정보유통지원시스템 홈페이지(http://seoji.nl.go.kr)와
국가자료공동목록시스템(http://www.nl.go.kr/kolisnet)에서 이용하실 수 있습니다.
(CIP제어번호: CIP2018033742)

노 게임 · 노 라이프 9
게이머 남매는 한 턴 쉬겠다는데요

2016년 11월 25일 제1판 인쇄
2023년 05월 25일 제8쇄 발행

지음 카미야 유우 | **일러스트** 카미야 유우

옮김 김완

발행 영상출판미디어(주)
등록번호 제 2002-000003호
주소 07551 서울특별시 강서구 양천로 570 NH서울타워 19층
대표전화 032-505-2973

ISBN 978-11-319-5124-8
ISBN 979-89-6730-597-0 (세트)

구매 시 파손된 도서는 구매처에서 교환하실 수 있습니다.
기타 불편사항, 문의사항이 있으신 독자님께서는 노블엔진 홈페이지
[http://novelengine.com] 에서 Q&A 게시판을 이용해 주시기 바랍니다.

노블엔진(NOVEL ENGINE)은 영상출판미디어(주)의 라이트노벨 및 관련서적 브랜드입니다.